陕西师范大学人文社会科学高等研究院资助出版

"上林学术名家书系"编委会

主　任

甘　晖

主　编

李继凯

副主编

赵学清　沙武田　李胜振

编　委

（按音序排列）

程国君　党圣元　葛承雍　何志龙

胡安顺　李永平　李跃力　李　震

刘学智　王建新　王泉根　王　欣

阎晶明　张宝三　张新科　赵学勇

陕西师范大学人文科学高等研究院资助出版

上林学术名家书系
主编 李继凯

日本中国学论考

[日] 连清吉 著

陕西师范大学出版总社

图书代号　ZZ23N1865

图书在版编目（CIP）数据

日本中国学论考／（日）连清吉著. —西安：陕西师范大学出版总社有限公司，2023.11
　　ISBN 978-7-5695-3508-2

　　Ⅰ. ①日…　Ⅱ. ①连…　Ⅲ. ①汉学—研究—日本
Ⅳ. ①K207.8

中国国家版本馆CIP数据核字（2023）第012097号

日本中国学论考

RIBEN ZHONGGUOXUE LUNKAO

［日］连清吉 著

出 版 人　刘东风
责任编辑　庄婧卿
责任校对　张旭升
封面设计　李　琳
出版发行　陕西师范大学出版总社
　　　　　（西安市长安南路199号　邮编 710062）
网　　址　http://www.snupg.com
印　　刷　陕西龙山海天艺术印务有限公司
开　　本　710mm×1000mm　1/16
印　　张　17.75
插　　页　2
字　　数　242千
版　　次　2023年11月第1版
印　　次　2023年11月第1次印刷
书　　号　ISBN 978-7-5695-3508-2
定　　价　98.00元

自　序

　　日本汉文学史是日本文学史的一环，也是中国文学史的再现。从古代到中俄战争、中日甲午战争，日本文人学者持续模仿创作中国历代诗文。史汉的历史散文，汉魏五言诗，六朝骈文，唐宋以迄明清的古文与近体诗陆续专擅，中国古典文学再现于日本文学史上。至于日本古代至近世的学术思想史是中国学术思想史的再现，圣德太子用汉文撰述的《十七条宪法》，征引五经、《论语》、《孝经》、《韩非子》的词句。养老令的大学教学科目以唐令为本，斟酌日本国情而修订。中世以降，中国佛教传入，五山禅林僧侣钻研佛学，创作诗文。德川时代，朱子学、阳明学、汉唐注疏学、考证学相继登场。明治以后，以京都中国学者为中心，祖述清朝考据学而树立以古典文献考证为宗尚的日本近代中国学。

　　近代以来，东洋史学是代表明治时代的新学问。对于日本的学术，或从文化史学的视角、传统儒学史的远绍，探究日本儒学史的流变，或用西洋哲学史的方法，析理江户时代各学派的哲学，或以思想史的视野，架构日本思想史，或以"国文学"的观点，论述日本汉文学史。于经学的研究，古代王室与明经家于五经的解读，江户儒者于经书的注释，近代京都中国学者于经书的研究，或可谓之为"日本经学研究系谱"。中国戏曲杂剧古典小说的研究是大正至昭和前期于中国文学研究的显学。京都中国学者的敦煌学与世界汉学并驾齐驱，清代历史与文学的研究早于中国与欧美的学界。东北大学中国哲学研究所于先秦两汉诸子的研究，九州大学中国哲学研究所于宋明理学与佛学的研究，成就斐然，皆有可观。

　　汉字与儒学架构了汉字文化圈与儒学文化圈，形成东亚文化。如果内藤湖南以气象的流动，说明中国学问于一百五六十年后，漂洋渡海影响日本，以螺旋循环史观，论述中日学术相互影响，是中日学术文化交流史的事实，则民国以来，研究百年的中国学，或当代高呼的"新国学"与"新汉学"，是否能在二十一世纪成为东亚汉字儒学文化圈之中国学研究者的研究对象，甚且影响其思维方式与论理结构，则是当今中国研究者的历史定位。林文月先生引述吉川幸次郎先生的话，说日本人重视中国的典籍，从《诗经》到《红楼梦》都有翻译，但是国人对日本文化和典籍太冷漠。中国的国学与古典文学固然于日本再现，王国维送狩野直喜欧游诗"自言读书知求是，但有心印而无雷同"，是知人论世，直指京都中国学的学问意识。吉川幸次郎先生的"读书之学"是晚年心证，咀嚼经典、玩味经典的意蕴，继承"经传注疏"的古典文献诠释学是黄侃先生所谓"中国之学在发明"的宗尚所在。

余游学日本九州三十余年，探究江户儒者于《庄子注疏》的意蕴，考索江户考证学的究竟，论述京都中国学的旨趣。既以螺旋循环史观，辨彰日本中国学的沿革变迁；又以日本学术思想史的变革，陈述日本学术史是中国学术史的再生。以武内义雄的日本古代儒学的论述，辨彰日本古代学术是经学时代，以安井小太郎的日本儒学史论，阐述中世至近世的学问是以四书为主流的儒学时代，以京都中国者的学问意识与涵养，究明近代学术是取径于清朝考据，以研究中国经典的考证时代。至于日本中国学的近代性诠释与重构，则以幕末以来的文化攘夷论，近代文化维新主义，内藤湖南的日本近世文学史论，宫崎市定的中国古代史论、东洋近世论，京都中国学的史学突破，武内义雄的老庄研究，狩野直喜的中国文化史论，吉川幸次郎的中国精神史论等，说明京都中国学的学者以新学先驱的意识，探索文化史学、东洋史学、中国思想史学、文化精神史学与中国诗歌诠释学的究竟。于是搜辑诸篇撰述，以"日本中国学论考"名篇，庶几记存中国学于东瀛流传发展的梗概。

连清吉 识于长崎

2023年2月

目 录

第二编　日本中国学的近代诠释

叙论：事实论理的陈述

以螺旋循环史观论日本中国学的变迁

一、日本中国学的形成经纬

从古代到江户时代，除了遣隋使、遣唐使、留学中国的僧侣和生员通晓汉语以外，日本的文人学者不会说汉语，却能创作汉诗文，用汉语注释论述中国经典。日本古来，于中国典籍的理解，有以日文的语法语音训读中国经典之汉文训读的创制，幼时于"寺子屋"、私塾、庠序、私塾"素读"或父兄授受，熟读背诵中国的经典诗文，及长则能创作汉诗文，注疏中国经典。探究其不能言说汉语而能撰述汉文学的因由，乃日本的中国学源远流长。内藤湖南（1866—1934）以气象学的观点，说：

> 地球同一纬度的气温移动是波浪的曲线，中日文化思想的传播与影响亦然，中国的学问经过一百五六十年后，在日本流传结实。[1]

古代是汉唐学术文化的远绍，中世是隋唐佛学，近世是宋明理学，近代是清朝考证学的选别发展。对于中日学术文化的关系，内藤湖南取譬于混沌状态的豆浆，加入"卤水"点化后，凝聚形成豆腐的过程，说日本文化的原

---

[1] 内藤湖南：《履軒學の影響》，见《先哲の學問》，东京：筑摩书房，1987年9月，第144—145页。

型像豆浆，中国文化是日本文化的"卤水"，凝聚形成的日本文化是豆腐。①
又架构"螺旋循环史观"，说明日本受容中国学术文化后，与时俱进，螺旋
状地向上飞跃精进。②近代以来，融合东西学问的精华，沉潜转化而成就如
王国维所说的"有心印而无雷同"③的日本近代中国学。宫崎市定（1901—
1995）认为内藤湖南"螺旋循环史观"，可推演为文化空间之横向往复循环，
东亚文化中心之中国学术文化既正向传播到汉字文化圈的周边地区，周边地
区受到中国文化影响刺激而产生文化自觉，创造独自的学术文化，周边地
区新生的学术文化或以政治外交与经济贸易为媒介，反方向流入中心所在的
中国。④

日本接受中国学的所在及其沿革变迁的究竟，或足资论考探索。

二、日本汉文学史的两面性：日本文学史的一环与中国文学史的再现

神田喜一郎（1897—1984）说所谓日本汉文学，是日本人用中国文字，
以中国语法，创作的文学，且脉络相承，源远流长至中日甲午战争（1894—
1895），为日本文学的一环。六世纪的飞鸟时代是日本汉文学的黎明期，圣
德太子（574—622）《十七条宪法》以北周苏绰为太祖作六条诏书为底本。

---

① 内藤湖南：《日本国民の文化的素质》，见《日本文化史研究》（下），东
京：讲谈社学术文库，1976年10月，第101—103页。
② 内藤湖南：《学变臆说》，见《内藤湖南全集》（第一卷），东京：筑摩书
房，1970年9月，第351—355页。桑原武夫对于内藤湖南《日本文化史研究》的解说
指出，内藤湖南的天体运行螺旋循环说，类似意大利哲学家维柯（Giambattiata Vico,
1668—1744）的螺旋循环史观，唯内藤湖南的论述较为明晰。关于内藤湖南的螺旋循
环史观，参见陈凌弘：《内藤湖南近世文学地势二元中心论》，见《东亚汉学研究》
（第6号），东亚汉学研究学会，2017年4月，第456—468页。
③ 王国维：《送日本狩野博士游欧洲》，见《观堂集林》（卷二十四）《王国维
遗书》（四），上海：上海古籍书店，1983年9月，第3—4页。
④ 宫崎市定：《獨創のなシナ學者内藤湖南博士》，见《宫崎市定全集（24）·随
笔（下）》，1994年2月，第254—255页。关于内藤湖南的学问，参见连清吉：《日本
近代的文化史学家：内藤湖南》，台北：学生书局，2004年10月。

近江朝（667—672）文学渐开，王室能为汉诗者辈出。奈良朝（710—794）的汉文学以台阁体为主流，初唐格调，典雅庄重。平安朝（794—1192）前期是日本汉文学第一个鼎盛期，以七言诗为主流而喜好王维、孟浩然冲淡深远的诗风。空海（774—835）的《文镜秘府论》是日本最初的文学论，也是中国文学批评的重要著作。平安后期，白居易的诗文流行，风靡一时。五山文学以京都五山禅僧为中心而发达的文学，兴起于镰仓时代末期，隆盛于南北朝（1336—1392），持续至室町时代（1393—1573）中期，祖述唐宋大家的古文，别开日本汉文学的新生面，是日本汉文学第二个鼎盛期。江户时代（1603—1867）的汉文学分为三期，庆长元年（1596）至贞享四年（1687）是第一期，继承五山文学，元禄初（1688）至安永末（1780）是第二期，大家辈出，木下顺庵（1621—1698）祖述盛唐诗风，"诗喜雄浑追北地（李梦阳）"（《锦里文集》），开创江户汉文学的先驱。荻生徂徕（1666—1728）推崇李攀龙、王世贞，首唱古文辞，门下弟子出类拔萃，服部南郭（1683—1759）是徂徕门下最善诗文者，山梨稻川（1771—1826）研究《说文》，又善作诗，俞樾《东瀛诗选》称其诗"文藻富丽，气韵高迈"，为日本诗人之翘楚。当时文人推崇徂徕学风，以秦汉盛唐的诗文是尚，盛极一时，为日本汉文学第三个鼎盛期。天明初（1781）至庆应末（1866）是第三期，菅茶山（1748—1828）、山本北山（1752—1812）等人提倡清新性灵，轻快平易的诗作，普及于士民。梁川星岩（1789—1858）是近代诗人的领袖，赖山阳（1780—1832）崇尚明清诗风，创作七古长篇，开拓新机轴。广濑旭庄（1807—1863）才气焕发，学东坡诗，俞樾激赏，谓广濑旭庄与山梨稻川并称。明治初期，小野湖山（1814—1910）、大沼枕山（1818—1891）、森春涛（1818—1888）并称而诗风各异，湖山学东坡，枕山以陆游为宗，春涛绍述袁枚。森槐南（1863—1911）天才，诗学吴伟业，活跃诗坛。明治中期的汉文学，以森春涛、森槐南父子的诗风为主流。明治二十年前后，汉文学大家凋落，又由于中日甲午战争，日本人对中国文化的敬意消散，汉文学也随之衰微。[①]

古代到中日甲午战争，日本文人学者持续模仿创作中国历代诗文，史汉的历史散文，汉魏五言诗，六朝骈文，唐宋以迄明清的古文与近体诗与时推移，述作开展，一部中国古典文学再现于日本文学史上。

三、日本学术思想史：中国学术思想史的再现

（一）古代的经学

应仁天皇十六年（285）百济博士王仁来日，朝贡《论语》十卷、《千字义》一卷。继体天皇十年（516）五经博士汉高安茂、马丁安，钦明天皇十五年（554）五经博士王柳贵、易博士王道良相继渡海东瀛，传授以五经为中心的儒学。推古天皇十二年（604）发布圣德太子用汉文撰述的《十七条宪法》。应仁天皇至推古天皇的三百余年间，以五经为中心的儒学浸润于日本朝廷，五经、《论语》、《孝经》等儒家经典广为王室硕学鸿儒所熟读，故能引经据典而制作日本最古的宪法。

宽平三年（891），藤原佐世奉敕撰编撰《日本国见在书目录》[②]，根据《隋书经籍志》的体例，收录易家以迄别集、总集四十家，汉魏至隋唐的书目。就汉籍书目而言，虽晚于《隋书经籍志》，而分别早于《旧唐书·经籍志》四十余年，《新唐书·艺文志》一百多年，可以弥补中国正史经籍志艺文

---

① 神田喜一郎：《日本の漢文學》，见《神田喜一郎全集》（第九卷），东京：同朋舍，1984年10月，第132—184頁。神田喜一郎又有《日本における中國文學—日本填詞史話上·下一》，收录于《神田喜一郎全集》（第六、七卷），东京：同朋舍，1985年4月、1986年12月。有关神田喜一郎的日本汉文学论，参见沈日中：《神田喜一郎の日本漢文學論》，见《东亚汉学研究》（特别号），东亚汉学研究学会，2016年2月，第440—450頁。至于日本汉文学的著作，则有芳贺矢一：《日本汉文学史》，东京：富山房，1928年11月；冈田正之：《日本汉文学史》，东京：吉川弘文馆，1954年12月；久保天随：《日本汉学史》，东京：早稻田大学出版部，1905年1月；牧野谦次郎：《日本汉学史》，东京：世界堂书店，1943年12月；猪口笃志：《日本汉文学史》，东京：角川书店，1984年5月；三浦叶：《明治汉文学史》，东京：汲古书院，1998年6月；等等。

② 藤原佐世：《日本国见在书目录》，东京：名著刊行会，1996年1月。

志的缺漏，于中国目录学史有颇为重要的地位。就日本学术传承而言，又足以显示日本文化的渊源。①

（二）中世至近世的儒学

西村天囚（1865—1924）强调日本的宋学发轫于镰仓时代，以萨摩藩（今鹿儿岛）禅僧的四书训点与刊行而普及。其于所著《日本宋学史》"绪言"说：明治文运之盛，渊源于德川三百年之教化，德川三百年之教化滥觞于镰仓室町二期之风尚。镰仓时代传来，室町时代研究，以为德川三百年之普通读本者，论孟学庸之《四书集注》也。四书以训点之力而普及于海内。四书训点虽创于不二和尚，而其书不传，桂庵禅师祖述其说，文之和尚润色之，如竹散人刊行之，始行于海内。萨摩藩儒者伊地知季安《汉学纪源》详述宋学传来原委，谓桂庵禅师在海内骚乱之战国，于萨摩刊刻朱子《大学章句》，首唱宋学。然巨势正纯《本朝儒宗传》、迹部光海《本朝儒学传》、松下见林《本朝学原》皆未言及桂庵师弟之传承。室鸠巢《不忘录》虽说桂庵之功，语而不详。河口静斋《斯文源流》、那波鲁堂《学问源流》、杉浦正臣《儒学源流》主于德川文学，概起笔于惺窝罗山，于足利时代皆忽之附诸。今人说宋学者，于《国学院杂志》（1900年8月）有花冈安见《朱子學の由來》，于《东洋哲学》（1901年11月）有足利衍《朱子學の傳來と其學派》，单行之书，有久保天随（1875—1934）《日本儒学史》，井上哲次郎《日本朱子學派の哲學》等，然论宋学渊源者，不能过《汉学纪源》一书，乃参考《汉学纪源》，著作《日本宋学史》，论述宋学由来与传来渊源，禅林、南北朝与萨摩之宋学，德川时代宋学变迁，明治王政维新与宋学。②

安井小太郎（1858—1938）讲述日本儒学史，谓古代汉文与儒学盛行，武家幕府时代，五山僧侣娴熟于汉文学的创作，然未有精通于儒学者。京都清原家传承五经之学，然鲜有讲论著述儒学者，故日本之儒学史可谓创

---

① 山田孝雄：《日本国见在书目录·解说》，见《日本国见在书目录》，东京：名著刊行会，1996年1月，第97页。

② 西村天囚：《日本宋学史》，大阪：杉本梁江堂，1909年9月，第1—8页。

始于德川初期。至于程朱之学于镰仓时代后嵯峨天皇、后深草天皇之际传入，虽流传于僧侣之间，然僧侣以佛教为本，未闻以儒学立门户者。树立门户讲授程朱之学者始于藤原惺窝，故以藤原惺窝为德川时代儒学的创始者，置之于日本儒学史的开端。藤原惺窝的门人林罗山拔擢于德川家康，选为近侍，掌理文教。其子林鹅峰被授命为大学头，林家的朱子学遂立为官学。中江藤树（1608—1648）初学朱子学，三十三岁，读《王龙溪语录》，翌年，读《王阳明全书》，仰慕阳明学，乃弃程朱而入王学。宽文（1661—1672）年间，山鹿素行（1623—1685）、伊藤仁斋（1627—1705）、荻生徂徕竞相批评朱子学而树立己说。伊藤仁斋提倡古义学，著述《论语古义》《孟子古义》《语孟字义》等书，发挥圣人著书立说的旨意。其子伊藤东涯（1670—1736）学术深粹，温厚笃实，人称君子，绍述仁斋学问，门人咸集，古义学乃盛行于天下。荻生徂徕学识富瞻，著述《论语征》《辨名》《辨道》，提倡古文辞学，以经说解释孔子之道，谓长人安民为仁，以礼乐刑名为圣人之学。门下弟子，如太宰春台、服部南郭、山井鼎等人，各有专攻，于经学、诗文、校勘皆有成就，徂徕学风靡一时。古义学与古文辞学盛行之时，是江户儒学第一巅峰。宝历（1751—1763）之后，井上兰台、井上金峨、山本北山等人，折衷古注、新注、仁斋、徂徕之说。元文（1736—1740）至天明（1781—1788）之间，皆川淇园（1734—1807）、中井履轩（1732—1817）等人，研读注释先秦古书。文化文政（1804—1829）至嘉永安政（1848—1859），朱子学、阳明学、汉唐注疏学、考证学的大家并起，盛极一时，是江户儒学第二盛期。大田锦城（1765—1825）著述《九经谈》，兼采汉宋，参取明清而成一家之言，为日本考证学的嚆矢。其后，海保渔村（1798—1866）、岛田篁村（1838—1898）继起。松崎慊堂（1771—1844）先从林述斋治朱子学，其后转攻汉唐注疏学，缩刻《开元石经》。与松崎慊堂同时的有狩谷棭斋、山梨稻川钻研经学与《说文》《尔雅》，树立汉唐注疏一派。松崎慊堂门下的盐谷宕阴（1809—1867）善于文学，安井息轩（1799—1876）①兼采汉唐古注与清儒考证之学，又出入于仁斋、徂徕与朱子学。佐藤一斋再兴阳明学，弟子山田方谷、吉村秋阳、东泽泻继起，阳明学大行至明治时代。②

（三）近代的中国学：祖述清朝考证学

明治（1867—1910）以后，以京都中国学的学者为中心，祖述清朝考证学而树立以古典文献考证为宗尚的日本近代中国学。岛田虔次（1917—2000）说"京都中国学的学风是与中国人相同的思维和感受，来理解中国"。③吉川幸次郎（1904—1980）认为树立此一学风的是狩野直喜（1868—1947）与内藤湖南。至于二人之所以抱持与中国人相同的思维与感受，作为学问研究的态度，是对江户汉学与东京墨守江户儒学的批判。狩野直喜认为江户汉学有偏狭与歪曲的流弊，江户儒学以宋明理学为主体是偏狭，不能洞察中国学问之全貌，以《唐诗选》《古文真宝》《文章规范》为读本是歪曲，不能体得中国文化儒雅的本质。内藤湖南不但以江户汉学，尤其是宽政二年（1790）异学之禁以后的儒学极为歪曲偏狭而衰微，继承江户汉学的东京大学汉学科亦未能顺应"文明开化"的时代需求，故无崭新突破的展开。至于狩野直喜与内藤湖南之所以取向清朝的学问，乃二人皆曾接触西洋的学问，而以为清朝学问的实证性近似西洋的学问，亦即通过西洋的媒介，确认清朝考证的实证特质是中国传统学术中，最精进的学问。将清朝考证学，特别是以《皇清经解》为主要文献的经

---

① 服部宇之吉说，安井息轩执公而好不阿，能取古今之长而舍其短，考据最力，论断最慎。服部宇之吉：《四书解题》，见《汉文大系》（卷一），东京：富山房，1909年12月，1988年9月增补版。关于安井息轩的学问，参见町田三郎：《安井息轩研究》，《江户の漢學者たち》，东京：研文出版，1998年6月。连清吉：《安井息轩：集日本考证学的大成》，见《日本江户时代的考证学家及其学问》，台北：学生书局，1998年12月，第103—143页。

② 安井小太郎：《日本儒学史》，东京：富山房，1939年4月。安井小太郎论述江户儒学史，参见连清吉：《安井小太郎：整理日本考证学的成果——就安井小太郎的〈日本儒学史〉而言》，见《日本江户时代的考证学家及其学问》，台北：学生书局，第145—175页。

③ 吉川幸次郎：《留學まで》，见《吉川幸次郎全集》（第二十二卷），东京：筑摩书房，1975年9月，第332页。

学，移入日本的是狩野直喜。

京都中国学的学问宗尚远绍于清朝学术，内藤湖南祖述章学诚而近于浙派，狩野直喜尊崇顾炎武而近于吴派，吉川幸次郎自称其以段玉裁的学问方法注释杜诗，亦近于吴派。[①]

四、中日之中国学的历史定位

内藤湖南于《学变臆说》论述地球回绕太阳的天体运行是螺旋循环，人类文明的发展径路，中心至周边的正向与周边回归中心的反方向都是螺旋状循环。又说东洋文化是以中国为中心，中国文化是日本文化的"卤水"，日本文化的原型像"豆浆"，加入"卤水"的中国文化，才形成像"豆浆"的日本文化。若以内藤湖南的螺旋循环史观，说明中日文化的关系，中国是中心，日本是周边，受到中国文化的刺激，日本产生文化的自觉，融合固有文化与传入的中国文化，而形成日本崭新独特的文化。日本创新的文化也回流至中国。江户时代以前，中国文化传播日本，明治以后，日本维新文化传入中国，"和制汉字"即是。检寻日本如何受容与更新中国学的究竟，或能省察中日之中国学的历史定位。

（一）近世的经学论著

江户二百六十年间的学问以儒学为宗尚，朱子学盛行，四书为儒者，甚至是武士的必读之书，于《论语》尤有钻研，注释亦最多。伊藤仁斋以《论语》为"最上至极宇宙第一书"，以《孟子》"为万世启孔门之关钥"[②]，著述《语孟字义》（1704），考证《论语》《孟子》的字义，回归原典，探究孔孟思想的真义。其考证方法与著述旨趣和戴震（1723—1777）《孟子字义疏证》甚无殊异，而著作完成年代早于戴震。

安井小太郎《经学门径书目》著录江户儒者的注释，《论语》、《孟

---

① 吉川幸次郎：《留学まで》，见《吉川幸次郎全集》（第二十二卷），东京：筑摩书房，1975年9月，第414—415页。

② 分别参见《论语古义》"总论"，《孟子古义》"总论"。

子》、四书相关之外，以《左传》为多，而记载增岛兰溪《读左传笔记》、安井息轩《左传辑释》、竹添光鸿《左传会笺》。竹添光鸿《左传会笺》"自序"说：

> 近儒之注左氏者，予所涉猎在皇朝则中井氏积德，增岛氏固，太田氏元贞，古贺氏煜，龟井氏昱，安井氏衡，海保氏元备，皆有定说，而龟井氏最详。①

即参酌中井履轩《左传雕题》、大田锦城《左传标注》，古贺侗庵（1787—1847）《左传探颐》，龟井昭阳（1772—1836）《左传纘考》，海保渔村《左传集注》的著述。实则江户儒者于《左传》的注释，尚有帆足万里（1778—1852）《左传标注》、东条一堂（1778—1857）《左传标识》。所谓"龟井氏最详"，冈村繁称竹添光鸿祖述龟井昭阳《左传纘考》②，龟井昭阳与帆足万里交游，内藤湖南说帆足万里受中井履轩的影响，东条一堂《左传标识》相似于中井履轩《左传雕题》，安井息轩《左传辑释》于《左传雕题》亦多引述。③江户以来于《左传》注疏的系谱可以考察知悉。

江户时代虽以孔孟思想的探究为究极，元文（1736—1740）、天明（1781—1788）以来，或有古代经学再生的学问意识而涉猎经传注疏。中井履轩沉潜于经学与古音的研究，著述《谐韵瑚琏》（1769）、《履轩古韵》（1770）、《七经雕题》（1813），内藤湖南称之为"新学的先驱"，其于日本儒学史的地位可匹配于顾炎武于中国近代学术史的地位。顾炎武开启清朝三百年经学的先河，中井履轩为江户经学、声韵、金石文字研究的先驱，其经

---

① 竹添光鸿：《左传会笺》"自序"，见服部宇之吉编：《汉文大系》（第十卷），东京：富山房，1911年11月，第3页。

② 冈村繁解说龟井昭阳的《左传纘考》，见荒木见悟、冈村繁、町田三郎编集：《龟井南冥·昭阳全集》（第三卷），福冈：苇书房，1978年8月，第3—5页。

③ 内藤湖南：《履轩学の影響》，见《先哲の學問》，东京：筑摩书房，1987年9月，第149页。

学著述对猪饲敬所（1761—1845）、龟井昭阳、帆足万里、东条一堂、安井息轩有深远的影响。[1]

大田锦城于幕府医官的多纪家跻寿馆讲授儒家经典，与多纪元简知交。多纪家珍藏宋元明清刊本，大田锦城乃得以披阅汉籍经典。其代表作《九经谈》（1804）引证宋元明清诸儒述作，论述中国经学流变，考证经典的真伪，猪饲敬所称之为"识见正大，援引宏博，海内无二"，安井小太郎以之为日本考证学之嚆矢，金谷治从考证方法确立的观点，谓日本考证学派成立于大田锦城。[2]海保渔村传承大田锦城的学问，门下岛田篁村讲授《皇清经解》，岛田篁村的弟了狩野直喜祖述清朝考证学，强调经学研究，自称"我是考证学"，创始京都中国学。[3]大田锦城的考证学至狩野直喜的京都中国学是日本近世后期到近代经学研究的传承系谱。

龟井昭阳于五经皆有考释，自称："余之用毕世力于《诗》《书》，犹先考之于《论语》。它日书成，以问于世，后世必有公论。"[4]楠本硕水（1832—1916）说，龟井昭阳"于经说远出伊藤仁斋、物徂徕之上，但僻处西陬，其学仅行于一方而不广及天下耳"。[5]西村天囚在《異彩の學者》中说：

① 内藤湖南：《履軒學の影響》，见《先哲の學問》，东京：筑摩书房，1987年9月，第138—154页。

② 金谷治：《日本考證學派の成立－大田錦城を中心として》，见源了圆编：《江户後期の比較文化研究》，东京：ぺりかん社，1990年1月，第38—88页。日本江户时代的考证学，参见连清吉：《日本江户时代的考证学家及其学问》，台北：学生书局，1998年12月。

③ 参见小岛祐马：《通儒としての狩野先生》，见《东光》（第5号），东京：弘文堂，1973年4月，第7页。新村出说：狩野直喜是京都中国学的开祖。见新村出：《广辞苑》（第五版），东京：岩波书局，1998年11月，第540页。

④ 龟井昭阳：《家学小言》"第二十五章"，见《龟井南冥·昭阳全集》（第六卷），福冈：苇书房，1981年8月，第471页。

⑤ 楠本硕水：《硕水先生遗书》（卷十一），见冈田武彦、荒木见悟、町田三郎、福田殖编：《楠本端山·硕水先生全集》，福冈：苇书房，1980年8月，第229页。

龟井昭阳以郑玄自居，私淑中井履轩，为江户时代经学巨擘，当时经生鲜能出其右者。龟井塾诸生写师之著述为课程之一，有《尚书》之讲释则写《尚书考》，有《左传》之讲释则写《左传缵考》，展转传写，未刊之书亦能行于世。然写本有限，且维新后，汉学衰微，先人苦心之写本或委之蠹鱼，或补败障者。逮今不访求笃志之龟门子弟，蒐集其遗书，九州希有大儒心血之大著述遂归于散逸湮灭而不保，有心有力之人盍不图公行昭阳全集耶。①

九州大学荒木见悟、冈村繁、町田三郎编集的《龟井南冥·昭阳全集》，龟井昭阳《周易缵考》《毛诗考》《古序翼》《左传缵考》《礼记抄说》《学记抄说》《论语语由述志》《孟子考》《学庸考》《孝经考》收录于该全集第二至五卷，足资论考九州儒者于经学著述之究竟。

（二）近世的诸子学研究

江户时代于先秦诸子研究，武内义雄认为日本学者异乎林希逸《口义》而开始提出独自见解，是由于荻生徂徕提倡古文辞学，研究诸子的结果。②关于江户时代老庄研究的内容，武内义雄《日本における老莊學》可为指引，严灵峰《无求备斋老庄列三子集成补编》所收录日本儒者文人之著述，足资考究。至于《管子》研究，安井息轩《管子纂诂》是日本注释《管子》的白眉之作。《管子纂诂》于1864年2月刊行，1866年4月修订而成《管子纂诂考讹》。1866年10月，安井息轩请托渡英的中村敬宇，停泊上海之际，为《管子纂诂》作序。1870年1月，得苏松太兵备道应宝时《管子纂诂序》，于是"排百冗而再考之，正其谬妄，补其不足，一百一十有四，订误脱四十有四。应序所论，

---

① 西村天囚《異彩の學者》于1907—1908年在《大阪朝日新闻》连载。
② 武内义雄：《日本における老莊學》，见《武内义雄全集》（第六卷），东京：角川书店，1978年9月，第232页。荻生徂徕于先秦诸子的训读释译，有《晏子考》《管子考》《韩非子考》《读荀子》《读韩非子》《读吕氏春秋》《吴子国字解》《孙子国字解》等，见《补订版国书总目录》，东京：岩波书局，1991年1月，第167—168页。

取其是而驳其非，又十有八，凡得一百七十五条，合之考讹，以附纂诂"①，同年10月刊行改订版《管子纂诂》。町田三郎说，应序指陈《管子纂诂》可议者凡二十五条，与俞樾《诸子平议》卷三《管子·侈靡》的考证庶几无异。应宝时与俞樾同年中举，同治五年编修《上海县志》，俞樾亦参与其事。俞樾《诸子平议》之草稿或为应宝时及其幕僚所见知。郭沫若《管子集校·叙录》遂曰：

> 应序中尚提及一人，谓"尝举以质同学生尹鋆德，再三商榷，似无以易之"。余疑尹或为应序之代笔者。是则剽窃俞说者，如非应宝时本人，则必为此"同学生"也。

安井息轩如何答辩《应序》的指陈，亦即俞樾《诸子平议》的考索，町田三郎比对《管子纂诂》与《诸子平议》二书的考证，归结安井息轩赞同应序，亦即俞说者七条，质疑者十四条。至于安井息轩的论断，则以古书用字例之有无、历史事实之符应、解经之可否、文理旨趣通畅与否，作为文字考证的根据，体现安井息轩之为古典解释学者的蕴藉。②清朝与江户时代末期的一流学者于十八世纪七十年代既已展开学术论辩的对话，亦为中日学术交流史上划时代的里程碑。

（三）近代中国学：日本中国学的文艺复兴

京都中国学是代表明治新时代的"新汉学"，所谓"日本近代中国学"即京都中国学。吉川幸次郎说王国维送狩野直喜欧游诗（1912）的"自言读书知求是，但有心印而无雷同"，最能体现京都中国学的特质。③

---

① 明治庚年（1870）冬十月，见安井息轩《管子纂诂序》。

② 町田三郎：《力作の〈管子纂詁〉》，见《江戸の漢學者たち》，东京：研文出版，1998年6月，第187—203页。

③ 吉川幸次郎于狩野直喜《中国学文薮》解说，说：王国维是狩野直喜平生第一知己，"读书求是，有心印而无雷同"是狩野直喜学问宗尚所在。参见狩野直喜：《中国学文薮》，东京：みすず书房，1973年4月，第504页。

1.读书求是

吉川幸次郎是狩野直喜晚年的入室弟子，大学入学之前，"中国文学研究，唯有细密读书而已"[1]的叮咛，是启蒙的门径，"不咀嚼玩味一字一句的意义，就不是读书"[2]是愤悱启发而影响最深的箴言。"师弟授受，以一字之教为始，一字之教为终，……此为先生对文学一贯的态度，一生最极力主张的方法。先生文学鉴赏的方法是细密咀嚼的尊重。……先生所嗜好的是耐人细密咀嚼玩味而致密内涵的文学"[3]，或为"自言读书知求是"的旨趣所在。至于"读书求是"的方法，则是武内义雄祖述王引之为三代之舌人[4]而树立的"中国学研究法"。武内义雄强调中国学研究方法的根底是文字学，唯其所谓的文字学既非语源研究，亦非文字形音的探究，而是归纳使用例，以正确解读古典的文字训诂学。其又以为中国先秦典籍经刘向歆父子校定而颇失其旧，后世学者又有不少增益，而难窥其原貌。故读中国先秦古书，必先考镜其传承源流，以回归汉代之旧，再上溯先秦的原初本貌。于先秦诸子的研究，必先旁搜各种版本，判别取舍而得精善版本，解析文本篇章脉络文义，对照先秦诸子，探寻他书的引述，然后判定精确的文本。其《老子研究》即以历代图书目录和日本的古抄本，考究异本源流，判别正确文本的著作。武内义雄认为《老子》有王弼注本、河上公本和唐玄宗御注本三个系统，校定各系统的祖本而取得最古且最正确的原本，才是精善致密的校勘。校定正确的文本之外，还需要对原典进行批判性的修正。其之所以校定《老子王弼注》，盖因王弼注本缺乏善本，乃

---

① 吉川幸次郎：《狩野先生と中國文學》，见《吉川幸次郎全集》（第十七卷），东京：筑摩书房，1985年7月，第247页。

② 吉川幸次郎：《留學まで》，见《吉川幸次郎全集》（第二十二卷），1985年12月，第352页。

③ 吉川幸次郎：《狩野先生と中國文學》，见《吉川幸次郎全集》（第十七卷），东京：筑摩书房，1985年7月，第248页。

④ 武内义雄关于王引之的话，引自龚自珍《工部尚书高邮王文简公墓表铭》，见《武内义雄全集》（第十卷），东京：角川书店，1979年10月，第284—286页。

参考王弼的注文，考察本文押韵的关系，探讨思想内容，修正王弼注本。[①]武内义雄的学问是以清朝训诂学，尤其是王引之"舌人意识"为底据，以审慎地解释古典文句为出发点，又兼容训诂学、校勘学、目录学，以辨彰中国学术的发展，考镜典籍著录的源流。此古典文献考证的学问方法亦可谓之为京都中国学"读书求是"的指向。[②]

2.有心印而无雷同的"心得之学"

吉川幸次郎说，狩野直喜率先引进清朝精细的实证学，并作为学问起点，既严守清儒"不误不漏"的方法，审慎征引，正确标注典故出处，又尊崇"心得之学"，于前人之言不能完全共感，绝无苟从。平生之所以最敬爱宋王应麟《困学纪闻》与清顾炎武《日知录》，以二书皆为"心得之学"。"魏晋学术考"的讲授，旁征博引，恳切咀嚼玩味，是"心得之学"显著的实践。[③]狩野直喜祖述顾炎武的"世风说"，重视文学形成的时代精神，重新选别时代主流的文学体裁，讲述汉魏辞赋、六朝骈文、宋元戏曲杂剧、明清小说。又比较世界主要文明，强调中国文明的价值在于感性的尊重，"儒雅"是中国文学的本质，"儒"是古典文学所内涵的理性和知性，"雅"是洗练（法文raffine）而蕴藏着优雅馥郁的芬芳。经过理性与知性锻炼的致密诗文才是中国古典文学的上乘。沉潜于中国的古典文学的蕴涵，主张"儒雅"与"文雅"的融会贯通，是中国文明异于其他文明的特质所在，或可说是狩野直喜的"心得"。[④]

---

① 金谷治：《誼卿武内義雄先生の學問》，见《金谷治中國思想論集》（下卷），东京：平川出版社，1997年9月，第423—426页。
② 武内义雄：《中国学研究法》，见《武内义雄全集》（第九卷），1979年4月；武内义雄：《中国学研究法》，吴鹏译，台北：学生书局，2016年5月。
③ 吉川幸次郎说独自的"心得之学（心印）"为狩野直喜、内藤湖南、铃木虎雄的学问态度。参见狩野直喜：《魏晋学术考》，东京：筑摩书房，1968年1月，第332—334页。
④ 吉川幸次郎说狩野直喜《中国文学史》具有"创始""洞察"的意义，以"心得"体认中国文学"儒雅"特质。又重视"风神"（法文raffine）而嫌恶"粗略"（法文sauvage），故以为明代文学粗略，不是中国文学的本质。参见狩野直喜：《中国文学史》，东京：みすず书房，1970年6月，第461—472页。

吉川幸次郎自述留学中国（1928—1931）的意义是理解中国人的价值观，受黄侃所说"中国之学，不在发现，在发明"的启迪而体得中国学的真义。中国学的真谛不在文献资料的搜集归纳，而在于文献内在意义的发掘。大正初期，日本京都中国学者认为权威的罗振玉、王国维的学问是倾向于资料至上主义的"发现"。所谓"发明"是钻研重要的典籍，发掘其中的要义，亦即发挥前人的学说，而以自身的见解论证究明，进而转益精进，或突破前人的论述而提出崭新的学说，或从事新领域的研究。①吉川幸次郎自称"我的古典是杜甫"②，"我是为了读杜甫而诞生的。注释杜甫要有钱牧斋的学识与见识，今日可以注解杜诗者，除我之外无他"③。其于《杜甫の詩論と詩》强调：历来以《戏为六绝句》为杜甫论诗的作品而详细分析，然"戏为"乃即兴之作，虽品评齐梁、初唐诗人的诗作，提出"不薄今人爱古人，转益多师亦汝师"的持平之论，而杜甫论诗的主要诗作，则别有他在，尤其是《敬赠郑谏议十韵》与《夜听许十一诵诗爱而有作》是其论诗的代表诗篇。《敬赠郑谏议十韵》的"谏官非不达，诗义早知名"，称誉郑虔文辞通达，早岁即以诗论之诗作而闻名。"诗义"一词，《毛诗序》有"诗有六义"之说，谓诗有六个原则存在，杜甫据以造"诗义"的新词，叙述其根据原则而创作诗赋的意识。至于"破的由来事，先锋孰敢争。思飘云物外，律中鬼神惊。毫发无遗恨，波澜独老成"与《夜听许十一诵诗爱而有作》的"应手看捶钩，清心听鸣镝。精微穿溟涬，飞动摧霹雳。陶谢不枝梧，风骚共推激。紫燕自超诣，翠驳谁剪剔"则是分析性的敷陈诗作的方式。吉川幸次郎训解"诗义"的"义"为"みち"，即诗作的"道""路"，亦即创作诗赋的方向，进而认为杜诗有"致密"与"飞跃"的两个方向，"致密"是体察客观存在事物

---

① 吉川幸次郎：《留學まで》，见《吉川幸次郎全集》（第二十二卷），东京：筑摩书房，1975年9月，第331—425页。

② 吉川幸次郎：《わたしの古典》，见《吉川幸次郎全集》（第十二卷），东京：筑摩书房，1968年6月，第706页。

③ 黑川洋一：《杜甫と吉川先生と私》，见《吉川幸次郎全集》（第十二卷）"月报"，东京：筑摩书房，1968年6月，第6页。

的方向，"飞跃"则是抒发主观内在意象的方向，"致密"所刻画的是轮廓清晰的具象世界，"飞跃"所指涉的是起兴超越的抽象世界，二者虽非同一方向，即"致密"是横向观照人间社会与自然景象的视线，"飞跃"是纵向起兴超越的"冥搜"升华，二者并存互补相互完成，此为杜甫的诗歌创作的理论。[①]

朱子说，五经疏中，《书》《易》最劣。然吉川幸次郎则强调《五经正义》中，以《尚书正义》最善。《尚书正义》所选定的《尚书孔氏传》虽是伪古文经，却是现存最古的《尚书》注本，也是汉代《尚书》注释的集大成者。孔颖达奉敕撰述《尚书正义》的论证虽烦琐，却是六朝以来议论驳辩折冲抗诘而得持平稳定的传疏，允为科考准据的经典注释。或有不合经义的所在，却是探究中国中世人文精神史的史料。《尚书正义》所表述的论理是愚者恶人存在，且绝对无法救济的思维，而异乎中国传统人性本善的人性论。亦即《尚书正义》虽是《尚书》经传的义疏，却也反映六朝至唐初人为命运所支配，有极多限定的思维方式，吉川幸次郎称之为"决定的运命论"（天生命定）。天生命定的言说，首见于《论语·阳货》的"子曰，惟上智与下愚不移"，最上的智者与最下的愚者的性格是天生不变的。《尚书正义》则曰"中人"或有变化的可能。上智圣人不胡作非为，不必戒。下愚无可匡济，天生命定，戒之无益。又《尚书正义·多方》"圣必不可为狂，狂必不能为圣"是天生命定论，"谓之为圣，宁肯无念于善，已名为狂，岂能念善"，则强调上智圣人与下愚狂者的两极差异。至于经传所谓"无念于善"与"狂人能念于善"则有堕落或迁善之可能的论述，是曲解人间存在的实情。上智与下愚是天赋气质与习性而不可变易，乃《尚书正义》的哲学。故"决定的运命论"（天生命定），是中

---

① 黑川洋一：《杜甫の詩論と詩》，见《吉川幸次郎全集》（第十二卷）"月报"，东京：筑摩书房，1968年6月，第593—628页。吉川幸次郎关于杜甫的论述，参见连清吉：《〈杜甫诗注〉：杜甫千年之后的异国知己》，见《杜甫千年之后的异国知己：吉川幸次郎》，台北：学生书局，2015年6月，第175—216页。

世思想的具现。①

内藤湖南主张"唐宋变革论",贵族政治崩坏而君主权力确立,士大夫地位上升,经学由笺注义疏转向独见创说,绘画艺术由金碧辉煌的壁画转趋白描水墨的滚动条,实物经济转型为货币经济,税租劳役制度的改变,土地私有的雏形略具,强调唐代是中国的中世,而宋代则是中国近世的开端。②宫崎市定则从东洋史学的观点,提出宋代是"东洋的近世"。宫崎市定说,十四世纪到十六世纪欧洲形成的文艺复兴是区分中世与近世之划时代的关键,欧洲文艺复兴是中世黑暗的觉醒,以古代再生为媒介,而创出近世的文化,其中心思想是回归希腊、罗马古典黄金时代的复古思想,于文学表现形式既有古代拉丁语的复兴,也有以方言创作文学(但丁《神曲》)的产生。印刷术传入而书籍出版普及,罗盘和火药传入而科学发达。绘画、雕刻与建筑是艺术的尖峰。欧洲文艺复兴的精神是复古、艺术与科学。宫崎市定又说,文艺复兴的精神与文化现象不但是东西共通具存,而且中国于十世纪到十一世纪,已有儒学复兴、古文运动、口语文学的流行、印刷术发明、版刻流传而文化普及,泼墨山水、文人自由挥洒独具风格之滚动条字画,殊异于中世重视师承之碑刻书法、金碧辉煌之壁画。又由于大运河连接南北交通贸易,陆路与海上丝路畅通,文化交流

---

① 吉川幸次郎说明《尚书正义》的价值和体现中世思想的论述,参见吉川幸次郎:《〈尚書正義〉譯者の序》,见《吉川幸次郎全集》(第八卷),东京:筑摩书房,1970年3月,第4—11页。吉川幸次郎于《吉川幸次郎全集》(第十卷)"自跋"主张中世是"决定的运命论"思想的时代,及《中國文學に現れた人生觀》,见《吉川幸次郎全集》(第一卷),东京:筑摩书房,1968年11月,第105—111页,强调中国中世文学颇多记述人生的不安限定和人是微小存在的诗文,所呈现的是悲观倾向的人生观。盖能理解吉川幸次郎对中国中世思潮的立场。有关吉川幸次郎的中国中世思想论,参见连清吉:《〈尚书正义〉反映"天生命定"的思维》,见《杜甫千年之后的异国知己:吉川幸次郎》,台北:学生书局,2015年6月,第73—115页。

② 内藤湖南:《概括的唐宋时代观》《近代中国的文化生活》,见《内藤湖南全集》(第八卷),东京:筑摩书房,1969年8月,第111—139页。

活络，经济贸易发达，宋代的中国成为东西方文化经贸的据点。①

内藤湖南以中国为主体，通贯中国历史的变迁，宫崎市定则从东洋史学的视角，探寻中国历史的沿革，内藤史学到宫崎史学是"史学的突破"。②

3.日本中国学的文艺复兴

明治三十三年（1900），内藤湖南说：东西学术荟萃的日本宜居于创造第三新文明的地位，然汉学者老墨守德川末期的弊风，毫无进步。清朝学者则俨然如"欧西近人之学士"习得合理性的学问方法。日本学界应将学问提升至清朝考证学的水平，确立研究方法，开拓东洋学术，甚至世界文明的新局面。③町田三郎先生说：在中国学研究的领域，实现以科学合理的精神为根底，将研究成果提升到世界学问水平是大正九年（1920）以内藤湖南、狩野直喜为中心而创刊的《支那学》杂志。《支那学》的创刊是明治中末期以来，从"胎动期"到确立近代中国学之各种活动的结晶，尤其是内藤湖南与狩野直喜所谓的新学风，是以与中国当代考证学之学风同步的学问为目标，既非守旧的汉学，亦非盲目骛新之轻薄学问的主张，是具有说服力的。④内藤湖南与狩野

---

① 宫崎市定的东西文艺复兴论，参见宫崎市定：《東洋のルネサンスと西洋のルネサンス》，见《宫崎市定全集（19）·东西交涉》，东京：岩波书店，1992年8月，第3—50页。宋代是"东洋的近世"这一论点，参见《东洋的近世》，见《宫崎市定全集（2）·东洋史》，东京：岩波书店，1992年3月，第134—241页。

② 宫崎市定说内藤湖南史学的研究对象，虽不限定中国，但未遍及东洋全境域。所谓东洋史学既研究中国的历史文化及其对周边民族的影响，又从东西历史对比的观点，论述东洋历史文化的特质。参见宫崎市定：《宫崎市定全集（2）·东洋史》"自跋"，东京：岩波书店，1992年3月，第243—244页。换句话说宫崎市定是从"东西交涉（交流）"观点，区分中国历史，探究中国各时代的特质与沿革变迁，论述中国历史文化在世界史上的地位。

③ 内藤湖南：《讀書に關する邦人の弊風附漢學の門徑》，见《内藤湖南全集》（第二卷），东京：筑摩书房，1971年3月，第166—170页。

④ 町田三郎：《明治漢學覺書》，见《明治の漢學者たち》，第23页。《支那学》杂志共十四卷（含《还历纪念号》一卷、《东光支那学别卷》一卷），1920年9月—1948年10月，东京：弘文堂发行，刊载日本（京都）与中国（罗振玉、王国维、张尔田、罗福成、钱宝琛、郭沫若等）关于中国学的论述，介绍中国当代学术消息，是近代中日学术交流的贵重史料。

直喜欲于明治新时代树立新学问，是文化使命感；批判江户时代与继承江户学术之东京近代的学问有偏狭和歪曲的流弊，不能作为引领新时代的学问，是文化自觉。选取具有西洋实证合理性的清朝考证学与世界汉学，用以开创作为"新学先驱"的"日本近代中国学"。他们既首倡研究的中国戏曲、杂剧、古典小说是大正至昭和前期中国文学研究的显学，而且将钻研敦煌学与世界汉学并驾齐驱，甚至关于清代历史与文学的研究早于中国与欧美学界，又提出无雷同于中国既成定说的述作。这是以清朝考证学为媒介，与世界汉学接轨的意识而成就的古代的再生。若以宫崎市定的文艺复兴论，定位京都中国学，或可谓之为日本近代中国学之文艺复兴。

日本学术思想史的变革

一、问题提起：历史学的任务是探究历史发展的新公式

宫崎市定于所著《东洋的近世》①中强调历史学的任务是在探索历史发展的新公式，而不是以既成的公式梳理历史的事实。历来在架构世界史的体系时，大抵采取西洋为主、东洋为从的立场。然而综观世界史的事实，西亚波斯帝国是世界史上首先出现的古代帝国，其次是中国的秦汉帝国，最后是西洋的罗马帝国。象征近世的文艺复兴也先后出现三次，首先是八世纪在西亚发生，其次是十到十一世纪的中国宋代，然后是十四到十六世纪的欧洲。以东西洋对等的观点，才能客观翔实地厘清历史发展的事实。至于世界史的轨迹，也不是东西世界各自发展形成，而是相互交涉影响的历史循环。

历史研究是事实的论理，而事实论理的方法，则以通变古今，横贯东西之时空坐标的设定，究明中国历史的发展轨迹，确立中国历史在世界史上的地位。换句话说，以"复眼的视域"，即以时间为经，通变古今历史的沿革，以空间为纬，横跨东西世界的交涉，才能辨析历史文化的因革损益及其地位。神田喜一郎于所著《日本的汉文学》中说道："日本汉文学史具有两面性，既是

---

① 宫崎市定的《东洋的近世》一文，首先由教育时报社于1950年11月出版，其后分别收入《アジア史论考》（上卷），朝日新闻社，1975年1月；《東洋における素朴主义の民族と文明主义の社会》，平凡社，东洋文库508，1989年9月；《宫崎市定全集（2）·东洋史》，东京：岩波书店，1992年3月。本文以东洋文库版为底本而论述。

日本文学史的一环，又是中国文学史的再现。探究日本汉文学的推移及其因革中国文学的究竟，既不薄日本汉文学的转益更新的精彩，也爱中国古典文学的英华，如此乃能客观论述日本文学史的定位。"①兹以中日学术思想交涉的"复眼的视域"，抽绎日本学术思想史上划时代的关键，论考其变革的究竟。

二、大化革新：日本学术文化的唐化

应仁天皇十六年（285）百济博士王仁来日，朝贡《论语》十卷、《千字文》一卷。继体天皇十年（516）五经博士汉高安茂、马丁安，钦明天皇十五年（554）五经博士王柳贵、易博士王道良相继渡海东瀛，传授以五经为中心的儒学。推古天皇十二年（604）发布圣德太子用汉文撰述的《十七条宪法》。根据武内义雄（1886—1966）的考证，《十七条宪法》第一条"以和为贵"出自《礼记·儒行》和《论语·学而》"礼之用和为贵"，"上和下睦"出自《左传·成公十六年》"上和下睦"和《孝经》"民用和睦，上下无怨"，第三条"君则天之地则地之"出自《左传·宣公四年》"君天也"，"天覆地载"出自《礼记·中庸》"天之所覆，地之所载"，"四时顺行"出自《易·豫卦》"天地以顺动，故日月不过而四时不忒"，第四条"上不礼而下不齐"出自《论语·为政》"上不道之以德，齐之以礼，有耻且格"，第五条"石投水"出自《文选·运命论》"其言也如以石投水，莫之逆也"，第六条"无忠于君，无仁于民"出自《礼记·礼运》"君仁臣忠"，第七条"贤哲任官"出自《尚书·咸有一德》"任官唯贤材"，"克念作圣"出自《尚书·多方》，第八条"公事靡盬"出自《诗·鹿鸣四牡》"王事靡盬"，第九条"信是义本"出自《论语·学而》"信近于义"，第十二条"国靡二君，民无两主"出自《礼记·坊记》"天无二日，士无二王"，第十五条"背私向公是臣之道矣"出自《韩非子·五蠹》"仓颉之作书也自环谓之私，背私谓之公"和《左传·文公六年》"以私害公非忠也"，第十六条"使民以时"出自

① 神田喜一郎：《神田喜一郎全集》（第九卷），东京：同朋舍，1984年10月，第132—184页。

《论语·学而》"节用而爱人，使民以时"。应仁天皇至推古天皇的三百余年间，以五经为中心的儒学浸润于日本朝廷，五经、《论语》、《孝经》等儒家经典广为王室硕学鸿儒所熟读，故能引经据典而制作日本最古的宪法。武内义雄又根据仁井田陞（1904—1966）《唐令拾遗》，比较唐令与养老令（718）的大学教学科目。

养老令以唐令为本，斟酌日本国情而修订。[①]《十七条宪法》于中国先秦经典文字的征引，律令的制定取法于唐令，明经博士以五经、《孝经》和《论语》的修习为宗尚，是知日本古代以汉唐注疏为学问的根底。

三、应仁之乱：日本文化形成的契机

一般以为"应仁之乱"（1467—1477）是日本室町时代末期，京都发生的大乱。将近十年的战乱，使京都几乎成了废墟，幕府失坠、庄园制度崩坏，是中世黑暗时代，"上克下"的叛乱。但是内藤湖南认为应仁之乱的十年间，地方武士的势力强大，因而加速了战国大名领国制度的发展。又由于公家（即公卿大夫）避难到地方，造成文化普及至地方的一个因素，是日本文化创生的契机。

日本学术文化的发展颇受中国的影响。自圣德太子以后至平安朝是接受汉唐注疏之学与唐代的文化。德川时代的二百五六十年则是宋明理学、宋代文化与清朝考证学。就学术文化的性质形态而言，前者是贵族文化、宫廷文学；后者则是庶民文化，而学术也由朝廷普及至民间。此一学术文化转型的契机则是应仁之乱，内藤湖南从日本文化独立的历史背景、殚精竭虑于文物的保存与文化的传播等事例，说明应仁之乱是日本脱离中国模式而创造日本独特文化的关键。

有关日本文化独立的历史背景，内藤湖南认为藤原时代到镰仓时代的

---

① 武内义雄：《儒教の精神—二日本儒教その一–明经博士の学业》，东京：岩波新书，1939年11月，第133—143页。

四五百年间，①日本的社会形态起了巨大的变化，即武士的势力急剧扩张，逐渐形成"下克上"的局势。政治社会的情势如此，思想文化也产生由下往上，即由武士庶民的文化影响到皇族公家的现象，造成日本思想文化革新的机运。内藤湖南认为后宇多天皇（1267—1324）到南北朝（1336—1392）的一百年间，是日本文化独立成型的关键。至于独立文化之所以产生，内藤湖南认为有内在和外在的因素。后宇多天皇以后的南朝系的天皇颇多抱持着改革的思想，因而孕育了革新的机运，是日本文化之所以能独立的内在因素。而蒙古军队攻打日本九州北部、即"文永、弘安之役"是日本文化独立的外在因素。内藤湖南说："后醍醐天皇继承其父后宇多天皇革新的观念，所谓思想独立与创造独立文化的理想既已根植于心。在学问研究方面，以为汉唐注疏之学仅止于字句训诂而不能发挥经典的义理。宋代理学恰好可以体现其学术宗旨，因而以宋学作为经典诠释的根据。"②

　　由于宋学的影响，在后醍醐天皇的时代对于经书的理解有了新的诠释。至于佛教的解释也不墨守所谓传统佛教的真言或天台的教理，而以镰仓时代兴起的禅宗为归宗。换句话说由于后醍醐天皇提倡宋学和禅宗，当时学术界乃呈现出新思想、新解释的学问思潮。这是日本学术文化革新而趋向独立的内在的因素。至于"文永、弘安之役"何以是日本文化独立之外在因素，内藤湖南说："蒙古来袭的防御是日本开国以来的大事件，因此举国上下无不祈求神佛以免除国难。结果神灵显验，九州北部地区飓风突起，蒙古船只沉没殆尽而败退。由于此一战役，日本产生'日本为神灵之国'而且是世界最为尊贵的国家的思想，也助长日本文化独立的趋势。……虽然经过足利时代是日本文化发展的暗黑时期，文物毁于战火，古老的文化也荡然无存。虽然如此，龟山后宇多

　　① 藤原时代是指平安后期遣唐使废止（894）以后的三百多年间。政治上是摄关、院政、平氏掌政的时期。学术文化上"唐风"（中国色彩）逐渐淡薄，宗教上则是净土宗盛行。镰仓时代（1185—1333）的文化特色是武士阶级吸收公家文化，进而创出反映时代性的新文化。影响所及，皇族公卿也产生思想改革的自觉。

　　② 内藤湖南：《日本文化の独立》，见《日本文化史研究》（下），东京：讲谈社，学术文库76，1987年3月，第31页。

天皇到南北朝之间所产生的'日本为神灵之国'的新思想与日本文化革新独立的理想，即以日本为中心的思想依然存在着，终于在德川时代构筑了日本独立文化的原型。此一新思想与文化独立的理想之所以能维系不坠，主要是因为应仁之乱时公卿学者于文物保存与流传的苦心经营。"①

关于应仁之乱之际时人如何殚精竭虑于文物保存与文化传播的情形，内藤湖南说："应仁之乱虽然是日本历史上的黑暗时代；当时的贵族士人却竭尽所能地保存古来相传的文物、传播可能失传的文化与技艺，因此应仁之乱也是日本独特文化形成的时代。"在文物保存方面，内藤湖南说："目录学不但是图书分类、书目品评的学问，也是拥有悠久文化的表征。"《本朝书籍目录》是足利时代所编纂的图书目录，从编目看来，有中国传来的，也有日本固有的书籍，虽然未必能显现出日本绝无仅有的独特性，却足以证明在混乱时代中，日本人极尽可能地保存古来相传的文化。②如一条兼良为避免所藏的书籍遭到战火的焚毁，将充栋的书籍藏之于书库。丰原统秋为了家传的笙谱能传诸后世而撰述《体源抄》一书。可见于扰攘之际，尽力保存古代文化之一端，是当时公卿士族共通的理念。日本人竭尽心血以保存古来相传的文化，因而得以传之后世的文化就说是日本的文化。③再者知识技艺的传授，固然是应仁乱后，公卿贵族用以糊口的手段，却由于时代思潮的影响，形成日本独特的文化。如神道的传授，从奈良时代到平安时代的神代记事，并没有哲学性的思考。到了镰仓时代末期到足利时代之间所形成的神道，则用佛教的教义解释《日本书纪》神代卷的记述，神道因而具备了哲学性的意义。如吉田家的神道即是。又由于吉田神道具有形上架构，吉田神道乃建立其权威性。即非得到吉田家的传授就不是正统的神道。其他的技艺传授，如和歌亦然。换句话说由于尊敬专业性、

---

① 内藤湖南：《日本文化の独立》，见《日本文化史研究》（下），东京：讲谈社，学术文库76，1987年3月，第27—31页。

② 内藤湖南：《日本国民の文化的素质》，见《日本文化史研究》（下），东京：讲谈社，学术文库76，1987年3月，第96—97页。

③ 内藤湖南：《応仁の乱について》，见《日本文化史研究》（下），东京：讲谈社，学术文库76，1987年3月，第73—74页。

正统性与权威性而形成所谓"某家""某道""某流"之"文化正统"的观念，是在应仁之乱前后的时代。[1]

四、江户文化：日本文化的文艺复兴

辻达也（1926— ）在所著《江户时代的研究》中说："近代以来，论述日本文化始终强调明治维新，明治的文化与精神。"其实现代的日本文化与江户时代的近世文化关系最为密切。日本独特的文化大抵形成于近世，即使发生于近世以前，也到近世才定型，普及于民间，具备日本的特质。元禄（1688—1704）至享保（1716—1736）年间的文化诸相是近现代日本文化的原型。儒学是江户时代德川幕府政教施行的根据，四书五经是儒者武士的学养，"寺子屋"、"塾"、藩校的教育设施普及。所谓"临济将军，曹洞土民"的禅宗流行，住宅出入"玄关"，起居于书院建筑的居家生活；一日三餐，享用天妇罗、寿喜烧，江户前寿司的饮食方式；象征商业发达，形成都市文化的歌舞伎、寄席、落语、三味线的艺能；浮世绘的艺术，长袖宽带和服的穿着，都是十七世纪的文化现象，而当代日本的日常生活也是如此。[2]

以宫崎市定的"文艺复兴论"来考察日本近世文化的诸相，元禄享保年间的学术文化可以说是日本的文艺复兴。宫崎市定认为十四世纪到十六世纪欧洲形成的文艺复兴是区分中世与近世之划时代的关键，欧洲文艺复兴是中世黑暗的觉醒，以古代再生为媒介，而创出近世的文化，其中心思想是回归希腊、罗马古典黄金时代的复古思想，于文学表现形式既有古代拉丁语的复兴，也有以方言创作文学（但丁《神曲》）的产生。印刷术传入而书籍出版普及，罗盘和火药传入而科学发达。绘画、雕刻与建筑是艺术的尖峰。欧洲文艺复兴的精神是复古、艺术与科学。宫崎市定又说："文艺复兴的精神与文化现象不但是

① 内藤湖南：《日本国民の文化的素质》，见《日本文化史研究》（下），东京：讲谈社，学术文库76，1987年3月，第98—100页。
② 辻达也：《"日本的"文化の形成》，见《江户时代を考える》，东京：中公新书，1988年3月，第10—60页。

东西共通具存，而且中国于十世纪到十一世纪，已有儒学复兴，古文运动，口语文学的流行，印刷术的发明，版刻流传而文化普及，泼墨山水，文人自由挥洒独具风格之滚动条字画，殊异于中世重视师承之碑刻书法，金碧辉煌之壁画。又由于大运河连接南北交通贸易，陆路与海上丝路畅通，文化交流活络，经济贸易发达，宋代的中国成为东西文化经贸的据点。"①

德川幕府以林家朱子学为官学，伊藤仁斋（1627—1705）以为朱子学不能体得孔孟思想的真义，著述《论语古义》《孟子古义》《语孟字义》，以古典回归的理念，提倡"古义学"。荻生徂徕转化明代王世贞李攀龙"文必秦汉，诗必盛唐"的义学理论，运用于四书五经的思想诠释，著述《论语征》《弁道》《读荀子》，提倡"古文辞学"，诸子研究与诗文创作盛极一时。至于早稻田大学出版的《汉籍国字解全书》是江户时代的儒者以"国字"和译中国典籍的"先哲遗著"，记存儒者民间讲学，普及教育的史实。欧洲文艺复兴时期有复兴拉丁文的觉醒，"国字解"的讲述或许解读为中国汉学日本化的先驱。而"和刻本"的出版，既是文化事业发达的象征，也是教育普及与学术精进的根底所在。浮世绘是日本绘画艺术的结晶，寄席的讲谈，三味线的演奏，都是日本独特风格的创意艺能。元禄享保年间的文艺复兴，日本独特的文化形成，继承发展而延续至今。

五、明治维新：日本文明开化

明治（1867—1910）维新，全盘欧化，文明开化，建立近代化国家是众所周知的史实。至于明治近代汉学的沿革，町田三郎（1932—2018）的《明治汉学者》②是日本近代汉学史论的重要著作。町田三郎将明治的汉学区分为四期：

---

① 宫崎市定的东西文艺复兴论，参见宫崎市定：《東洋のルネサンスと西洋のルネサンス》，见《宫崎市定全集（19）·东西交涉》，东京：岩波书店，1992年8月，第3—50页。

② 町田三郎：《明治の漢學者たち》，东京：研文出版，1998年1月。

第一期：汉学衰退与启蒙思想的隆盛（明治一年—明治十年初）

第二期：古典讲习科与斯文会的活动（明治十年初—明治二十二、二十三年）

第三期：东西哲学的融合与对日本学术的注视（明治二十四、二十五—三十五、三十六年）

第四期：中日学术的总合《汉文大系》与其他（明治三十七、三十八年）

以辨章明治汉学的变迁。町田三郎又洞察四十五年间关键性的述作编辑，进而明晰日本近代思潮与汉学动向。

町田三郎撷取竹添光鸿（1842—1917）《栈云峡雨日记》与冈鹿门（1823—1914）《观光纪游》两篇以汉文书写的中国游记，说明日本近代文人中国观的改变及其推移的原因所在。竹添光鸿于明治九年（1876）5月2日到8月2日，从北京出发，北上黄河流域，翻越秦栈蜀道，下三峡，游历两湖，达于上海，斐然成章。俞樾作序赞叹"山水则究其脉络，风俗则言其得失，政治则考其本末，物产则察其盈虚。……历历指陈，如示诸掌……足以观其学识矣"。禹域游踪之旅，舟车劳顿，苦不堪言，然而竹添光鸿的日记，以"古人有言，得陇望蜀，余既涉陇之境，又尽蜀之胜矣，而意犹未餍焉，人实苦不知足矣"作结。盖以明治开国，游历中国先驱的喜悦，又以对中国历史文化的憧憬，饱览关中巴蜀南北山川风土的珍奇妙趣，感动之情溢于言表。冈鹿门《观光纪游》10卷，载记明治十七年（1884）5月到明治十八年（1885）4月，游历上海、苏杭、燕京、粤南、香港的见闻。冈鹿门于《观光纪游·例言》记述："是书记中土失政弊俗，人或议其过什。顾余异域人，直记所耳目，非有意为诽谤，他日流入中土，安知不有心者或取为药石之语乎。"目睹清朝末年政治混乱，社会失序，而以明治维新，遂行近代化国家之先进性，直言封建守旧，鸦片烟毒，科举消耗心血的弊端。町田三郎分析二人中国观的差异，竹添光鸿年轻而热情洋溢，冈鹿门年长而老成冷静，是原因之一，而主要理由则是日本政治变革，国民意识随之变化。明治十年（1877）西南战役以后，日本国内统一，近代化国家的体制逐渐形成，日本的视野朝向亚洲各国。竹添光鸿旅行中国之际，明治新政府尚未稳定，无暇环顾邻国，冈鹿门之时，日本政治底定，则以亚洲先进国家的立场，审视清国积弱不振，列强虎视眈眈的危机情势，而直言不讳。①

町田三郎认为，历来对于丛书的编辑不甚重视，然丛书的编辑既是出版文化取得社会发言权的象征，也是考察时代学术思潮取向的根据所在。《汉文大系》与《汉籍国字解全书》是探究日本近代汉学如何评价中国明清与日本近世汉学的重要文献。由服部宇之吉编集的《汉文大系》刊行于明治四十一年（1909）到大正五年（1916）的八年间。共二十二卷，收载三十八种汉籍，由富山房出版。《汉文大系》的编辑目的有二：一为系统地介绍具有代表性而且是常识性的中国古典及其精审的注释；二为搜集日本幕末到明治时期儒学者的研究成果。《汉文大系》所搜集的中国古典注释不但有唐宋及其以前的注解，更值得留意的是清人注释的搜集，如孙诒让的《墨子闲诂》、王先谦的《荀子集解》。至于日本江户儒者的注释，特别是诸子的注疏，如安井息轩的四书注，太田全斋（1758—1829）的《韩非子》注等，亦有收录。因此，《汉文大系》的编集固然可以代表日本近代学术研究的成果，更重要的是，随着日本近代化国家确立的时代背景，在学术研究上，日本也有足以与中国最新学问、即清朝学术比肩的研究成果，特别是诸子研究，日本的研究未必逊于清朝，兼收中国明清与日本于汉学研究成果，进而显示日本汉学特色，或许是服部宇之吉编集《汉文大系》的用心所在。《汉籍国字解全书》于明治四十二年（1910）到大正六年（1917）的八年间，由早稻田大学出版部出版。收集江户时代的"先哲遗著"，特别是以代表日本汉学之顶点的元禄至享保年间的先哲译注与近代学者的翻译。所谓"汉籍国字"解，是以日语注中国古典，其意义在于保存日本文化的遗产与发扬近代日本学术研究的成果，不只是可以作为江户到明治大正期汉学史的参考资料，更是探究日本近代学术文化的重要依据。至于

---

① 町田三郎：《明治初年の中國旅行記（その1）—竹添井井〈栈雲峡雨日記〉—》《明治初年の中國旅行記（その2）—岡鹿門〈觀光紀遊〉—》《明治の漢學たち》，东京：研文出版，1998年1月，第27—61页。町田三郎：《明治的汉学家》，连清吉译，台北：学生书局，2002年12月，第29—68页。

汉学日本化的所在与日本文化意识的显扬，或许是《汉籍国字解全书》的编集目的。[①]

井上哲次郎（1855—1944）的汉学三部著作《日本阳明学派之哲学》《日本古学派之哲学》《日本朱子学派之哲学》，是理解日本近代东西哲学的融合，如何以西方哲学的思想体系诠释与重构江户儒学之启蒙性著作。井上哲次郎在《重订日本阳明学派之哲学·序》中指出："近来我邦虽有继承欧美思想，倡导各种主义，于道德的实践则付诸阙如。于哲学的思索虽深远，却拘于坚白之辨，执着于虚理，鲜以东洋之灵动去除其枯燥。至于耽溺于东洋训诂之学者，于西洋哲学掩耳不闻，又不足论。融合东西哲学而转益求精，乃今日学问之急务。"町田三郎强调井上哲次郎的汉学三部著作不但旁征博引，严密著录，以辨章学术，考镜源流，记述体例亦异于历来语录摘要，以学案的形式，记载江户儒者的生平传记，主要论著，思想要旨，品评得失，论述传承发展的脉络，确立其于近世思想史上的地位。以哲学的思想体系论考日本近世儒学思想的流变，是明治三十年代，论述日本近世儒学最精善的著作。[②]

六、京都中国学：日本近代中国学的文艺复兴

明治以来，以京都中国学的学者祖述清朝考证学而树立以古典文献考证为宗尚的日本近代中国学。京都中国学可以说是代表明治新时代的"新汉学"，所谓"日本近代中国学"即京都中国学。

（一）读书求是

吉川幸次郎绍述狩野直喜的学问，提到"师弟授受，以一字之教为始，一字之教为终"是狩野直喜对文学一贯的态度、一生最极力主张的方法。其文

---

① 町田三郎：《〈漢文大系〉について》《〈漢籍國字解全書〉について》，见《明治の漢學たち》，东京：研文出版，1998年1月，第185—230页。町田三郎：《明治的汉学家》，连清吉译，台北：学生书局，2002年12月，第209—257页。

② 町田三郎：《井上哲次郎と漢學三部作》，见《明治の漢學たち》，东京：研文出版，1998年1月，第243—244页。町田三郎：《明治的汉学家》，连清吉译，台北：学生书局，2002年12月，第272—273页。

学鉴赏的方法是细密咀嚼的尊重，或为"自言读书知求是"的旨趣所在。至于"读书求是"的方法，则是武内义雄祖述王引之"为三代之舌人"而树立的"中国学研究法"。他本人所采用的古典文献考证的学问方法亦可谓之为京都中国学"读书求是"的指向。

（二）有心印而无雷同的"心得之学"

吉川幸次郎说："狩野直喜率先引进清朝精细的实证学，并作为学问起点，既严守清儒'不误不漏'的方法，审慎征引，正确标注典故出处，又尊崇'心得之学'，于前人之言不能完全共感，绝无苟从。平生之所以最敬爱宋王应麟《困学纪闻》与清顾炎武《日知录》，以二书皆为'心得之学'。"狩野直喜祖述顾炎武的"世风"说，重视文学形成的时代精神，重新选取辨别时代主流的文学体裁，沉潜于中国的古典文学的蕴涵，主张"儒雅"与"文雅"的融贯是中国文明异于其他文明的特质所在，或可说是狩野直喜的"心得"。

（三）京都中国学是日本近代中国学的文艺复兴

内藤湖南与狩野直喜欲于明治新时代树立新学问是文化使命感，批判江户时代与继承江户学术之东京近代的学问有偏狭和歪曲的流弊，不能作为引领新时代的学问，是文化自觉。选别具有西洋实证合理性格的清朝考证学与世界汉学的取向，用以开创"新学先驱"的"日本近代中国学"，既首唱研究的中国戏曲杂剧古典小说是大正至昭和前期中国文学研究的显学，钻研敦煌学与世界汉学并驾齐驱，清代历史与文学的研究早于中国与欧美学界。又提出无雷同于中国既成定说的述作，则是以清朝考证学为媒介，与世界汉学接轨的意识而成就古代的再生。若以宫崎市定的文艺复兴论，定位京都中国学，或可谓之为日本近代中国学之文艺复兴。

七、结语：日本近代学术的开展与中国当代学术的取向

近代以来，关于中国学的研究，武内义雄于东北大学开展先秦诸子的研究，金谷治（1920—2006）、町田三郎继起，钻研先秦两汉诸子学。有九州二程子之称的冈田武彦（1908—2004）、荒木见悟（1917—2017）两位先生于

阳明学的再体验与儒佛会通的阐述，皆有独见精到之处。津田左右吉（1873—1961）旁通中国经学、先秦诸子学与日本文化史学，或可谓与内藤湖南分庭抗礼于日本东西的中国学界。①东洋史学是代表明治时代的新学问，宫崎市定认为东洋史学是明治期日本人创立的学问，具有"日本的"，特别是"明治的"特色。②对于日本近世的学术，或从文化史学的视角、传统儒学史的远绍，探究日本儒学史的流变，或用西洋哲学史的方法，析理江户时代各学派的哲学，或以思想史的视野，架构日本思想史，或以"日本汉学问的两面性""国文学"的观点，论述日本汉文学史，要皆为近代学术的展开，树立新的学问领域。③至于西洋哲学虽非中国学的领域，明治以来百余年的翻译诠释与梳理钻研，尤以西田几多郎（1870—1945）融合东西哲学而成就"西田哲学"为中心之"京都学派"的论辩述作，则是日本近代学术的结晶。

如果内藤湖南以气象的流动，说明中国学问于一百五六十年后，漂洋渡海影响日本，以螺旋循环史观，论述中日学术相互影响，是中日学术文化交流

---

① 增渊龙夫：《歴史家の同時代史の考察について》，东京：岩波书局，1983年12月。

② 宫崎市定：《宫崎市定全集（2）·东洋史》，东京：岩波书店，1992年，第339页。那珂通世著述《中国通史》（1888），创立新史学，桑原骘藏《中等东洋史》（1898），羽田亨创刊《东洋史研究》（1935），而宫崎市定为"东洋史学巨峰"，《宫崎市定全集·刊行にあたって》，东京：岩波书局，1990年。全集刊行记事转载于砺波护：《东洋史学宫崎市定》，见《京大东洋学百年》，京都：京都大学学术出版会，2002年5月，第224页。

③ 内藤湖南《近世文学史论》以时地为文化形成的经纬，通辨江户儒学的变迁与地域风土所孕育的学问特质。西村天囚认为日本儒学发轫于萨摩，著述《日本宋学史》。安井小太郎《日本儒学史》以学案的体裁，综述日本江户儒学各学派的流变。井上哲次郎与蟹江义丸编《日本伦理汇编》十卷，收录江户儒者著述，又以哲学史的观点，论述《日本朱子学派之哲学》《日本阳明学派之哲学》《日本古学派之哲学》。和辻哲郎以"人类于社会存在之理法"的"伦理学"论述《日本伦理思想史》。村冈典嗣则从思想史的视野，论述《日本思想史研究》。源了圆及其东北大学的门下弟子，研究"德川思想史"。冈田正之、久保天随、神田喜一郎等人从中国文学与日本汉学问的关系，著述《日本汉文学史》，日野龙夫则从"国文学"的观点，著述《近世文学史》，中村幸彦编辑《近世的汉诗》，论述《近世文艺思潮》。

史的事实，则民国以来，研究百年的中国学，或当代高呼的"新国学"与"新汉学"，是否能在二十一世纪成为东亚汉字儒学文化圈之中国学研究者的研究对象，甚且影响其思维方式与论理结构，则是当今中国研究者的历史定位。

第一编

日本学术史：中国学术史的再现

古代：经学的时代

武内义雄的日本古代经学论

一、日本古代儒学以五经为中心

武内义雄论述日本古代的学问宗尚，认为日本儒学发轫于应神天皇十年
（285），百济博士王仁朝贡《论语》十卷，《千字文》一卷。其后，继体天
皇七年（513），五经博士段杨尔，继体天皇十年（516）五经博士汉高安茂，
钦明天皇十五年（554），五经博士王柳贵先后来朝，传授儒学。渡海东瀛者
咸称五经博士，可知最初传入日本的是以五经为中心的儒学。

推古天皇十二年（604），圣德太子御制《十七条宪法》，征引五经的词
句而成。文武天皇大宝元年（1361），敕纂律令，元正天皇养老年间改修而现
存至今的《学令》，载记大学制度，规定教授的科目，即以五经为中心。是知
应神天皇至奈良时代的儒学是以五经为中心。[1]

二、圣德太子的《十七条宪法》征引五经的文字

一曰以和为贵，无忤为宗。人皆有党，亦少达者。是以或不顺君父，乍
违于邻里。然上和下睦，谐于论事，则事理自通，何事不成。

二曰笃敬三宝，三宝者佛法僧也。则四生之终归，万国之极宗。何世何

---

① 武内义雄：《儒教の精神 一二 日本儒教その一–明經博士の學業》，东京：
岩波新书，1939年11月，第86—87页。

人，非贵是法，人鲜尤恶，能教从之。其不归三宝，何以直枉。

三曰承诏必谨，君则天之，臣则地之。天覆地载，四时顺行，万气得通。地欲覆天，则致坏耳。是以君言臣承，上行下靡，故承诏必慎，不谨自败。

四曰群卿百寮，以礼为本。其治民之本，要在乎礼。上不礼而下非齐，下无礼以必有罪。是以君臣有礼，位次不乱。百姓有礼，国家自治。

五曰绝餮弃欲，明辨诉讼。其百姓之讼，一日千事，一日尚尔，况乎累岁。顷治讼者，得利为常，见贿听谳，便有财之讼，如石投水。乏者之讼，似水投石。是以贫民则不知所由，臣道亦于焉阙。

六曰惩恶劝善，古之良典。是以无匿人善，见恶比匡。其谄许者，则为覆国家之利器。为绝人民之锋刃。亦佞媚者，对上则好说下过，逢下则诽谤上失。其如此人，皆无忠于君，无仁于民，是大乱之本也。

七曰人各有任，掌宜不滥。其贤哲任官，颂音则起，奸者有官，祸乱则繁。世少生知，克念作圣。

事无大小，得人必治，时无缓急，遇贤自宽。因此，国家永久，社稷勿危。故古圣王，为官以求人，为人不求官。

八曰群卿百寮，早朝晏退，公事靡盬，终日难尽。是以迟朝不逮于急，早退必事不尽。

九曰信是义本，每事有信，其善恶成败，要在于信。群臣共信，何事不成。群臣无信，万事悉败。

十曰绝忿弃瞋，不怒人违。人皆有心，心各有执，彼是则我非，我是则彼非，我必非圣，彼必非愚，共是凡夫耳。是非之理，讵能可定。相共贤愚，如环无端。是以彼人虽瞋，还恐我失，我独虽得，从众同举。

十一曰明察功过，赏罚必当。日者赏不在功，罚不在罪，执事群卿，宜明赏罚。

十二曰国司国造，勿敛百姓。国靡二君，民无两主。率土兆民，以王为主。所任官司，皆是王臣。何敢与公，赋敛百姓。

十三曰诸任官者，同知职掌。或病或使，有阙于事，然得知之日，和如曾识，其以非与闻，勿妨公务。

十四曰群臣百寮，无有嫉妒，我既嫉人，人亦嫉我。嫉妒之患，不知其极。所以智胜于己则不悦，才优于己则嫉妒。是以五百岁之乃今遇贤，千载以难待一圣，其不得圣贤，何以治国。

十五曰背私向公，是臣之道矣。凡人有私必有恨，有憾比必同，非同则以私妨公。憾起则违制害法。故初章云，上下和谐，其亦是情欤。

十六曰使民以时，古之良典，故冬月有闲，以可使民，从春至秋，农桑之节，不可使民。其不农何食，不桑何服。

十七曰夫事不可独断，必与众宜论。少事是轻，不可必众，唯逮论大事，若疑有失。故与众相辨，辞则得理。

三、养老令的讲授科目取法于唐代律令

武内义雄根据仁井田陞《唐令拾遗》，比较唐令与养老令的大学教学科目：

	养老令	唐令
大经	《礼记》《春秋左氏传》	《礼记》《春秋左氏传》
中经	《毛诗》《周礼》《仪礼》	《毛诗》《周礼》《仪礼》
小经	《周易》《尚书》	《周易》《尚书》《春秋公羊传》 《春秋穀梁传》
	以上各为一经	以上各为一经
	《孝经》（孔安国、郑玄注）	《孝经》旧令（孔安国、郑注玄） 《诗经》新令（开元御注）
	《论语》（郑玄、何晏注）	《论语》（郑玄、何晏注） 《老子》旧令（河上公注） 《老子》新令（开元御注）
	学者兼习	学者兼习

养老令以唐令为本，斟酌日本国情而修订。所谓大中小经，或以部帙多

寡而区分。研习二经者，或取大经与小经各一，或选中经之二书，学三经者大中小经各一，学五经者，规定并通大经之二书与中小经之三书。亦即大中小之各经为选修科目，论语与孝经则比兼习。至于养老令删除《公羊传》《穀梁传》与老子的兼习，则异于唐令，足见日本古代如何接受儒学的所在。老子之无为与儒家仁义道德乖离而扬弃，《左传》力说君臣纲纪与父子伦常，而《公羊传》《穀梁传》颇多与《左传》矛盾不相容的训解，尤以公羊革命是认的思想既与盛称皇室万世一系的国体不相容，又与阐明君臣大义和父子纲纪，判别上下尊卑之政治根本和教学方针迥异，故择取讲述名分论的《左传》而排除异说的《公羊传》《穀梁传》。而正上下之别，明君臣之义既是日本建国的精神，也是日本古代儒学的特质。《十七条宪法》第三条"承诏必谨，君则天之，臣则地之。天覆地载，四时顺行，万气得通"，第四条"群卿百寮，以礼为本，君臣有礼，位次不乱"等条文，要在阐明上下尊卑的政教宗尚，彰显名分大义的精神特质，永存于奈良与平安二朝。①

《十七条宪法》于中国先秦经典文字的征引，律令的制定取法于唐令，明经博士以五经、《孝经》和《论语》的修习为宗尚，是知日本古代以汉唐注疏为学问的根底。

四、《日本国见在书目录》祖述隋书经籍志的体例

宽平三年（891），藤原佐世奉敕撰编撰《日本国见在书目录》②的分类为：

---

① 武内义雄：《儒教の精神 一二 日本儒教その一-明經博士の學業》，东京：岩波新书，1939年11月，第91—95页。关于日本于春秋三传的传承，狩野直喜于《公羊答问》强调：辨明汉唐以来，春秋三传消长的变迁，考察日本于春秋三传受容的梗概，始能厘清日本古来公羊学未必不传，然不能与《左传》并行的究竟。日本古代至中世因袭唐代以来《公羊传》与《左传》消长的风尚，近世尊崇朱子学，而朱子学与公羊学不相容，故公羊传乏人问津。参见狩野直喜：《春秋研究》，东京：みすず書房，1994年11月，第213—217页。

② 宫内厅书陵部所藏室生寺本，东京：名著刊行会，1996年1月。

一易家，二尚书家，三诗家，四礼家，五乐家，六春秋家，七孝经家，八论语家，九异说家，十小学家，十一正史家，十二古史家，十三杂史家，十四霸史家，十五起居注家，十六旧事家，十七职官家，十八仪注家，十九刑法家，二十杂传家，二十一土地家①，二十二谱系家，二十三簿录家，二十四儒家，二十五道家，二十六法家，二十七名家，二十八墨家，二十九纵横家，三十杂家，三十一农家，三十二小说家，三十三兵家，三十四天文家，三十五历数家，三十六五行家，三十七医方家，三十八楚辞家，三十九别集家，四十总集家。

以上四十家大抵根据《隋书经籍志》的体例②，收录易家以迄别集、总集四十家，汉魏至隋唐的书目。就汉籍书目而言，虽晚于《隋书经籍志》，而分别早于《旧唐书经籍志》四十余年，《新唐书艺文志》一百多年，可以弥补中国正史经籍志艺文志的缺漏，于中国目录学史有颇为重要的地位。就日本学术传承而言，又足以显示日本文化的渊源。③盖日本古代的王公贵族与博士学者涵养中国周秦以迄盛唐的经籍，仁义礼智用以治国，"诸子为经籍之鼓吹，文章乃政化之黼黻，皆为治之具"④。

---

① 《隋书经籍志》作"地理"。

② 《日本国见在书目录》的著录虽无"四部"的标识，要皆取法《隋书经籍志》经史子集四部分类而著录藏书。其异于《隋书经籍志》者，则是收录唐代书目，如"周易正义十四卷　唐国子祭酒孔颖达撰"，"礼记正义七十卷　唐国子祭酒孔颖达撰"，"次礼二十卷　唐郑国公魏徵撰"。

③ 山田孝雄：《日本国见在书目录·解说》，见《日本国见在书目录》，东京：名著刊行会，1996年1月，第97页。《日本国见在书目录》的著录可以弥补中国正史经籍志艺文志的缺漏，或指涉书目篇卷著录的异同。如易家"归藏四卷"，《日本国见在书目录》载记"右书经籍志所载十三卷"。

④ 《隋书·经籍一》，见《隋书》（卷三十三），台北：鼎文书局，1979年2月，第909页。

五、日本经学研究的沿革

养老令的载记，大学只设置经学。延喜式①见载文章博士、明经博士、明法博士、算博士。职原抄②总称四博士为四道之儒，又记述平安时代至吉野朝（1336—1392）经学的传承。平安时代大学扩充，并设四道，大学建于二条南、朱雀东、神泉苑西，中央有庙堂，其北为北堂都堂院，其南为南堂明经道院。庙堂供奉孔子及十哲像，春秋祭孔。都堂院有文章博士纪传道学舍，明经道院有明经博士学舍。此外，又有明法道院、算道院和东西二曹。四道博士于设置之初，皆选拔人才以为学官，中古以后改为世袭。纪传道有菅家、江家等诸家，明经道有清原、中原二家，明法道有坂上、中原二家，算道有三善、小槻二家。明经道二家中，清原家英华卓绝，平安中期清原广澄立为博士，五代孙清原赖业之际，家学隆盛，其后，子孙代代拔擢为明经博士。清原广澄以后，至吉野朝的清原家系谱如下：

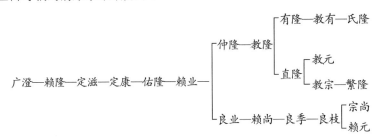

武内义雄探索清原家经学传承，访查公私所藏清原家经学的著述，其现存的古写本有：

《春秋左氏传》残卷　　清原赖业手校，岩崎氏东洋文库藏
《春秋左氏传》三十卷　宫内省图书寮尊藏，每卷卷末有清原赖
　　　　　　　　　　　业、仲隆、教隆、直隆之志记
古文《尚书》十三卷　　伊势外宫丰宫崎文库旧藏，现归征古

---

① 延喜式：平安中期的律令。
② 职原抄：记载镰仓后期至南北朝的职官书。

	馆。清原教隆抄写考证本，其孙教有于
	正和年间（1312—1317）抄写教隆写本
《论语》十卷	岩崎氏东洋文库藏，清原教有于正和年
	间抄写教隆写定本。每卷卷末有清原教
	隆、直隆、教元、教宗、繁隆之志记
又	古梓堂文库藏，今京都帝国大学保管。
	建武四年（1337）清原赖元写古文孝经
	一卷内藤湖南先生藏，卷末有仁治二年
	（1240）清原教隆志记
又	京都洛北三千院藏，据赖尚人本转抄

　　进而考察现存古写本之志记，以究明清原家的学风。清原明经博士首先致力于精善异本的搜集，以唐陆德明经典释文确定文字的音韵，以孔颖达的正义解读经注，然后付诸汉文训点。而其所施加的训点皆不出养老令规定之外，以是可以窥知奈良朝至镰仓末期清原于经学传承严守律令规定的学风。唯清原家校注训点的文本则有变迁。奈良朝至平安初期的文本，是遣唐使输入的唐代写本，清原赖业以陆德明经典释文和宋刊本校勘，清原教隆则用宋刊本校注。盖宇多天皇宽平六年（894）菅原道真上奏废除遣唐使，中日官方交流中止，其后僧侣与私人往来亦断绝。又根据御堂关白记所载：一条天皇宽弘三年（1006），宋朝商人馈赠藤原道长五臣注文选和白氏文集，同八年藤原道长上呈天皇宋刊本文选和白氏文集。约一百五十年后清原赖业用宋刊本校勘，足以想见中日交流之消息。镰仓时代，禅僧往来频繁清原教隆珍视宋刊本，亦时势使然。吉野时代，朱熹《四书集注》传入，展开日本以四书取代五经之儒学革新的机运。①

　　虽然如此，日本江户时代固以孔孟思想的探究为究极，而元文、天明以来，或有古代经学再生的学问意识而涉猎经传注疏。中井履轩沉潜于经学与古

---

　　① 武内义雄：《儒教の精神 一二 日本儒教その一–明經博士の學業》，东京：岩波新书，1939年11月，第96—97页。

x

x

音的研究，为江户经学、声韵、金石文字研究的先驱，其经学著述对猪饲敬所、龟井昭阳、帆足万里、东条一堂、安井息轩有深远的影响。[1]

明治以后，以京都中国学者为中心，祖述清朝考证学而树立以古典文献考证为宗尚的日本近代中国学。吉川幸次郎以为树立此一学风的是狩野直喜与内藤湖南。内藤湖南讲述清朝史学而推崇章学诚的史学，开清朝史学讲述的风气之先，而《清朝史学通论纲目》[2]则为研究清朝学术的纲领。狩野直喜最推崇顾炎武的学问，于乾嘉经学尤有专攻，讲述《中国哲学史》，于《清的学术与思想》论述《汉学预备时代》之顾炎武、黄宗羲（1610—1695）、浙东学派的学问，《乾嘉时代的汉学》和《道光以后的学术与思想》。又讲述《清朝的制度与文学》，开启清朝研究的风气。论述《两汉学术考》《魏晋学术考》[3]与《清朝学术》，而树立"学术史"的新领域。吉川幸次郎强调狩野直喜精读中国古典，探索字义内涵，认为儒家经典的主旨不在宣扬伦理道德。之后他又留学清国，体察清朝学术风尚的究竟。归国后，于京都大学的讲授即展开旁通中西学术精华的学养，而异于东京固守江户以来以宋明儒学为宗尚的学风，重视汉魏古注，唐代正义与清朝考据，讲述经传注疏训诂考证的精义，尤其推崇清儒以古注为根底，进而以古代言语制度的研究，重新解读古典的学问方法。介绍清朝公羊学盛行的最新学术消息，讲述日本汉学所未曾研究的礼学，征引《周礼》《仪礼》《礼记》而探究中国古代灶神、祭尸等礼俗，考察衅礼、丧服等礼制。洵可谓京都中国学的创始者，引领日本近代中国学之风骚。[4]

---

① 内藤湖南：《履轩学の影響》，见《先哲の学问》，东京：筑摩书房，1987年9月，第138—154页。

② 内藤湖南：《清朝史学通论纲目》，见《清朝史通论》，东京：平凡社，东洋文库571，1993年11月，第259—294页。

③ 狩野直喜：《两汉学术考》，东京：筑摩书房，1964年11月；狩野直喜：《魏晋学术考》，东京：筑摩书房，1986年1月。

④ 吉川幸次郎的叙述，见《中国学文薮·解东》，东京：みすず书房，1973年4月，第500—504页。而狩野直喜于灶神、祭尸礼俗的论著，见《中国学文薮》，东京：みすず书房，1973年4月，第53—86页。衅礼、丧服的考察，见《读书纂余》，东京：みすず书房，1980年6月，第203—213、297—314页。

安井小太郎的日本儒学史论

一、安井小太郎及其《日本儒学史》

安井小太郎，安政五年（1858）生，日向（宫崎县）人。名小太郎，字朝康，号朴堂。为幕末昌平黉教授安井息轩的外孙。八岁以前寄身于安井息轩江户邸宅。庆应元年（1865），移居位于日向宫崎郡清武村息轩的故里。根据安井小太郎"喜寿自序"所述，在清武村的前四年，早晨记诵《孝经》一小时，白日协助农事，晚间复习当日所读的《孝经》，四年间读完《孝经》。明治二年（1869）春，十二岁时，寄宿于城下的学校，在学的两年间，诵读了《论语》《孟子》。明治四年（1871）至东京，入安井息轩的三计塾。自称"自此始知汉学为何物"。三计塾不授诗文，专事《左传》《史记》《战国策》《贞观政要》《周礼》《管子》等经传子史的研读。明治九年（1876），安井息轩卒，安井小太郎乃入学双桂精舍，从游于岛田篁村。翌年，游学于京都草场船山的敬塾。明治十五年（1882）入学东京大学古典讲习科。明治十八年（1885）任教习院，其后晋升副教授、教授。明治三十五年（1882）应聘北京大学堂。明治四十年（1887）归国，转任第一高等学校教授。大正十四年（1925）届龄退休，受聘大东文化学院教授。昭和十三年（1938）4月2日，结束其讲授著述的生涯，享年八十一。

安井小太郎专注于儒家经典及日本儒学的研究，有《日本儒学史》《本邦儒学史》《关于怀堂翻刻汉籍意见》《入明三诗僧》《论语古义解题》《论语栏外书解题》《孟子古义解题》《孟子栏外书解题》《孟子考文解题》《读孟子解题》《日本朱子学派学统表》等，有关日本汉学的撰述。至于经学的著作，有《大学讲义》《中庸讲义》《论语讲义》《经学门径》《孟毛诗古训传撰者考》《孟周礼解题》《周氏井田无公田辨》《春秋正义解说并缺佚考》《先秦至南北朝之经学史》等。又有《明治中兴诗文》《曳尾集》《朴堂遗稿》五卷等传世。

《日本儒学史》是安井小太郎在东京文理大学及大东文化学院的讲稿，生前亲手缮写校订完成。死后，由门人整理补缀，与所著《日本汉文学史》的草稿合订成册，于昭和十四年（1925），由富山房出版。全书六卷，其篇目为：

卷一　绪言、藤原惺窝、林罗山、林鹅峰、林凤冈
卷二　中江藤树、熊泽藩山、三轮执斋
卷三　南学派、山崎暗斋、山鹿素行、伊藤仁斋、伊藤东涯
卷四　荻生狙徕、室鸠巢、井上兰台、井上金峨
卷五　太宰春台、山本北山、古学派、宇野明霞、片山兼山、
　　　中井履轩、冢田大峰、皆川淇园
卷六　水户学派、大田锦城、海保渔村、林述斋、佐藤一斋、
　　　松崎慊堂、山田方谷、狩谷棭斋、附录一日本朱子学派
　　　学统表

就内容而言，卷一的绪言，叙述江户时代以前的儒学，论说藤原惺窝是江户儒学的始祖，林罗山父子的林家朱子学被立为德川幕府的官学。卷二是阳明学派。卷三是南学派，受南学派影响的朱子学者山崎暗斋，最早反对林家朱子学的古学派学者山鹿素行及伊藤仁斋、伊藤东涯父子。卷四是反对朱子学而提倡古文辞学的荻生狙徕，反狙徕学的朱子学者室鸠巢，在反朱子学与反狙徕学的潮流下，别出门径的折衷学派。卷五补述卷四，有狙徕学派的代表儒者太宰春台，反朱子学、狙徕学，又异于折衷学派，而提倡以先秦古文理解儒家经

典的古学派。卷六论述水户学派，重视清朝考证学的考证学派（大田锦城、海保渔村），幕末的朱子学（林述斋）、阳明学（佐藤一斋），主张汉唐注疏的汉唐学派（松崎慊堂、山田方谷、狩谷棭斋）。

宽文年间，反朱子学的古学派，即山鹿素行的古学、伊藤仁斋、东涯父子的古义学、荻生徂徕的古文辞学盛行之时（卷三、卷四所述），是江户儒学的顶点。文化文政（1804—1829）至嘉永安政（1848—1859）之间，朱子学、阳明学、考证学等各学派迭出争鸣，则是江户儒学的第二兴盛期。

二、日本儒学的沿革变迁

关于安井小太郎于日本儒学的叙述，散见于各篇章，兹综理归纳，以见日本儒学沿革变迁的梗概。

武家统治以后（镰仓时代到德川幕府初期），镰仓五山、京都五山的人才辈出，如虎关、义海。但是此时的学问僧大抵偏向于汉文学的研究与诗文创造，于儒学则未有深入的研究。京都的清原家是明经家，于儒学也未有专论。因此，日本儒学可以说是起源于德川幕府初期的藤原惺窝。[①]

藤原惺窝的门人林罗山受到德川家康的拔擢，选为近侍，掌理文教。其子鹅峰被幕府任命为大学头，林家的朱子学自此成为官学。[②]

罗山、鹅峰、凤冈三代之际，学术未开，林家的大学头颇受一般人的尊重。但是，凤冈以后的复轩、凤谷、凤潭等人学术浅陋，不过是得到父祖的庇荫，徒有大学头的虚名而已。

再者，朱子学大家，如藤原惺窝、林罗山、松永尺五皆凋零殆尽，山崎暗斋转入神道，贝原伊轩著《大疑录》，对朱子学抱持着怀疑的态度。朱子学的大家，仅林鹅峰一人。因此在山鹿素行、伊藤仁斋、荻生徂徕等人的批判朱子学，树立异说的声浪中，风靡一时的林家朱子学也逐渐中衰。但是，就学术发展的观点而言，山鹿素行等人能深入研究朱子学进而发现朱子学与经典原义

---

① 安井小太郎：《日本儒学史》，东京：富山房，1925年4月，第3、4页。
② 安井小太郎：《日本儒学史》，东京：富山房，1925年4月，第158页。

有出入，则象征着日本儒学有突破性的发展。故此时的学术是日本儒学史上的第一个顶点。①

宽文年间，山鹿素行、伊藤仁斋、荻生徂徕竞相排斥朱子学而树立己说，林家及其门下无人能与之对抗，因此，反对朱子学的学风盛行一时。山鹿素行以皇室中心主义解说儒家经典，就其精神而言，不一定有何异论，但是就儒学研究而言，未必众人皆能首肯。再者，其说颇为幕府所忌，不能持久倡行。伊藤仁斋以《孟子》解释《论语》，颇能发挥圣人著述的真义。至于理气论的主张，虽然《大学》《中庸》的解释有异于程朱，其他则大同小异。②荻生徂徕学识富胆，又有才辩。于程朱、伊藤学说的批判不遗余力。虽程朱、堀河（仁斋古义学）的学者竞相反驳，亦难稍减徂徕学派的气势。而且徂徕的弟子，如太宰春台、服部南郭、山井鼎、山县周南等人，各有专攻，于经学、诗文、校勘的研究皆有成就，风靡天下。因此徂徕学一时兴盛。③

徂徕以长人安民解仁，以礼乐刑政为圣人之学，而轻视《大学》"正心诚意"的修养。故徂徕学仅止于孔子所谓"修己安人"的"安人"而已。虽宋儒有有礼无用之识而徂徕亦不免有有用无体之嫌。因此，徂徕死后，室鸠巢力陈徂徕学的弊害而提倡程朱之学，朱子学又有中兴的气象。虽然如此，由于徂徕学的影响，研读古书的学者增多，进而理解古书和宋儒之说的差异与徂徕学也有和古书不同之处，因此宝历（1751—1763）之后，就有所谓折衷学派和古学派的兴起。④

当时所谓的折衷学派，只是折衷古注、新注、仁斋、徂徕之说，尚未能树立一家之言而开拓新局。代表的学者是井上兰台、井上金峨。至于金峨的门下山本北山似别立一派而入清儒考据学的趋势，但尚不能超越折衷学派的境域。至其弟子大田锦城之时，才有真正的考据学的盛行。⑤

---

① 安井小太郎：《日本儒学史》，东京：富山房，1925年4月，第123页。
② 安井小太郎：《日本儒学史》，东京：富山房，1925年4月，第123页。
③ 安井小太郎：《日本儒学史》，东京：富山房，1925年4月，第153页。
④ 安井小太郎：《日本儒学史》，东京：富山房，1925年4月，第153页。
⑤ 安井小太郎：《日本儒学史》，东京：富山房，1925年4月，第189页。

仁斋、徂徕提倡新说，天下风靡，但二氏之说依然有不周衍之处，而仁斋、徂徕所批判的林家朱子学亦然。因此在元文前后到天明之际，有研读先秦古书以树立己见的主张登场。代表的学者有京都的宇野明霞、皆川淇园、江户的片山兼山、增岛兰园，大阪的中井履轩，尾张的冢田大峰、仁井田好古，信浓的久保筑水，常陆的户崎淡园等。以上的学者非程朱学，也不从仁斋、徂徕之说，就学问的宗尚而言，稍类似汉唐的注疏，是精读古书以解释经子。既不是折衷学，也非纯粹的考据学，姑称之为"古学"。①

此学风流行于折衷学盛行之后，考据学派未兴之间。②

大田锦城的《九经谈》卷五指出"予作大疏，以古注为主，古注所不通，则以朱注补之，朱注所不通，则以明清诸家之说补之，诸家所不通，则以一得之愚补之"。大田锦城的学问是纯然的考据学，其说兼采汉宋、参取明清而成一家之言。日本的考据学以大田锦城为嚆矢。其后，海保渔村、岛田篁村继起，学风一变。海保渔村继承其师大田锦城的学风，唯锦城的考据博而寡要，渔村则颇为确实。岛田篁村传渔村之说，专攻考证学。③

天明七年（1787），松平定信任老中，欲振兴儒学，矫正人心风俗，乃以学问所为天下教学之中心。宽政五年（1793）林述斋继任大学头后，即改革学问所的学制，编修《武家名目抄》《宽政重修诸家谱新编武藏夫土记》《佚存丛书》等国史的书籍。命令十万石以上的诸侯出版大部的书籍。林述斋专致于学问所的改革等，林家家塾的学问传授，则委托弟子佐藤一斋。如此，学问所与林家家塾同心协力，以振兴斯文为急务。林述斋的弟子有佐藤一斋，松崎慊堂。松崎慊堂由朱子学而入汉唐注疏学。佐藤一斋兼治朱子、阳明学。松崎慊堂的门下有塩谷宕阴、安井息轩。塩谷宕阴善于文章，安井息轩兼采汉唐旧说与清儒考证之学而出入于仁斋、徂徕、朱子学。佐藤一斋的弟子有治朱子学的大桥讷庵、安积艮斋，攻阳明学的山田方谷、吉村秋阳、东泽泻等人。

---

① 安井小太郎：《日本儒学史》，东京：富山房，1925年4月，第189、195页。
② 安井小太郎：《日本儒学史》，东京：富山房，1925年4月，第235页。
③ 安井小太郎：《日本儒学史》，东京：富山房，1925年4月，第244、249页。

于是，文化文政至嘉永安政的五六十年间，朱子学、阳明学、考证学的大家并出，文物灿然，盛极一时。[1]

松崎慊堂先从林述斋治朱子学，其后研钻汉唐之学。与松崎慊堂同时的有狩谷掖斋、市野迷庵、山梨稻川等人，各有专攻，主要研究《十三经》《说文》《尔雅》。因此，于文化文政之际，形成汉唐学一派。[2]

中江藤树开启阳明学以来，其后，虽熊泽蕃山、三轮执斋等人崭露头角，而阳明学始终不振。至佐藤一斋出，阳明学乃再兴。且在其弟子山田方谷、吉村秋阳、东泽舄等人的继承下，阳明学大行至明治时代。[3]

朱子学、阳明学、古学、折衷学、考证学等，各学派的学者争鸣于江户时代二百六十多年间的学术流衍，大抵如上所述。而安井小太郎的《日本儒学史》别具用心的所在有三：辨章学术，考竟源流，如各学派兴衰的说明，是其一；别立于折衷学派、考证学派之间兴起的古学一派，以说明文元与天明之间的学术，是其二；体裁虽类似列传式的记述，而以学案式的学统表，如兰台学的传承、古学派之学者、林述斋之学系表，以说明各学派的发展脉络，可补列传式叙述的不足，是其三。[4]

三、安井小太郎《日本儒学史》的体例

安井小太郎的《日本儒学史》的体例类似于学案，即先叙述个人的生卒，再摘录其重要著述及学说，而后品评其学说的得失。[5]其于江户儒者的批评，颇有精到的所在，如：

---

① 安井小太郎：《日本儒学史》，东京：富山房，1925年4月，第253—261页。

② 安井小太郎：《日本儒学史》，东京：富山房，1925年4月，第266、274页。

③ 安井小太郎：《日本儒学史》，东京：富山房，1925年4月，第265页。

④ 安井小太郎：《日本儒学史》，东京：富山房，1925年4月，第174、195、196、253页。

⑤ 此书原本是大学的授课讲义，再者，或有篇幅的限度，因此只能概略性地叙述个人的学术要旨而不能详细地长篇论说。与安井小太郎同时的井上哲次郎有《日本古学派之哲学》《日本朱子学派之哲学》《日本阳明学派之哲学》三大论著，安井小太郎的《日本儒学史》不如井上哲次郎的详细，由于篇幅的关系，待后日再详论井上的著作。

林家的学问宗尚在于国史的专注，林鹅峰之用心于考证，即受到国史学的影响。（第22页）

中江藤树以为人伦之道皆本于孝道。（第48页）

熊泽蕃山虽是阳明学者，却主张先学朱子学再习阳明学。（第61页）

德川时代以南朝为正统的论者迭出，乃得力于山崎暗斋的提倡。（第100页）

山鹿素行的政治经济多取《周礼》《管子》，较徂徕的《政谈》、春台《经济录》更具规模。又山鹿素行的国体观与山崎暗斋的神道的精神类似，但是暗斋神道的宗教色彩较浓厚，素行的国体观则颇具常理。（第111、123页）

仁斋以《论语》为"最上至极宇宙第一"之书，以《孟子》为《论语》的注。故以《论》《孟》为本经，以《诗》《易》《书》《春秋》为正经，《三礼》《三传》为杂经，以孔子孟子为儒学的中心，《诗》《易》《书》等为羽翼。（第121页）

山井鼎的校勘学早于清朝。（第156页）

木门（木下顺庵）诸子皆儒雅蕴藉，有宋庆历诸贤之风。（第161页）

室鸠巢的《骏台杂话》为从事政治教育之人必读之书。（第168页）

徂徕门下济济多士，然皆以文艺之学得名，崇信徂徕经说而通诸经的仅太宰春台一人而已。（第181页）

东条琴台的《先哲丛谈读编》载录久保筑水、朝川善庵之言，说大田锦城《九经谈》之"或曰"皆片山兼山之说。（第208页）

中井履轩之说不免武断，而往往有古人未发之说。精读古书之故也。（第209页）

冢田大峰以正德、利用、厚生为道，比徂徕以礼乐为道较实际。（第212页）

皆川淇园以仁有爱人、吾身之修养二义，优于前儒之解。（第222页）

藤田东湖的弘道馆记及其述义颇能发挥水户学之精神。由弘道馆学则可知水户学以我邦为主，以儒学禅辅国家治教之精神。此精神与山鹿素行、山崎暗斋相符，然不似素行之浅薄、暗斋之偏固。（第234页）

大田锦城以为经学有三变，而其分界萌于唐啖助、赵匡、陆淳始驳《春秋三传》，古今学术之分界由此萌矣。宋孙明复之《尊王发微》、刘原父之《七经小传》、欧阳修之《诗本义》、苏氏父子之《诗》《书》《易》、王安石之《三经新义》出，汉唐学始变，程朱性理之说兴，汉学宋学遂大分。（第212、239页）

海保渔村的考证颇确实，似乾隆时之学者。（第248页）

林述斋于学术贡献有三，改革学问所的学制，编集国史关系书籍，出版丛书。（第258页）

佐藤一斋以长于诗文而得盛名，非以学术闻名。（第262页）

山田方谷之学术、人品皆高人一等，若举佐藤一斋门下之阳明学代表，则非山田方谷莫属。（第272页）

至于各时代的学界大势、学派的流衍与学统系谱，则于各时代或学派之具有代表性学者的论述时，作简要的叙述。如：

中江藤树（1608—1648），据云其初学朱子学。西川季格《集义和书显非上》记载，中江藤树十三岁至禅寺，学四书素读。其后，收集儒书字书而独学。十七岁时，文理开通。二十四岁时，遍读群经诸子。病弟子拘于礼仪，偏于一隅，且责人甚严而失和顺之道。以为善学程朱之学者，春风和顺，自然可观，且能容人。否则，偏屈而多辩。三十三岁，得《王龙溪语录》而读之。翌年，获

《王阳明全书》，慕其学，乃弃程朱而入王学。藤树最为人知之代表作为《翁问答》。《翁问答》是借天君之老翁与体充之人的问答而说孝德一贯之道的著述。天君本于"心居中虚以治五官、夫是之谓天君"（《荀子·天论》），即为心。髓充本于"气者髓之充也"（《孟子·公孙丑上》），即为气。故天君之老翁与体充之人的问答，即心与气的问答。中江藤树以孝为至高之大之德，天地万物人类之关系皆可以孝德论说，此谓之为全孝说。

此宾为孝。在天为天道，在地为地道，在人为人道。原来无名，为教示众生，昔之圣人名之为孝。由此，虽愚痴不肖之人亦知其名，而其真实之道理，老师宿儒知见拔群之人悟得者亦稀。然世俗以孝为事亲一事、道理浅近。孔子为启万世之心盲，以孝经发明孝德神妙不测广大深远、无始无终神道。（《会朋问答》上卷）

藤树以爱敬解孝。以敬爱君为忠，以爱敬臣下为仁，以爱敬为子慈，以爱敬兄为悌，以爱敬夫为顺，以爱敬妻为和，以爱敬朋友为信，人伦之道皆本于孝德。

夫孝德以中和为体段，以爱敬为本实。具于方寸之中，充塞于太虚，包罗六合，上达无始之往古，下彻无穷之未来，无生死幽明有无之差别，为无上无外之神道，故名之为至德要道。（《会朋问答》上卷）

天神地祇为万物父母，太虚皇上帝为人伦之太祖。以此神理观之，圣人贤人释迦儒者佛者我人、世界之内有人之形者皆皇上帝天神地祇之子孙。又儒道即皇上帝天地神祇之神道，则有人之形而谤负儒道者，即谤其先祖父母负其命。……畏敬我人大始祖之皇上帝，大父母之天神地祇之命，钦崇"爱用其神道者，名为孝行，又名为至德要道、儒道"。教之而云儒教，学之而云儒学，善学之、

心守身行而云儒学。(《翁问答》下卷)

　　藤树如是推衍孝道。由万物事天地之道至天地事太虚皇上帝之道,即在天地间之物皆归结至父子之关系。盖以亲子之情爱为人之最切要者,故以孝为道德一切事之基本。《孝经启蒙》(中江藤树之书)有此说,熊泽蕃山之《集义和书》亦有同样之说。明人所著《孝经大全》有全孝图,藤树之图大略相同。藤树之说似本此。因此,中江藤树之学非程朱学,亦非阳明学,而是独树一帜的藤树学。

　　一般以为中江藤树为日本阳明学的开山始祖,就学术流派的区分,中江藤树有别于藤原惺窝、林罗山之推崇程朱学。而且三十三岁以后,仰慕阳明学,故中江藤树之属于阳明学派,自然是无过厚非。但是安井小太郎以为中江藤树的代表作《翁问答》所主张的"全孝说",不是程朱学,也不是阳明学,而是自成一家的藤树学。即近似明人《孝经大全》的全孝图说,以"孝"为贯通天地人伦关系之至德的别具一格的学说。其实,中江藤树的著述中有《大学考》《四书考》《大学蒙注》《中庸解》《论语解》等阐述程朱和阳明学。然则何以安井小太郎特别强调《翁问答》的"全孝说"。服部宇之吉在安井小太郎《日本儒学史》的序文说,所谓"日本的儒学"是日本诸派的儒学。"日本儒学"是儒教东渐,与固有皇道融合,而浑然成一道的儒学。即说明安井小太郎撰述《日本儒学史》一书有两个目的:一是叙述江户儒学的概况;二是阐述接受中国的学问,融合本土固有传统思想而别出蹊径的儒学。安井小太郎之所以强调《翁问答》的"全孝说",即在阐扬前贤开创新说的成就。又如:

　　　大田锦城,名元贞,字公幹,通称才佐。加贺大圣寺人。幼而神童之称。从兄伯恒学医学,然不屑为方技之事,而志在儒学。天明四年(1784)游学江户,时年十九。当时徂徕学之大家皆已亡,朱子学有细井平洲、薮孤山,然皆偏在一方,江户、京都之朱子学无特出之大家。江户之大家为继承井上金峨折衷学之山本北山,京都则是有继承仁斋古义学的皆川淇园。皆川淇园用心于义理训诂，考证《易》《诗》《仪礼》《礼记》《左传》《论语》《孟子》等书，而作译解。《易原》《名畴》是其代表作。折衷学派兴起之后，至考证学派未兴之间，皆川淇园一派之学风盛行。属于此派之学者有片山兼山、久保筑水、朝川善庵、中井履轩等人。皆精读古书，讲求字义而说义理，颇能凌驾前人，而不免武断。故后继无人，大田锦城出而倡考证学，此学派即衰微。

大田锦城初至江户，无当其意者无有可师者，乃至京都，从学于皆川淇园。后不能满足于皆川淇园之学，再返江户，入山本北山之门。旋出师门而独学。时幕府侍医多纪元简以藏书家闻名，爱大田锦城之才学，借其藏书使读之。大田锦城乃得以博览群书。著述虽甚多，而付梓者仅《九经谈》《疑问录》《梧窗漫笔》《仁说三书》《锦城文录》《凤鸣集》等书。《九经谈》十卷，为大田锦城晚年之作。总论有论经学三变者。汉学长于训诂、宋学长于义理、清学长于考证。……自汉至唐其学小变，然要皆汉学也。自宋至明其学小变，然要皆宋学也。清人有为汉学者焉、有为宋学者焉、有混汉宋之学而自为一家者焉，然要皆清学，而其所长则考证也。……唐啖助、赵匡、陆淳始驳《春秋三传》，古今学术之分界由此萌矣。宋孙明复之《尊王发微》、刘原父之《七经小传》、欧阳修之《诗本义》、苏氏父子之《诗》《书》《易》、王安石之《三经新义》出，汉唐学始变，程朱性理之说兴，汉学宋学遂分歧。程朱之学杂佛老，是其短所，去短取长，可成粹然者。汉学小醇而小疵，宋学大醇而大疵也。……近世清人考据之学行焉，学问之博过绝前古，然不论义理之当否。而唯欲援据之多，书名人名充韧卷帙而义理之学荒矣。予名之曰书肆学焉。夫四书六经者义理之渊薮，而考据则传注疏释之学，义理本也，考证末也，……考证虽精，义理舛乖，则又何用无乎。且也考据之学，其所费精，则在琐义末理，而圣道大原则措而不讲。是亦近世学者之弊也。若夫讲明经义道学，考证精确而义理正当，则谓之儒者之学矣。

谈经学流变者，《四库全书总目提要》的《经部总叙》有"经学古今六大变"的叙述，即分汉、魏晋至隋唐、宋、宋末至明、明正德以后、明末清初以后等六期。其后，皮锡瑞提出"经学十变说"，细分为开辟时代（春秋）、流传时代（春秋）、昌明时代（西汉武帝）、极盛时代（西汉元成二帝至东汉）、中衰时代（东汉桓灵二帝至魏晋）、分立时代（南北朝）、统一时代（唐）、变古时代（宋）、积衰时代（元明）、复盛时代（清）等十期。在日本而早于大田锦城的有伊藤东涯的《古今学变》。伊藤东涯以为经学有二变，一变于汉、一变于宋。三代以前政道合一，汉代之际，治与道分歧为二，且加之以灾异五行之说，故古之学始变。"自斯而后，为章句训诂之学，为词章记闻之学，圣人之道，晦盲不明者，千有余年。"宋儒倡明圣排道，以斥异端。"其造诣之深，研覃之精，固非汉唐诸儒之所能践及也。然以性为未发之理，无欲为作圣之方。……徒有其名，而宽无其物。于是乎古之学再变矣。"伊藤东涯、大田锦城以后则有安井小太郎的论述。安井小太郎认为经学之名起源于汉代。就经学的研究方法而言，有三次的变迁。第一为西汉至北宋之间所盛行的训诂学。第二为南宋至明末的理学。第三为清初至今日的考证学。再就研究的内容而言，各阶段又可分为以下的细目。训诂学分为专于一经之学，五经通义、今文学、古文学、南学（南朝的经学）、北学（北朝的经学）、注疏学。理学分为朱子学、阳明学、折衷学（刘宗周）。考证学分为训诂学、音韵学、金石学（文字学）、校勘学、杂家（清末常州公羊学派）[①]。关于经学起源于汉代的主张，安井小太郎是根据皮锡瑞《经学历史》的说法。至于经学的流衍，则承继伊藤东涯和大田锦城二人之说，并参考《四库全书总目提要》的叙述，进而提出自己的见解。特别是第一期的训诂学与第四期的考证学的细

---

① 安井小太郎：《经学史》"先秦至南北朝经学史"，东京：松云堂，1933年，第166页。

目，颇能辨章当时的经学研究状况，探究学术的源流，确实是后出转精的知人之言。

四、安井小太郎于日本儒学的考辨

大田锦城是确立日本考证学的儒者，其弟子是海保渔村，海保渔村的门下是岛田篁村。安井小太郎游于岛田篁村的门下，也是岛田篁村的女婿。安井小太郎的祖父安井息轩是松崎慊堂的入室弟子，安井息轩兼采汉唐注疏、清朝考证，旁及程朱、伊藤仁斋之学，执幕末儒学界之牛耳。明治九年（1876）安井小太郎入学岛田篁村的双桂精舍之前，即在祖父的三计塾，埋首于经传子史的研读。由于家学渊源与师承关系，安井小太郎乃能审于校勘而精于考证。因此，《日本儒学史》一书也有考辨江户儒者著述的论说。

（一）中江藤树的《孝经启蒙》非本于《古文孝经》辨

中江藤树取古文孝经而著《孝经启蒙》，然安井小太郎以为中江藤树的《孝经启蒙》与《通志堂经解》收录的司马光的《孝经指解》相同，所根据的是宋代的古文孝经而非汉代的古文孝经。因为三书所载"圣治"章"故亲生之膝下，以养父母日严""父母生之，续莫大焉"的文字与今文孝经一致。而足利学校所藏古文孝经作"故亲生毓之""父母生之，续莫大焉"，无"膝下"二字。文义难通，却与《汉书艺文志》所论"父母生之续莫大焉，故亲生之膝下。诸家读不安处，古文读皆异"相近。由于中江藤树的《孝经启蒙》与足利学校所藏古文孝经不同，故中江藤树所根据的不是真正的古文孝经。[①]

（二）桂庵非出于惟肖之门辨

伊地季安的《汉学纪源》以为"桂庵出于惟肖之门"。安井小太郎引述"文之和尚《与恭畏阿阇梨者》"的"当是时东山有惟正、东福，有景召二老，时之名纳，而同出于不二之门。……我桂庵老师从二老而闻义，殆熟矣"之文，以为桂庵非出于惟肖之门。即使有入惟肖之门，或如足利氏《镰仓室町

---

① 安井小太郎：《日本儒学史》，东京：富山房，1939年4月，第53、54页。

时代之儒教》所叙述的"桂庵九岁入京之时，惟肖七十六岁，后二年圆寂。（桂庵）但为童役之左右侍而已，不可谓惟肖为桂庵儒学之师"。①

（三）伊藤仁斋之学非剽窃明朝吴廷翰《吉斋漫录》辨

荻生徂徕非难伊藤仁斋的学说乃剽窃明吴廷翰的《吉斋漫录》而非自己的创见。其后，太宰春台的《紫芝园漫笔》、那波师曾的《学问源流》、河水静斋的《斯文源流》、尾藤二洲的《正学指掌附录》皆持此说。但安井小太郎以为，伊藤仁斋虽与吴廷翰相同，都主张"理气合一论"。但"理气合一论"并非吴廷翰的创见，程明道、张横渠、陆象山、王阳明等人既已提出。因此不能说仁斋的学说是剽窃吴廷翰的。再者吴廷翰崇信周茂叔、程明道之说，认为"盖无极太极者、言此气之极至而无以加"。但仁斋则认为"无极而太极"是臆说不足取。又在阴阳五行的解释方面，仁斋也不同于吴廷翰。对儒家思想的基本概念的阐述有如此的差异，岂能因为"天地之初一气而已"的一句话，就指责伊藤仁斋的学说是剽窃明吴廷翰的《吉斋漫录》。②

（四）徂徕古文辞与李王古文辞异同辨

一般以为荻生徂徕推崇明李攀龙、王世贞"文必秦汉、诗必盛唐"的主张而创立古文辞学派。虽然如此，安井小太郎引述徂徕的《辨名》：

> 读书之道以知古文辞古文为先。如宋诸老先生禀质聪敏、操志高万，非汉唐诸儒所及。然以今文视古文、以今语视古语，卒不得古道。至明李沧溟先生始倡古文辞。……然其所志在丘明、子长。之间而不及六经。苟从其教而识古今文辞之殊，则古言知古义明，圣人之道可得而言。

指出徂徕的"古文辞"固然是渊源于李攀龙、王世贞的古文辞，然而李王的古文辞是以之为诗文创作的理论根据。荻生徂徕则主张以古文解释六经。换

---

① 安井小太郎：《日本儒学史》，东京：富山房，1939年4月，第87页。
② 安井小太郎：《日本儒学史》，东京：富山房，1939年4月，第130页。

而言之，李王与徂徕的学说名称虽然相同，但其作用与目的却不同。[1]

（五）大田锦城的《九经谈》非抄袭《学海堂经解》辨

或以为大田锦城的学问出于《学海堂经解》，其《九经谈》即抄录《学海堂经解》而成的。安井小太郎辩驳说，《九经谈》的引用书仅及毛奇龄、朱彝尊、顾炎武、阎若璩的著述而已。况且《学海堂经解》的刻成于清咸丰十年（日本万延元年，1860），距大田锦城死后三十五年，其何以得见经解。[2]

综上所述，或考证著述之所本并非真本，即中江藤树的《孝经启蒙》非本于《古文孝经》。或考证前人的师承，即桂庵非出于惟肖之门辨。或辨明前人的学术宗尚，即徂徕古文辞与李王古文辞异同辨。或为前人的学问之所出作辩解，即伊藤仁斋之学非剽窃《吉斋漫录》辨与大田锦城的《九经谈》非抄袭《学海堂经解》辨。大抵能理解安井小太郎用心于考证校勘之所在。至于其家学师承而钻研经学之事，其著作以经学研究论著居多，可以理解之外，其在《日本儒学史》中，对于江户儒者有所批评时，大多着眼于经论及其对儒家思想的重要概念，即道、仁、义等字的字义做细致的分析。对于江户儒者的批评者，如：

> 新井白石在职时，朝鲜国使者来聘，向幕府递呈朝鲜国王国书。白石主张邦交对等的原则，援引汉代诸侯王之例，且幕府乃遡源于清和天皇，故以日本国王源某复书。但雨森芳洲以为使用王号固无不可，然幕府用之，则须称武藏国王。安井小太郎以为皇族用王号之例，不仅汉代有，平安时代也有，固不足为奇。但在名分上，则不宜称日本国王。使白石深于经学，不至有如此之误。[3]

即以新井白石（1656—1725）不识《春秋》大义，以至于逾越节度而妄

---

① 安井小太郎：《日本儒学史》，东京：富山房，1939年4月，第147页。
② 安井小太郎：《日本儒学史》，东京：富山房，1939年4月，第243页。
③ 安井小太郎：《日本儒学史》，东京：富山房，1939年4月，第163—164页。

用名分。又：

> 太宰春台以《孝经》《论语》《孔子家语》为孔子之书。《古
> 文孝经》出孔壁，为孔子真本与孔安国传者并失传于中土，独我国
> 足利学校有传。安井小太郎以为足利学校所传《古文孝经》与汉
> 初的《古文孝经》确实是同一书，由《汉书艺文志》的记载可以为
> 证。然孔安国所传者为伪作，固不可信，《孔子家语》更可疑。春
> 台却以二书为可信，诚有失精审。①
>
> 虽冢田大峰以为"今世《孝经》与《孔子家语》广行于世，乃
> 春台之力，于圣门有莫大之功"。但安井小太郎以为今之《孝经》
> 与《孔子家语》皆为可疑之书，特别是《孔子家语》乃王肃之伪
> 作，故"于圣门有莫大之功"的说法，未必正确。②

即太宰春台不知孔安国所传《古文孝经》为可疑，《孔子家语》为王茧
之伪作，即使刊行二书而流传于后世，也未必有功于圣门。至于对儒家思想的
重要概念的字义分析有：

> 冢田大峰以正德利用厚生为二帝三王之道。徂徕以礼乐为二帝
> 三王之道。道为统名。析言之，天道、地道、人道、政治、学问、
> 处世、治病、军阵、治水、耕作等皆各有其道。然以二帝三王为政
> 治家，政治之道可为人人之道，则礼乐亦可、正德利用厚生亦可。
> 但以之（指大峰以正德利用厚生为二帝三王之道，徂徕以礼乐为二
> 帝三王之道）解所有之道，则不通之处甚多。姑以《论语》而言，
> 如《论语·子罕篇》"未可与立""未可与权"。又如"子曰是道
> 也，何足以臧"。则以礼乐解道为可，以正德利用厚生解道亦可。

① 安井小太郎：《日本儒学史》，东京：富山房，1939年4月，第183—185页。
② 安井小太郎：《日本儒学史》，东京：富山房，1939年4月，第215页。

故道为方法，适于用者皆为道，固不可拘于一义也。①

即以"权宜"之义解释"道"，凡适于用者，皆可谓之道。故"道"既有超越性又有普遍性的意义。无一而非是，是超越性。所行而皆可，是实用心生。又：

> （冢田大峰）以义为行事制，制其宜之谓。原于东晋古文《仲虺之诰》"以义制事"之文。并引《礼记》《孔子家语》《国语》《管子》《易》《左传》等"从宜曰义"之文为证。然义有二义。《易·文言》"利者义之和也"，《孟子》"羞恶之心者，是义之端"不可以从宜解之。此义谓不辱己。《论语》"君子喻于义，小人喻于利"亦同。义利之义多属之。②

即以义有内省不辱身的修养工夫与从宜而行的处世之用二义。又：

> （皆川）淇园之解仁而不止于爱人，而及于吾身修养，乃优于前儒之解者。然未论及仁者静、仁者寿、仁者不忧等超然自得之仁。③

即以仁兼有超越性、内在性、外在发用性等三义。

综合安井小太郎所论儒家中心思想的"道""仁""义"等字义，可以窥知安井小太郎所以为的儒家的根本思想，是既有超越性的意义，又有内在于吾人之身，若修养而成，亦可发用，是适宜的行于人间世的意义。

---

① 安井小太郎：《日本儒学史》，东京：富山房，1939年4月，第213页。
② 安井小太郎：《日本儒学史》，东京：富山房，1939年4月，第218页。
③ 安井小太郎：《日本儒学史》，东京：富山房，1939年4月，第222页。

五、结语：讲述日本儒学史的先驱

服部宇之吉的《忆安井小太郎》[①]指出：“就安井小太郎学问的成就而言，是在日本儒学史的研究上有一部代表作。研究日本儒学史的人渐多，但谁也没有著作出版。……与林泰辅并称为日本儒学研究的双璧。”即说明安井小太郎是论述日本儒学史的先驱，所著《日本儒学史》是第一部有关江户儒学史的论著。何以安井小太郎会从事日本儒学史的研究，就当时的学术潮流而言，或许受到明治时代以来国粹主义的影响，学术界也有本土意识的产生。如井上哲次郎有《日本古学派之哲学》《日本朱子学派之哲学》《日本阳明学派之哲学》三大论著。服部宇之吉主编的《汉文大系》，虽收集研究汉学必备的中国经传子史，但关于注疏的部分，不但有中国的注疏，也收录有日本江户儒者的注释。安井小太郎编集的《经学门径书目》亦然，不但列举中国经学注疏简明目录，也有江户儒者的经学研究书目的解题。安井小太郎的《日本儒学史》旨在叙述江户儒学的流衍，进而阐述江户时代的儒者如何接受中国的学问，融合本土固有传统思想而开创新说的学术成就。因此可以说安井小太郎的《日本儒学史》是反映本土化意识高扬时的学术著作。再就师承的影响而言，岛田篁村有《与黎莼斋（庶昌）书》一文，简略地叙述日本汉学的流变。大意为：

> 及德川氏，藤原惺窝、林罗山之登用，始开朱子学之风气。唯就全体而言，尚属草昧时期。逮伊藤仁斋出，著《语孟字义》《中庸发挥》等书，披沥独见，得与顾炎武、阎若璩比肩。继仁斋之后而主盟者为荻生徂徕。其好李、王古文辞，高唱秦汉古文而风行一时。宽政年间，颁行异学之禁而独尊朱子学。百家纷纭之势虽得以止，而学术亦衰。此后，山本北山、皆川淇园、大田锦城之名为人所熟知。幕末之际，讲经者，有海保渔村、安井息轩等人；能

---

① 服部宇之吉：《忆安井小太郎》，载《斯文》十七编第一号，第31、32页。

文者，有赖山阳、佐藤一斋、盐谷宕阴等人，此为德川期学问之盛衰。①

　　即略述古代日本以至德川时代的学问趋势，犹如日本儒学的略史。根据安井小太郎《篁村遗稿跋》的叙述：岛田篁村原本有"著历代学案，以补黄梨洲之未及，精研十余年，未脱稿"之意，即有意增补黄宗羲《宋元学案》《明儒学案》的缺漏，进而以两学案的体例，撰述《日本学案》。但是历经十数年的研究而未完成。安井小太郎之撰述《日本儒学史》，或有完成先师遗志的用心。不但有体裁类似学案式的学统表，如兰台学的传承、古学派之学者、林述斋之学系表等②，说明各学派发展脉络的叙述。18世纪初、中期的五六十年间是江户儒学的第二高峰期之新见解的提出，以修正岛田篁村"宽政以后，江户汉学中衰"之说的缺失。安井小太郎的《日本儒学史》之所以值得重视，乃在于此书能反映当时本土意识盛行的学术潮流，并且是继承师说而完成的第一部江户儒学史的论著。

---

　　① 有关岛田篁村的事迹，参见町田三郎：《岛田篁村学问之一斑》，见《日本幕末以来之汉学及其著述》，台北：文史哲出版社，1992年3月，第105—112页。
　　② 安井小太郎：《日本儒学史》，东京：富山房，1939年4月，第174、195、253页。

日本近世以来考证学的系谱

一、前言

安井小太郎说至江户时代为止，日本的学问始终是中国学术的模仿。如日本首先传授朱子学，是在南北朝的初期。此距离朱子的时代有一百五六十年。又伊藤仁斋或荻生徂徕的学问大抵类似于中国明朝中叶学者的学问。明朝中叶与伊藤仁斋、荻生徂徕的时代亦有一百三四十年至六七十年的差距。对于中国明朝中叶学问传播到日本的情形，内藤湖南用气象的自然现象来解释。内藤湖南说思想的流传犹如天候的变化，于中国形成的学术思想，于一百五六十年后，才传入日本。①清朝考证学之影响日本江户时代的考证学派的情形亦然。金谷治以为日本江户时代的考证学成立于大田锦城，而大田锦城于中国经传的考证辨伪，颇援引清人的著述，尤以毛奇龄、朱彝尊为最。②

一般而言日本江户时代的学问是以朱子学为主流，江户二百五六十年间也有不少朱子学者登场，如林罗山、山崎暗斋、贝原益轩即是；虽然如此，促使江户时代学术产生变化的却是以古学派和考证学派的学者为主。古学派的学

---

① 伊藤仁斋或荻生徂徕的学问大抵类似于中国明朝中叶学者的学问，以气象学的观点解释中国学术对日本影响的情形，是采取内藤湖南的说法。内藤之说见内藤湖南：《履轩學問の影響》，见《先哲の學問》，东京：筑摩书房，1987年，第138—154页。安井小太郎之说，则见于所著《篁村遗稿序》。

② 金谷治：《日本考證學派の成立》，见《江戶後期の比較文化研究》，东京：ペリカン社，1990年1月，第38—88页。

者以为林家朱子学独尊宋学，未能把握孔门思想的真义，乃主张以古义和古文辞解释儒家的经传，发挥圣贤著书立说的本义。考证学派的学者则博采通说以考校经传子史的字义，辨明篇章的真伪，树立了日本近世汉学以训诂考证为宗尚的学术传统。

江户时代的学者擅长在既有学说、既有成果上，皓首穷研，精益求精，以提出突破前人论述的新说，却不善于建立逻辑论理的研究方法。虽然如此，江户中叶以来亦有不少学者除了留意于精确地训解中国古典的辞义以外，也尝试提出纠谬辨误的方法和原则。兹就内藤湖南所说的"影响性的研究"①，不拘泥既有学术流派的分类归属，以辨章学术考竟源流为宗旨，考察日本近世以来伊藤仁斋、龟井昭阳、太田全斋、安井息轩、内藤湖南、町田三郎等考证学家在考证辨伪上的主张。

二、伊藤仁斋

伊藤仁斋为江户时代京都之儒者。三十五岁以前潜心于朱子学的研究，其后对朱子学抱持怀疑的态度，主张回归孔子、孟子的本义，以探究圣人的真髓，而提倡古义学。《〈论语〉古义》十卷、《〈孟子〉古义》七卷、《〈语〉〈孟〉字义》二卷、《童子问》三卷为其代表作。仁斋自称《〈论语〉古义》与《〈孟子〉古义》是其主要著作，而《〈语〉〈孟〉字义》是其附录。

伊藤仁斋以《论语》为"最上至极宇宙第一书"（《〈论语〉古义·总论》），以《孟子》为"万世启孔门之关钥"（《〈孟子〉古义·总论》）。他对于《论语》《孟子》的理解不以程朱所代表的宋学来理解圣人的思想，而以得孔子真传的《孟子》来演绎《论语》的意义，进而建立自身的诠释系

---

① 内藤湖南：《履軒學の影響》，见《先哲の學問》，东京：筑摩书房，1987年9月，第138—154页。内藤湖南认为中井履轩于日本江户时代的学术地位犹如顾炎武于清朝考证学的地位。中井履轩以古音、古文字研究经学，之后的古音、古文字研究逐渐发达。

统，提出"古义学"的主张。①伊藤仁斋"古义学"的特色则在探究《论语》与《孟子》之重要词汇的本义，以之阐述孔孟圣贤思想的本旨。至于其对中国经传的考证辨伪，则是开启江户时代研究经学而重视原典之辨伪与篇章考证的先声。②伊藤仁斋对于儒家经传进行考证，而提出《古文尚书》《论语》《孟子》的成书问题、《大学》非孔氏遗书说、《中庸》的章节为《乐经》错简等主张。伊藤仁斋说：

> 六经莫古于书，而散亡伪撰，又莫甚于书。……《尚书》有今文古文之别。今文二十九篇，出于秦博士伏胜之口授，写以汉世文字，故名《今文尚书》。古文五十八篇，武帝时，鲁恭王坏孔子宅，得竹简书，皆科斗文字，故号《古文尚书》。……（《古文尚书》）
>
> 历四百余年，东晋以来稍行于世，至隋开皇中始全，故今文古文并行。然朱子吴临川梅颐之徒，皆疑古文之非真。其言凿凿有据。凡古人作一篇文字，必有起结。若尧典其终只曰厘降二女于沩汭嫔于虞。帝曰钦哉。此岂足结一篇之终乎。且孟子引舜典而称尧典，则古二篇合而为一篇明矣。……唐虞三代之间，其议论皆在于修政知人之间，而未尝有心性之论。《古文尚书》多说心说性，最非唐虞三代之口气。（《〈语〉〈孟〉字义》下）

《古文尚书》出于汉武帝之时，至隋开皇中始成。宋代已有后人伪作的怀疑。伊藤仁斋以为《古文尚书》的篇章多言心性，非唐虞三代之旧，且篇章的分合，如尧典与舜典等，颇有问题。故《古文尚书》的成书年代不能早于先秦。

---

① 有关伊藤仁斋《论语古义》的义理，参见连清吉：《日本经学的系谱》，见《明代经学国际研讨会论文集》，台北："中央研究院"中国文哲研究所，1996年6月，第597—608页。

② 贝冢茂树说，如果说顾炎武、阎若璩等大儒是中国近代学术启蒙思想运动的先驱，则伊藤仁斋是日本近代学术启蒙思想运动的先驱。参见贝冢茂树：《日本儒教の創始者》，见《伊藤仁斋》，东京：中央公论社，1983年11月，第7—33页。

关于《论语》一书的考证，伊藤仁斋指出：

> 《论语》二十篇相传分上下，犹后世所谓正续集之类乎。盖编《论语》者，先录前十篇，自相传习，而又次后十篇，以补所遗者。故今合为二十篇云。何以言之。盖观《乡党》一篇，要当在第二十篇，而今嵌在中间，则知前十篇既自为成书。且详其书，若"曾点言志""子路问正名""季氏伐颛臾"诸章、一段甚长。及六言六蔽、君子有九思三戒、益者三友、损者三友等语，皆前十篇所无者。其议论体制亦自不与前相似。故知后十篇乃补前所遗者也。（《论语古义·总论》）

以《乡党》篇的内容异于《论语》的其他诸篇，宜置于全书的末尾，今本《论语》排列于第十篇，可知《论语》经过两次的编集，以《乡党》篇为分界，包含《乡党》篇在内的前十篇为第一次的编集，后十篇则犹如补遗的形式，是补充前十篇之不足而编集完成的。再者，从文章体例而言，前十篇大抵为语录问答式的文体，而后十篇则有如"曾点言志""子路问正名""季氏伐颛臾"等长篇议论的文章。又是《论语》一书可分为前后各十篇的根据所在。至于《孟子》的成书问题，伊藤仁斋指出：

> 孟子之书或以为孟子自著，或以为门人之所撰。今详其书，体制各殊，旨归又别，似不出于一手。盖《梁惠王》《滕文公》二篇是一体，《离娄》《尽心》二篇是一体，《公孙丑》《万章》《告子》三篇各是一体。窃疑《公孙丑》《万章》二篇，是《公孙丑》《万章》之所记，而其他诸篇或杂以孟子之笔欤，姑记此以来哲。（《〈语〉〈孟〉字义》上）

关于《孟子》成书的问题，或以为是孟子自己所作，或以为杂有门人的记录。但是伊藤仁斋以为《孟子》一书宜分为《梁惠王》《滕文公》二篇，《离娄》《尽心》二篇，《公孙丑》《万章》《告子》三篇等三个部分。至于此三个部分又可分为两类。伊藤仁斋说：

> 此书前三篇备记孟子事业出处。至于《离娄》始有议论。故今定以前三篇为"上孟"，后四篇为"下孟"。盖古人之学以经世为务，而修身以为之本，明道以为之先，皆所以归夫经世也。故孟子之书者，当于前三篇观其归趣，而于后四篇知其所本也。（《〈语〉〈孟〉字义》上）

《梁惠王》《滕文公》《离娄》三篇记述孟子的出处行谊，《尽心》《公孙丑》《万章》《告子》等四篇则颇多议论。因此一如《论语》《孟子》也可分为上下。而且"上孟"明经世之用，"下孟"知修身明道之本。旨趣各有不同。

有关《大学》一书非孔门经典的辨证，伊藤仁斋说：

> 《大学》一书本在《戴记》之中，不详撰人姓名，盖齐鲁诸儒熟《诗》《书》二经，而未知孔孟之血脉者所撰也。……至乎其列八条目，及其所说学问之法，则不能无疑。……程子以此（八条目）为古人为学之次第。然而愚谓孔孟言为学之条目者固多，未闻以此八事相列若此其密。语曰子以四教，文行忠信。明夫子教人之条目，在此四者，而无他法也。
>
> 又曰知者不惑，仁者不忧，智者不惧。明此三者天下之达德，而进学之叙，无出于此者也。（《〈语〉〈孟〉字义·附大学非孔氏之遗书辨》）

《大学》一书的作者不详，其所列"格致诚正齐修治平"的八条目，既不是如程子所理解的，以此八目为古人进学的次第，更不是孔门教育的纲目。伊藤仁斋接着又列举"孔孟未尝言明明德""诚字当施之于身而不可施之于意""生财有大道非孔氏之徒之言"等十证以说明《大学》非孔门的经典。

关于《中庸》首章的文字为《乐经》的错简，伊藤仁斋考证说：

> 首章自喜怒哀乐，至万物育焉四十七字，本非《中庸》本文，盖古乐经之脱简。误入于《中庸》书中耳。何以言之。其说非止叛六经语孟，推之一书之中，亦自相矛盾。第宋明诸儒多以禅附儒，而不察其合于孔孟之旨与否，所以不知其言之叛孔孟。今发十证而明之，学者审诸。曰以其叛六经语孟者言之，如未发已发之说，六经以来，群圣人之书皆无之。一也。孟子受业于子思门人，当祖述其言，而又不言。二也。如中字，虞廷及三代之书，皆以已发言之，而此处独以未发言之。三也。典谟所谓中字，皆说发而中节之地，而此反以和名之。四也。若以未发之中为言，则六经论孟皆有用无体之书。五也。以其一书之中自相矛盾者言之，此书本以《中庸》为篇，当专论《中庸》之义，而首论中和之理。六也。中字后章屡出，皆以已发言之，而不有一以未发言者。七也。且若和字，子思当屡言之，而终篇又无复及之者。八也。此以喜怒哀乐，发中节，为天下之达道，而后以君臣父子夫妇昆弟朋友之交为天下之道。九也。此以大本达道并称，而后单言天下之大本，偏而不备。十也。此十证者皆据《中庸》本文及六经论孟而言之，非予臆说。且喜怒哀乐四字及以中和连言者，独见于乐记，盖赞礼乐之德云然。故曰古乐经之脱简。先儒不察，遂以未发之中为道学之根本准则。到今为千古学问之深害，不容于不辨。（《中庸发挥·总论》）

列举十证以说明《中庸》首章的四十七文字并非《中庸》的正文，乃是《乐经》的文字而后人误入者。其主要论证乃举出《中庸》首章的重要文字，不是六经、《论语》、《孟子》所无，如"未发已发之说"。就是此中论说颇多自相矛盾者，如"中"字，唐尧三代之书皆解作"已发"，而《中庸》首章却作"未发"解，其后数章却又解作"已发"。至于为何说此处的文字，当为《乐经》的脱简，伊藤仁斋以为是"喜怒哀乐四字及以中和连言者，独见于乐记"的缘故。

此伊藤仁斋对于《尚书》《论语》《孟子》《大学》《中庸》等儒家文献考证的情形。至于其考证辨伪的方法则有以经书用字之例论断《古文尚书》为伪，《大学》非孔门经典，《中庸》首章四十七字为《乐经》的错简。又以篇章体例分《论语》为上下，以内容旨趣分《孟子》为上下。在《论语》《孟子》的考证文字中，伊藤仁斋寓含着正编与补遗，本末前后关系的微义。又由于其主张以《孟子》解释《论语》，其所著《论语古义》《孟子古义》《语孟字义》，或许有"经、传、注"的寓意。

伊藤仁斋的长子东涯对于《周礼》的考证，以《周礼》非周公之所作，五子兰嵎对于《老子》的考证，以《老子》为伪书，老子本无其人，其名乃庄子所创者。[①]

综上所论，伊藤仁斋一门的"古义学"的意义在于文献的考证。换句话说，仁斋古义学的精彩在于正确地考校经典的真伪，掌握经典的本义，进而发挥圣贤立说的义理。

三、龟井昭阳

龟井昭阳虽偏处西隅，却是日本江户时代的经学大家。著有《周易僭考》《毛诗考》《尚书考》《孝经考》《礼记抄说》《左传纘考》等书。楠本硕水以为龟井昭阳的学问远出伊藤仁斋，荻生徂徕之上。西村天囚更推崇龟井

---

① 伊藤东涯对于《周礼》的考证，见《古今学变》，伊藤兰嵎对于《老子》的考证，见《绍衣稿·题老子卷首》。

昭阳是江户时代研究经学的第一人。①就经书的考证方法而言，町田三郎认为龟井昭阳体现了日本独创性学术研究的所在。町田三郎以《尚书考》为例而做以下的分析：

　　《尚书考》的最大的特征是，除了字句的考校训诂外，又留意各篇章节段落的分析。即以结构性的分析，精细地探究论旨，文体及首尾照应关系，进而明确地指出错简误谬的所在。此一手法的典型，是昭阳对于《康诰》篇的分析。

　　《康诰》十三章，……首章，卒章并称"王若曰"，"汝念哉"在二章及十二章，"敬哉"在三章及十一章。如图示：

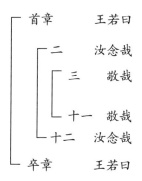

从《康诰》篇的结构分析看来，在形式和内容上，并不包含篇首"惟三月哉生魄"至"乃洪大诰治"的四十八字。昭阳以为此文宜移至《洛诰》篇的篇首。其在《洛诰》篇"周公拜手稽首曰"条下曰，"此篇不宜突起如是，康诰四十八字，必当在此上"。……此《洛诰》错简说，蔡沈以来既已提出，并非昭阳新说，而且是否确实如此，亦有待考察。不过，昭阳从《康诰》《洛诰》两篇的结构分析，而提出错简的原来归属，确实是颇有用心。就此结构分析的方法而言，昭阳或脱胎于《朱子章句》中《大学》《中庸》的手法；但

　　① 楠本硕水之说，参见《随得录》（四），见《硕水先生遗书》（卷十一）。西村天囚盛称龟井昭阳为经学巨擘之说，见《異彩ある學者》，连载于1907年10月到1980年2月的《大阪朝日新闻》。

是，昭阳彻底地分析《尚书》各篇的章节段落，并以图表示文章主旨的前后关系，确实是值得称扬的。①

龟井昭阳何以有建立考据方法的构想，乃以中国人于经学研究的成果，即经传的训诂考证为基础，更进一步地从事素材的分析，由章节段落的结构，厘清前后归属关系，进而指出衍误的所在。换句话说，具体地训解文义与考订脱衍，是中国本土学问的长处，然则建立抽象的考据方法的规则，此或为龟井昭阳经学研究之以考证为根本而有成就的原因所在，这也是日本汉学者所执着的学问意识之所在。

四、太田全斋

太田全斋（1758—1829）为福山藩的下级武士，收入极为微薄。所著《韩非子翼毳》是在妻小协力之下，才得以完成的。其于序文叙述《韩非子翼毳》出版付梓的由来。

> 余为韩非子解，研精十余年矣，未脱稿也。……今兹购得活版，刷二十部。未定之述，宜缄箧笥，特惧一曙离于池鱼，而无副本修旧业也。因刷以自备，岂公诸世哉。

虽然太田全斋的《韩非子翼毳》并非完稿本。但是，积十余年的工夫，上自先秦诸子，下至清朝的类书，无不涉猎。并且以之为注释的基本，而后适宜地加以己见。诚为考证学的代表作。例如《外储说右下》篇"景公与晏子游于小海"章的"讴乎其已乎苞乎其往归田成子乎"的字句宜改为"讴乎采苢乎其往归田成子乎"。

《韩非子翼毳》以为《史记》田敬仲完世家有"姁乎采苢，归乎田成

---

① 町田三郎先生叙述龟井昭阳的经学成就之说，参见町田三郎：《"漢學"二题》，见《地域に於ける國際化の歷史的展開に關する總合研究—九州地域における一》，九州大学科学研究费报告书，1989年2月。

子"之文，"讴乎""呜呼"同为吟咏之辞。《左传》的"民人痛疾，而或燠休之"的"燠"，杜预虽解为"痛念"，而音读为"妪"，亦可解为"讴歌"。《史记》正解为"讴歌陈成子"。"其已"二字为衍字。至于"乎苢"改为"采苢"者，《尔雅》郭注解释为"白梁粟"，即苦菜。《诗经》亦有"薄言菜苢"的文句。"其往归乎"与"盖归乎来"的意义相同，即劝诱之辞。因此，"讴乎其已乎苢乎其往归田成子乎"以改为"讴乎采苢乎其往归田成子乎"为是。由于太田全斋倾全力于《韩非子》的字句训诂，故服部宇之吉于《汉文大系》卷八《韩非子毳》的解题曰："钻研十余年而成者。上自先秦诸子，下至清朝类书，广泛涉猎以资参考。……于此书之所得，岂啻理解韩非子之学说文章而已哉。予所以取本书而编入《汉文大系》者，亦在此也。"

《韩非子翼毳》除了一字一句的精详考证以外，也从文章内容上，考察各篇章的共通点，以作为篇章重新整合的论证依据。换句话说，《韩非子翼毳》的著作要旨，并不限定于文字的考证，也对《韩非子》全书做了全面解释。

关于《韩非子》五十五篇的著作年代，古来议论极多。特别是前二篇和后五篇。《韩非子翼毳》以为卷首的《初见秦》《存韩》二篇非韩非所作，宜归属为附录。故《韩非子》全书为五十三篇。其以为《初见秦》以收韩亡韩为言者，不一而足，乃纵横家之所言，后人窜入韩子者。又关于《存韩》，则以为"此亦非之所为，故多附会后事，拟取他辞。且李斯之书何益于非而收之耶"。至于卷末《忠孝》《人主》《饬令》《心度》四篇，除了《心度》以外，《忠孝》篇"非韩子之笔也，后人之剿入耳"，《人主》篇"亦后人之增耳"，《饬令》篇"亦后人之附益耳"。

有关《韩非子》的考证，《韩非子翼毳》将首尾诸篇与其他篇章区别开来，针对真正属于韩非所作的《韩非子》进行篇章整合考证的探究。《韩非子翼毳》在《难一》篇的注指出：

难者时人或难古人行事，韩子为解之也。其义犹《难势》篇之解难慎子道势也，然唯第四篇，每章有解客难论而前三篇无解论者。

即以为《难》的四篇中前三篇和第四篇的内容性质不同。兹探究《难》的四篇的文章，则前三篇是先有前提性叙述的寓言，而后以"或曰……"的文字，论难此前提。第四篇也先有前提性叙述的寓言，不过其后则有两段"或曰……"的文字，前者论难前提性的寓言，后者则再起议论，批驳此论难。由于《难四》的文章形式与《难势》篇相似，故太田全斋以为《难四》篇和《难势》篇是相接续，而主张"此篇及《难势》篇先说或说而后更辩之，与上三篇异例"。由此可知，《韩非子翼毳》的注释主旨除字句的考称证外，还兼及篇章的整合。[①]

五、安井息轩

安井息轩生于宽政十一年（1799），死于明治九年（1876），一生时值德川幕府末期至维新明治之近代日本动乱期。安井息轩的学问与其儒家经世的胸怀则是代表幕末维新之际的硕学通儒。安井息轩的学问特色的是唯善适从而无学派门户的偏见，即安井息轩于中国经传诸子史书的注释时，无论是中土的汉唐注疏或宋明新注或清朝考证学，抑或本邦林家朱子学或伊藤仁斋，荻生徂徕的古学，凡是合于经典原义的皆择而取之，以为考证训诂的根据。换句话说，安井息轩所尊崇的是实证主义的学问。所著《书说摘要》《毛诗辑疏》《论语集说》《孟子定本》《左传辑释》《战国策补正》《管子纂诂》等儒教经典和诸子史书的注释，足为后世学者参究。

《论语集说》一书并举古注，则魏晋何晏集解，皇侃义疏等及朱子集注，又兼收清朝考据的考证与伊藤仁斋，荻生徂徕等江户儒者的注释，更旁征经传诸子史书的典故，以为自身见解的根据而补充诸说的不足与脱误。由于旁征博引与适切的取舍，精当的见解，不但收获最高的评价，也广为流传。明治四十年（1909），服部宇之吉监修丛书《汉文大系》（富山房出版）时，将儒家中心经典的四书列为第一卷。有关四书的注解，则收录安井息轩的《论语集

---

① 参见町田三郎：《二三の〈韩非子〉注について》，九州大学川胜贤亮科研报告书，1992年2月。

说》《孟子定本》《大学说》《中庸说》等论著。对于安井息轩的学问，服部宇之吉做如下的叙述。

> 先生笃信好古，尤用力于汉唐注疏，参以众说，阐先儒未发之微者不少。……先生于四书亦本古注而兼取朱说。于清人考证之说等亦择善而取之。……先生执公而好不阿，能取古今之长而舍其短，考据最力论断最慎。

意谓安井息轩所贯彻的是无论古注或新注，唯善是取之公正持平的学问性格。又由于参采清朝考据学客观实证的学问态度与江户古学，即伊藤仁斋与荻生徂徕担探究圣人述作真义的精神，因此，考证极其精审，而且论断也甚为严谨。安井息轩之所以抱持此一学问精神，固然与其自身重视实证主义而正确地掌握经典原义之学术教养有极深的关联。

有关《论语》一书编集的情形，安井息轩在"子张问，十世可知也"（《为政》篇）一章按语中，指出"编辑者又字而不名，则孔子未尝以宰我之问为愚也"的文字。意谓《论语》的编辑者，亦有模仿《春秋》微言大义的所在。至于《论语》一书的编辑旨趣为何，安井息轩说：

> 详味孔注，读自为自己之自，言奉持礼节，自行束脩以上之人，则皆教诲之，圣人善诱，能尽人之才，然人不自修，则无受教之地，诲之不但无益，反受烦黩之谤，故不诲也。意正与郑注同，愤悱自厉之甚，比束脩有加焉。故总辑者以下章次之，其意可见矣。（《述而》篇"子曰，自行束脩以上者，吾未尝无诲焉"章的按语）

即以为《论语》一书的篇章次第有前后连属的关系，这是《论语》编集

者的旨趣所在。诸如此类的论述随处可见。^①

> 凡一部《论语》，次篇第章，皆有微意，学者详之。（《述
> 而》篇"子曰述而不作，信而好古，窃比我于老彭"章的按语）

> 舜禹有天下而不与，以尧功德如此，故以此章次前章。乃编辑
> 者之微意也。（《泰伯》篇"子曰大哉，尧之为君也"章的按语）

> 置此章于此篇之终者，孔子至于是邦，必闻其政。是当时之君
> 非不思之，而终不能用之，与此章之意实相类，故次之上章，以明
> 孔子不能降二帝三王之泽者，因世主无深思而用之者，以终此篇。
> 与《乡党》篇末载山梁雌雉章同，乃编辑者之微意也。（《子罕》
> 篇"唐棣之华，偏其反而，岂不尔思，室是远而"章的按语）

> 孔子处乱世，终身遑遑，不暇宁居，雉之色举翔集，有深契于
> 去就进退之意。故见之叹曰山梁雌雉，深得去就之时哉。……编辑
> 者知微意所在，因载之篇末，以终上论，遥与开卷人不知而不愠，
> 不亦君子乎相应，其旨深矣。（《乡党》篇"色斯举矣，翔而后
> 集"章的按语）

盖安井息轩以为《论语》的编者有微意，而此微意即《论语》篇章次第
的依据所在。而其在《乡党》篇篇末的按语中，又值得注意的是"以终上论"
的文字。即安井息轩祖述伊藤仁斋与荻生徂徕的主张，以为《论语》一书可分
别上论与下论。安井息轩更进一步地说：

> 以此篇次于《子路》，例与上论同。……物茂卿谓下论成于原
> 思，不知论语成于众门人论定，篇次章第，有一定之法，无一人记
> 一篇之理，况于全记下论乎。（《宪问》篇解题）

---

① 参见町田三郎：《安井息轩〈论语集说〉について》，见《东方学会创立五十
周年纪念东方学论集》，1997年3月，第1079—1092页。

即《论语》成于门人弟子之手，亦即意谓《论语》是孔门一派学问的结晶。至于《论语》条理分明而有"一定之法"的旨趣，安井息轩在《尧曰》篇的"孔子曰不知命，无以为君子也"章，即《论语》最后的一章的集疏中，引述荻生徂徕的"上论首学与知命，而下论又以此终之，是编辑者之意也"注解，清楚地陈述《论语》全篇前后连属贯通的宗旨说："以此章继子张章，以终开卷人不知而不愠，不亦君子乎之意，其义旨周备，圆转无穷，实如车之轮。"

六、内藤湖南

内藤湖南的著述以史学的研究居多，涉及的领域则涵盖了中国历史、文化史、绘画史等范畴。中国史学的研究乃综括上古以迄清代，特别是清史的论述，即开启了清史研究的先声。东洋文化史与日本文化史的著作，则是"内藤独断史学"的产物。至于中国目录学与中国绘画史的撰述则反映出京都特有环境所产生的学问。敦煌学与甲骨金文的研究则是京都学派以清朝考证学为基础而扬名于世界学术界的代表性学问。换句话说内藤湖南的学问是史学，至于其历史研究，则不只是史料整理排比的"史纂"而已，也不只是文献参互搜讨的"史考"而已；乃是以博学宏观的识见，始终以世界学术中的东洋学术的地位为念而钻研东洋的学术文化。故小川环树（1910—1993）盛赞内藤湖南是"文化史学家"[①]，与狩野直喜并为京都学派的代表，可以说是近代日本中国学的双璧。

内藤湖南认为日本人并不擅长于逻辑式研究法的架构，但是富永仲基（1715—1746）却是少数中的一位。富永仲基著有《出定后语》一书，论述佛教史学。其中最有名的"加上说"。此书刊行于延享二年（1745），虽然是用汉文书写的，却极难理解。由于内藤湖南平易畅达的解说之后，富永仲基的

---

① 内藤湖南的史学研究具有独断性的说法，是桑原武夫的见解。桑原之说见内藤湖南《日本文化史研究》解说，参见内藤湖南：《日本文化史研究》（下），东京：讲谈社，1976年11月，第174页。小川环树的赞辞，参见小川环树：《内藤湖南》，东京：中央公论社，1984年9月，第41页。

"加上说"乃得以大白于世。内藤湖南说，富永仲基之所以受到吾人敬服的不是其研究结果，而是其所谓"加上说"的研究方法。《出定后语》的第一章是"教起前后"，旨在论述原始佛教的起源与发展。富永仲基以为佛教是外道，乃从婆罗门教产生的。婆罗门教是以超越人间苦界而转世升天为教义的宗教。天原本是唯一的，但是后起的宗派为了超越原有的宗派，乃于旧有的天之上，加上一个天，如此天上有天，婆罗门教即有二十八个天。富永仲基称此现象为"加上"。超越婆罗门教的加上天，而提倡思想改革的是释迦牟尼。释迦牟尼不拘泥生死，主张超越生死以达到自由的境地。所谓原始佛教，即小乘佛教是以《阿含经》为经典的。其后以《般若经》为经典的宗派出现而自称大乘以卑视小乘。其后以《法华经》为宗尚的法华宗，提倡《华严经》的华严宗，以《楞伽经》为经典的禅宗等佛教的宗派先后出现，而且自称自身的宗派教义为最高至上。这也是佛教宗派以"加上"的形式而发展的轨迹。换句话说由单纯素朴向复杂高远，乃是思想发展的原则，即思想进化论。富永仲基则以此思想进化论反观思想学派成立的历史演进，即素朴的学术思想是原有存在的，高远的思想则是晚出的。

内藤湖南应用富永仲基的"加上说"，客观地把握学术思想发展的顺序，架构中国古代思想的历史。内藤湖南以为中国人有尚古的倾向，时代越久远就越优异。就诸子学派的形成而言，其所宗尚的始祖越古远，则其产生的时代就越晚。孔子以周公为圣贤，墨家以夏禹为圣王，孟子祖述尧舜，道家尊崇黄帝，农家以神农为始祖。就中国的历史而言，是神农→黄帝→尧→舜→禹→夏→商→周。就所尚越古则其说越晚的"加上说"而言，则中国思想学派的兴起顺序是孔子→墨家→孟子→道家→农家。因此内藤湖南说中国的学问兴起于孔子，孔子所尊敬的是周公，即孔子以周公为儒家学术道统的圣贤。墨家晚出于儒家，为了表示自身的学说优于儒家，乃以早周公的夏禹为学派的始祖。其后孟子攻击墨学为异端，以禹传位于子启，不若尧舜禅让传贤之德，因而主张儒家的起源并非始于周公，乃可上溯至尧舜。道家晚出于孟子，为超越孟子所尊崇的尧舜，乃称自身的学术渊源黄帝。至于孔子师于老子的主张也是后出道家之徒的加上之说。至于以神农为始祖的农家，则又更为晚出了。内藤湖南亦用此理论考察中国经典的成书经纬，如其以《易经·系辞》有"包牺神农"之说，就上古帝王序列而言，乃于《吕氏春秋·尊师》所述"神农、黄帝、颛顼、帝喾、尧、舜"之上，加上"包牺"，又佐以《系辞》"太极生两仪"之说类似《吕氏春秋·大乐》的"本于太一，太一生两仪"，"河图洛书"之说类似《礼记·礼运》的"河出马图"等实际例证，论断《系辞》必晚于《吕氏春秋》，乃是汉初之作。又以儒家思想的发展，探究《尚书》编次的先后次第；以时代的思潮、文章的体例与经传的用字例，考察《尔雅》各篇成立的时代。内藤湖南认为孔子的政治理想在于周公礼乐制度的重建，故《尚书》最初成立的是有关周公记录的五诰。换句话说《周书》反映孔子及其门下以周公为理想的寄托。其后鲁承周统，宜立鲁为王，尊孔子为素王，孔子继承殷之血统，因而产生尊殷的思想，故于《周书》之前编次有关殷商的诸篇。九流并起，对抗于墨家之尊夏禹，儒家乃祖述尧舜，故有《尧典》《舜典》。至于记录皋陶掌刑名的《皋陶谟》，乃法家名家兴起以后之晚周思想，虽为《尚书》的主要篇章，却为最晚出的部分。

内藤湖南认为《尔雅》是解释诸经的字书，其成书的经纬与经书形成的次序息息相关。唯《尔雅》十九篇的成立时代既有不同，各篇又有最初撰述，姑谓之为原始经文的部分与后世附加增益的部分。其从思想的推移发展、经书的用字例与形成的次第，考察《尔雅》篇章形成的先后顺序。如内藤湖南以为《释诂》是《尔雅》最古的一篇，《释诂》以"初哉首基"为始，与《尚书》成书较早的《大诰》《康诰》《召诰》《洛诰》等篇相同，《春秋》则不以为"初哉首基"为始。《尔雅》为解释诸经的字书，若《春秋》既已存在，《尔雅》必叙述及之，故内藤湖南以为《释诂》的原始经文，即"初哉首基……始也"的撰述或先于《春秋》。唯就文章结构而言，《释诂》宜以"初哉首基"为始而以"求酋在卒就"为终；但是今本《尔雅·释诂》于"求酋在卒就终也"之后，尚有"崩薨无禄卒徂落殪死也"一句。内藤湖南以为"徂落"与同篇"爰粤于那都繇于也"之"都"，同为古语或方言的特意使用，而非当时通行的文字，而且"都"字乃引自《皋陶谟》，典谟诸篇晚出，故"徂落"亦后世增益而附加的。

内藤湖南又以为《释言》仿《释诂》的体例而成的，故《释言》的编成应晚于《释诂》。《释言》篇首有"齐殷中也"一句，《释地》的"九府"举八方物产，有"中有岱岳"的记述，即以岱岳为中国的中央。又《释地》的"四极"有"距齐州以南"一词，郭璞注："齐中也。"邢昺疏："齐中也，中州犹言中国也。"以齐的文化为中国的中心，或为天下士人聚于稷下之战国时代的思想。至于"殷中也"，则是以殷为中央的思想，盖与以孔子为素王的思想有关，"殷中也"的解释，或起于孔子为素王说的时代。何以此两种不同时代思想的词会并存于一句之中，内藤湖南以为先有"殷中也"而后窜入"齐中也"。

根据上述方法的考证，内藤湖南认为《尔雅》篇章形成的时代为：《释诂》的原始经文部分成于孔门七十弟子的晚期的时代，或距七十子不远；其后又有战国初期增益者。《释言》成于以孔子为素王的时代，其后又附加有稷下学问盛行时的部分。《释训》有与《释言》同时期者，亦有汉初者。《释亲》至《释天》各篇，则成于公羊春秋发达，礼学盛行的荀子至汉后苍高堂生的时代。《释地》至《释水》各篇，成于战国末至汉初之间。《释草》至《释兽》各篇，或既已存在于解释诗的时代，至于其形成，则在汉初。《释畜》则成于文景之际。①

---

① 关于"加上说"见于内藤湖南：《大阪の町人学者富永仲基》，见《先哲の学问》，东京：筑摩书房，1987年9月，第68—69页。关于《系辞》的论述，参见《易疑》，见《内藤湖南全集》（第七卷），东京：筑摩书房，1970年2月，第39页。有关《尚书》编次的论述，参见内藤湖南：《尚书稽疑》（原题《尚书编次考》），见《内藤湖南全集》（第七卷），东京：筑摩书房，1970年2月，第19—23页。至于《尔雅》的考察，则参见《尔雅の新研究》，见《内藤湖南全集》（第七卷），东京：筑摩书房，1970年2月，第24—37页。

七、町田三郎

町田三郎（1932—2018）为今日日本中国学界研究中国古代思想与日本汉学的大家。[①]有关日本汉学的著作有《江戸の漢學たち》与《明治の漢學たち》，至于中国古代思想的专著，则有《秦汉思想史研究》《孙子》《吕氏春秋》《韩非子》等的解注。在中国古典的研究中，值得重视的是诠释系统与考证方法的提出。町田三郎认为：

> 《十二纪》是以时令为主，叙述当令的自然现象与人间世界的诸事象。其主旨在说明天道与人事相应之道。《八览》《六论》的旨趣虽然未必如此明确，但是其文章结构却值得注意。即《有始览》诸篇的篇末都有"解在……"的文句，其他各览、论则有相应于"解在"的论述。如果《有始览》诸篇的"解在……"是经，其他各览、论之相应于"解在"的论述则是传。就文章结构而言，《十二纪》与《八览》《六论》有所差异，其撰述的时期或非同时。[②]

就"解在"的叙述而言，《有始览》是经，《孝行览》以下的览、论是纬，换句话说就"解在"的文章结构而言，《有始览》与其他各览，论有"经"与"解"的关系存在。再就文章形式与思想旨趣而言，《十二纪》与《八览》《六论》是大异其趣的，因此其完成年代应该是不同的。町田三郎

---

① 有关町田三郎的学问，参见连清吉：《优游于中国古代思想史与日本汉学二领域的町田三郎先生》，载《中国文哲研究通讯》（第3卷第4期），1993年12月，第51—62页。

② 关于《吕氏春秋·八览》《吕氏春秋·六论》的思想要旨与文章结构的问题，参见町田三郎所撰《吕氏春秋》的解题，东京：讲谈社，1987年7月，第1—25页。译文参见町田三郎：《日本幕末以来之汉学家及其著述》，连清吉译，附录《吕氏春秋解说》，台北：文史哲出版社，1992年3月，第227—241页。

更进一步指出《吕氏春秋》一书是经过三次编辑才完成的。第一次是《十二纪》，在秦八年（前239）完成的，第二次是《八览》《六论》，在入蜀以后完成的，今日纪、览、论合辑的形式则是第三次的编集。[1]

关于《韩非子》的考证，町田三郎提出以下的论述：

> 《韩非子》五十五篇，就文章的形式而言，可分别为
>
> （甲）《初见秦》第一—《大体》第二十九
>
> （乙）《内储说上七术》第三十一—《难四》第三十九
>
> （丙）《难势》第四十一—《制分》第五十五

三个部分。……乙为寓言体的论辨；甲和丙是叙述性的议论文；乙的部分又由于文章结构的不同，即《内储说上七术》是经、解的形式，姑称之为"乙1"，《难》的四篇是迭床式的架构，姑称之为"乙2"。再就内容而言，甲与乙1是一般政治性训诫的叙述，乙2与丙则是法家思想的主张。综合文章形式与内容旨趣，《韩非子》的篇卷分合，可区分为甲、乙1、乙2、丙等四个类型。[2]

町田三郎参采太田全斋区分"《难》的四篇中的前三篇"和"《难四》篇与《难势》篇"的论述，首先对《韩非子》全书进行文章体例的考察，以中心部分的《内储说上》到《难四》的寓言体为分界，前后皆为叙述文体，故区分全书为三个部分。接着再详细分析全书篇章的文章结构与内容旨趣，则《韩非子》的文章结构有"经解"式的与迭床式的架构，至于内容旨趣则有一般性

---

① 有关《吕氏春秋》成书的探讨，参前注所引的论述。至于"解在"的内容，则参见连清吉：《吕氏春秋有始览的"解在"问题》，载《鹅湖月刊》（第155号），1988年5月，第20—29页。

② 关于《韩非子》篇卷分合的问题，参见町田三郎：《韩非子》（下），东京：中央公论社，1992年12月，第607—623页。译文参见町田三郎：《日本幕末以来之汉学家及其著述》，连清吉译，附录《韩非子寓言之一考察》，台北，文史哲出版社，1992年3月，第243—252页。

的政治训诫与法家思想的一家之学的专门性论述。综合以上的考察，町田三郎以为《韩非子》的篇卷可分别为四个部分。

对于《吕氏春秋》《韩非子》成书的解说，町田三郎乃祖述伊藤仁斋、龟井昭阳、太田全斋、安井息轩等人从文章形式与思想内容等具体性考证方法进行考察，而作篇卷分合的论断。至于九流十家之学术渊源的探讨，则继承富永仲基、内藤湖南二人逻辑性推理的抽象性考证，进行分析。町田三郎尝于授课中，做以下的讲述：

> 先秦与秦汉诸子非一人之学而是一家之学。各个流派家学中的诸子固然有先后，即纵的"学统"的关系，但是在思考彼此思想的异同时，亦未尝无所谓横的联属关系。如说明老庄异同时，原本有所谓"原始道家"的存在，《老子》与《庄子》的纂述者则各有承受，故虽然同属道家的老庄，也有《老子》重在"自然之道"；而《庄子》则讲"齐物论"而《逍遥游》的实存哲学之不同。又如马王堆帛书《五十二病方》的成书，与其说早于《黄帝内经》，不如说二书源于"原始医家"，而后辗转相传，形成北方系统的《黄帝内经》与南方系统的《五十二病方》。因此，九流十家的形成，或可用《春秋》与"三传"之经传式的关系来说明。至于综合性学术的形成，虽然有着纵向相承的关系，但是横向联属的色彩就极其浓厚了。如战国末期至汉代初期成书的《管子》《吕氏春秋》《淮南子》即兼采先秦诸子之长而成的百科全书式的杂家之书。换句话说，此三书乃是学派间相互影响而形成的新学派，其思想则是综合性的。

诸子非一人之学而是一家之学，固然是学术界的定论，学派的形成却未必只是纵式的传承关系，同一渊源的横向发展是先秦诸子思想的特色。学派间横向性学术整合而形成综合性学问，则是战国以后杂家式学派形成的动力，此一横向发展而形成综合性学问的理论则是町田三郎别出心裁的主张。

八、结语

反对宋儒性理之学，而主张探究《论语》与《孟子》之重要词汇的本义，以之阐述孔孟圣贤思想的本旨，固然是伊藤仁斋"古义学"的特色；而文献考证，即对中国的经传进行训解考校与辨伪，则是伊藤仁斋父子学问的精彩所在。

伊藤仁斋与顾炎武、阎若璩等明末清初的大儒几乎同时，学问性格皆以经典史书的考证为根底。中国学问对日本的影响，就如气象学的现象一般，于中国沿海地区形成的气压，要一两天之后才会影响到日本列岛的天气。在交通不便，学术交流较为保守的时代，于中国形成的学问风潮，早则一两百年才能传到日本。

伊藤仁斋提倡以实证主义作为学问基底的主张，可以说是与顾炎武、阎若璩等人不期而发的。所以贝冢茂树说，如果说顾炎武、阎若璩等大儒是中国近代学术启蒙思想运动的先驱，则伊藤仁斋是日本近代学术启蒙思想运动的先驱。换句话说伊藤仁斋的"古义学"乃以回归孔孟真义为主旨，其研究方法则是以探究《论语》《孟子》的重要词汇的意义作为考证儒家经典的根据。此一学问研究的方法，确实是开启了日本考证学的先声。

龟井昭阳何以有建立考据方法的构想，乃以中国人研究成果为基础，更进一步地从事于素材的分析，由章节段落的结构，厘清前后归属关系，进而指出衍误的所在。换句话说，具体地训解文义与考订脱衍，是中国本土学问的长处，然而建立抽象的考证方法的规则，对于中国经典进行篇章的整合，或为龟井昭阳经学研究有成就的原因所在。

太田全斋关于《韩非子》的训解，除了详密地考证字句以外，还兼及篇章的分析与整合，提出《难》的四篇前三篇和第四篇的内容性质不同，前三篇是一个类型，而第四篇和《难势》篇同属一个类型。

安井息轩继承伊藤仁斋，荻生徂徕之说，以为《论语》一书可分别上论与下论，更进一步提出以为《论语》的编者有微意，详知此微意，《论语》的篇章顺序即可察知，而且《论语》全篇前后连属贯通。再者《论语》乃成于门人弟子之手，是孔门学问的宗尚所在。

内藤湖南应用富永仲基"加上说"之抽象性考证方法，架构中国古代思想的历史发展。内藤湖南亦用此理论考察中国经书形成的先后次第，如以上古帝王序列，《易经·系辞》与《吕氏春秋·尊师》的记述，加上"包牺"，故《系辞》的作成晚于《吕氏春秋》。以儒家思想的发展，探究《尚书》编次的先后次第；又根据时代思潮推移的理论，《尔雅》为诸经字书的基本观念，与文章体例、经传用字例的实证，探究《尔雅》各篇成立的时代与经书发展的次第。

町田三郎集江户时代以来考证学家之考证方法的大成，其于《吕氏春秋》《韩非子》成书的解说，乃祖述伊藤仁斋、龟井昭阳、太田全斋、安井息轩等人从文章形式与思想内容等具体性考证方法进行考察，而作篇卷分合的论断。至于九流十家之学术渊源的探讨，则继承富永仲基、内藤湖南二人逻辑性推理的抽象性考证，进行分析而提出诸子非一人之学而是一家之学，而学派的形成，则以同一渊源的横向发展为主的主张。换句话说先秦以迄西汉学派的形成是以横向发展为动力，此一横向发展而形成综合性学问的理论则是町田三郎综合前人研究的结晶。

日本近代中国学：京都中国学的二祖三宗

一、前言：京都中国学即考证学的再思

1906年京都大学创立文科大学，狩野直喜担任中国文学教授，翌年，内藤湖南聘任为东洋史讲师，开启了京都中国学研究的端绪。一般以为京都的中国学是以清朝考据学为基底的科学实证之学。[①]狩野直喜继承太田锦城、海保渔村、岛田篁村一派的考证学，潜心于清代乾嘉的学术与清朝的制度。[②]内藤湖南则是远绍章学诚、钱大昕的学问宗尚[③]，以史学的角度综观中国的学术发展。其实京都学派的学问性格，特别是内藤湖南的学问，不纯然只是考证而已；乃是在目录学的基础上进行旁征博引、精详考证，而建立通贯宏观的历史识见。[④]又由于京都自古即日本文化之所在，而且有与江户中期以来考证学风

---

① 狩野直喜说："我（的学问）是考证学。"参见小岛祐马：《通儒としての狩野先生》，载《东光》（第5号），1978年4月。兴膳宏也说："所谓京都学派的学问，一言以蔽之是清朝考证学。"参见兴膳宏：《吉川幸次郎先生の人と學問》，见《異域の眼》，东京：筑摩书房，1995年7月。

② 有关乾嘉考据的探讨是狩野直喜《中国哲学史》一书最精彩的所在。又代表乾嘉以来经学研究之一的《左传》《公羊传》，狩野直喜也有专著《春秋研究》，关于清朝制度的论著则有《清朝制度与文学》。

③ 内藤湖南的学问是取法章学诚、钱大昕的记载，见神田喜一郎：《内藤湖南先生と支那上古史補遺三题》，见《敦煌学五十年》，东京：筑摩书房，1970年7月。

④ 以内藤湖南的学问为精审考证而又有宏观识见的评论，见神田喜一郎：《内藤湖南先生と支那上古史補遺三题》，见《敦煌学五十年》；内藤湖南《日本文化史》（下）所附的桑原武夫的解说（讲谈社，1976年11月）。

的传承，在此学术环境下，"学问与趣味兼容并蓄而浑然融合的研究，才能真正地理解中国文化"①，则是京都学者的为学理念②。故京都中国学的学问可以说是以科学实证为学问方法的经史文化之学。

二、内藤湖南：日本近代的文化史家

东洋的学问未以逻辑论理的思考与论述见长，然内藤湖南则是少数的例外。如以螺旋史观考察东亚文化的发展，以历史加上说探究中国古史传说形成的轨迹，以通变史观说明中国文化史的变迁等，皆为其体系化架构学问的表现。至于其所以能考竟时代地域的异同，辨明学术文化的原始本末，而成就一家之言，固然与其以中国史家的才学识兼备为学问的究极有深厚的关联，但是其个人的际遇、生存的时代、生活的地域、学问的意识亦不无决定性的影响。

秋田师范毕业是内藤湖南的最高学历，虽没有接受大学的教育，却也没有所谓学派家学的束缚，乃能成就独特的学问。上京以后的二十年杂志编辑与记者的生涯，养成其博闻强记的根底。至于其生存的明治时代是文明开化的时代，西化革新是时代的风尚，学问方法的突破更新自然应运而生。从任教大学至逝世的京都二十余年岁月，成就了内藤的文化史学，既于传统与现代之间，守成而创新，又在对抗于东京的学问意识下，融合西欧的合理主义、清朝的考证学与江户时代的文献主义而树立以考证为基础的日本近代中国学。

1899年3月遭祝融之灾，所有的藏书付之一炬，内藤湖南径称以往所从事者皆为杂学，今后则专心致力于中国问题的研究。1907年应聘京都帝国大学东洋史讲师以来，于安定的环境下，以学者的生活，贯彻其以中国学的沉潜为天职的志向，穷究其学识与精力于东洋史的研究，凝集其学问于以中国为中心的东洋文化史学。至于其在学问的研究上，则以中国的史学传承为渊源，既以刘

---

① 神田喜一郎：《大谷瑩誠先生と東洋學》，见《敦煌学五十年》，东京：筑摩书房，1970年7月。

② 狩野直喜兼治经传文学，又能诗善文，书法也自成一家。内藤湖南于史学的著述外，也能为诗文和歌，更著有《中国绘画史》，论述中国绘画的历史。

知几所谓才学识的兼备为是钻研历史的素养，又以刘向、刘歆父子辨章学术考镜源流的目录学为史学的方法，章学诚的"独断"为是史论的理论根据，而成就"通古今之变，成一家之言"的史学究极。①

三、狩野直喜：京都中国的创始者

狩野直喜是京都帝国大学文科大学草创期，树立京都中国学派的主导性代表人物之一。②狩野直喜生于明治元年，感受明治文明开化的时代风潮而成就其树立新中国学的事业。其接受启蒙教育的熊本"济济黉"异于藩校"时习馆"之继承儒家传统而以武士道精神和皇室中心主义为校训的学风，而以西洋之个人主义和自由主义为宗尚。又鉴于日本与中国、朝鲜的历史文化渊源和挽救在全盘欧化的潮流下，东亚文化同体之共识逐渐衰微的颓势而教授中国语和朝鲜语。因此突破创新与维护传统的文化使命成为狩野直喜的血脉。③

明治二十五年（1892）入学东京帝国大学文科大学汉文科，师事岛田篁村，倾心于《皇清经解》的钻研，沉潜于清朝考证学的探究，继承大田锦城—海保渔村—岛田篁村之考证学风，奠定其与内藤湖南以清朝考证学建立京都中国学的基础。④

明治三十四年（1901）8月留学上海，结识罗振玉，涉猎"亚洲文会"图书馆所藏欧洲东洋学的著作，洞察新方法的建立与新领域的开拓是西欧东洋学的精彩而为日本汉学阙如的所在。其知交于内藤湖南亦在此时。

---

① 有关内藤湖南的学问，参见连清吉：《内藤湖南——日本近代的文化史学家》，见《笠征华甲纪念论文集》，台北：学生书局，2001年12月，第307—324页。
② 高田时雄：《支那语学支那文学　狩野直喜》，见《京大東洋學の百年》，京都：京都大学学术出版会，2002年5月，第4页。有关狩野直喜的叙述颇参采之。
③ "济济黉"于中国语和朝鲜语的教授与对东亚历史文化的重视，见狩野直喜《佐佐先生胸像记》："夙思清韩与我关系紧密，设两国语科，选生徒学习，且劝游历，以睹形势。"收载于《君山文集》（卷五）。
④ 小岛祐马：《通儒としての狩野先生》，载《东光》（第5号），1978年4月，第7页，高瀬武次郎：《君山狩野直喜博士を追慕す》，载《东光》（第5号），1978年4月，第64页。

明治三十六年（1903）4月归国，参与台湾旧惯调查事业而编纂《清国行政法》的经历，于狩野直喜以制度和文学的关系研究清朝文化而讲述《清朝の制度と文学》有极大的影响。明治三十九年（1906）京都帝国大学文科大学创立，狩野直喜受命为文科大学哲学科教授中国哲学史，两年后，文学科成立，讲授中国文学和中国语学的课程。明治四十一年（1908）至昭和三年（1928）退休，讲述"清朝学术""清朝经学""清朝文学""清朝制度与文学""公羊研究""左传研究""论语研究""孟子研究""两汉学术考""魏晋学术考""中国小说史""中国戏曲史"等。

狩野直喜的学术成就除以清朝考证学为机轴而树立京都中国学外，还有敦煌学的草创[①]、宋元戏曲和《红楼梦》之俗文学与小说研究的开拓[②]和东方文化事业的策划，坚持为学术而学术之理想而创立"东方文化研究"（京都大学人文科学研究所的前身）[③]等，都是具有开创性的不朽的文化事业。京都中国学得以匹敌北京、巴黎而为世界三大汉学中心之一，狩野直喜是居功厥伟的。虽然狩野直喜遭受"中国崇拜"之讥，而其学问的根底及其学术成就即在中国学的沉潜与发扬。[④]

四、武内义雄：中国思想史学的树立

武内义雄，三重县人，明治四十年（1907）9月，入学京都帝国大学文科大学支那哲学史讲座，大正十二年（1923）4月，聘任东北帝国大学法文学部中国哲学史教授。昭和三年4月，以《老子原始》获得京都大学文学博

---

① 狩野直喜于敦煌学的成就，详见神田喜一郎：《敦煌学五十年》，东京：筑摩书房，1960年。

② 狩野直喜有《中国小说史》《中国戏曲史》的讲述，又有关中国小说与俗文学的主张，亦见于其所著的《中国文薮》（东京：弘文堂，1927年出版；东京：みすず书房，1973年补订出版）。

③ 东方文化学院设立的经纬，参见山根幸夫：《東方文化學院の設立とその展開》，见《论集中国研究》，东京：山川出版社，1981年。

④ 高田时雄：《支那语学支那文学　狩野直喜》，见《京大東洋學の百年》，京都大学学术出版会，2002年5月，第26页。

士。昭和十七年（1942）5月兼任帝国学士院会员，昭和二十年（1945）4月任命宫内省御用挂，昭和二十一年（1946）5月自东北大学退休，昭和二十四年（1949）3月辞退宫内省职位，昭和三十五年（1902）11月获文化功劳之表彰，昭和三十九年（1906）11月颁授二等旭日重光勋章。所著《老子原始》《诸子概论》《论语研究》《易与中庸研究》等书编纂成《武内义雄全集》十卷，于1978、1979年，由角川书店出版。金谷治称武内义雄是日本树立中国思想史方法的第一人。①

　　武内义雄授业于狩野直喜与内藤湖南，以清朝考证学与目录学为学问的基础，丁严密的校勘与正确训诂之上，进行辨章学术，考竟源流的研究，又继承富永仲基、内藤湖南的"加上"学说，以原典批判（texte critique）的观点展开古典文献，特别是先秦诸子的考证，开启日本近代中国学于诸子研究之先声。博士论文的《老子原始》对《老子》原文与《史记·老子传》进行批判性的论述，考证《老子》成书及老子存在的年代，又以《老子》散文与韵文混杂于一书之中，通过绵密的实证和体系性的分析内容，而提出《老子》有原始思想的部分和后世附加法家、兵家、纵横家等思想的部分的结论。《论语研究》（1939）则是武内义雄运用原典批判方法而进行文献考证的代表性著作。不但利用伊藤仁斋和崔述的研究方法，对《论语》的字句章节进行考察，更以目录学的方法，究明《论语》的来历，提出今本《论语》二十篇可分成河间七篇本、齐鲁二篇本、齐所传七篇、《论语》原本所无三篇等四个部分，而以河间本（《为政第二》至《泰伯第八》）为最古资料的结论。至于探究周末以迄汉初之道家思想变迁的《老子与庄子》（1930），《易》和《中庸》于思想发展有共同背景的《易与中庸研究》（1943），是武内义雄以文献批判进行思想史研究方法的结晶。《中国思想史》（1936，原名《支那思想史》）是武内义雄

① 武内义雄之学术生平，参见《先學を語る—武内義雄博士—》，载《东方学》（第58辑），1979年7月，其后收入《东方学回想》（5），东京：刀水书房，2000年4月，第187—211页。金谷治：《誼卿武内義雄先生の學問》，载《怀德》（27号），1966年；金谷治：《武内義雄》，见《東洋學の系譜》，东京：大修馆书店，1992年11月，第249—259页。

树立"思想史学"的代表作，甫一出版即翻译成中文，与前后出版的冯友兰的《中国哲学史》并称为有关中国思想史的划时代的代表著作。[①]为其门下金谷治与再传弟子町田三郎发扬其学问，建立东北大学中国哲学史研究为当代日本诸子学研究之重镇的地位。

五、宫崎市定：日本东洋史学的巨峰

宫崎市定，长野县人，1922年4月入学京都帝国大学史学科，1944年5月任京都大学文学部东洋史学教授，1947年4月以《五代宋初的通货问题》获文学博士，1958年5月以《九品官人法研究》获日本学士院赏。著有《宫崎市定全集》二十五卷等书。[②]

宫崎市定以博通的视野广泛地涉猎中国的政治、社会、经济的历史变迁，又潜心于西域的研究。于中国社会经济史的研究，提出"景气变动史观"以考察社会、经济、政治等文化现象的变迁，又搜集西亚的文献，学习阿拉伯文，以探究东西方文化交流关系的历史，为当时研究东西关系史的第一人。因此宫崎市定不只是中国史学家而是东洋史学家。一般以为宫崎市定是内藤湖南史学的继承者，但是宫崎市定自称就客观的考察事物，彻底的解读史料之研究

---

① 金谷治：《誼卿武内義雄先生の學問》，载《怀德》（27号），1966年；金谷治：《武内义雄》，见《東洋學の系譜》，东京：大修馆书店，1992年11月，第249—259页。

② 宫崎市定的生平著述参见《宫崎市定自订年谱》，见《自跋集——东洋史学七十年》，东京：岩波书店，1996年5月；《宫崎市定博士年谱》《宫崎市定博士著书目录》，载《东方学》（第100辑），2000年9月。又关于其学问的介绍，则有日比野丈夫《宫崎先生を偲んで》、竺沙雅章《宫崎先生の追憶》、横山修作《宫崎先生を憶う》，皆收于《东方学》（第91辑），1996年1月。《先學を語る一宫崎市定博士一》，《东方学》（第100辑），2000年9月。岛田虔次：《宫崎史學の系譜論》，见《宫崎市定全集（24）·月报（25）》，东京：岩波书店，1994年2月。砺波护、间野英二：《东洋史学宫崎市定》，见《京大東洋學の百年》，京都：京都大学学术出会，2002年5月。尤其是《自跋集——东洋史学七十年》是理解宫崎市定学问性格的最佳数据。

方法而言，其比较接近桑原骘藏。①

宫崎市定的学问性格是精细的个别实证研究和阔达雄浑的通史性叙述，进而强调通史为史学家的究极。因此，其于中国历史的研究，是以实证的方法考察政治、经济、社会等个别分野的变迁，进而体系性的架构中国史学的发展脉络，探究中国历史于世界的定位。至于洞察西亚的历史性意义，即以通史为史学家究极的产物。

砺波护将宫崎市定七十年的讲述生涯区分为"1929年4月从上海到广东的游纪至1945年日本败战的20年"，"战后至1965年京都大学退休的20年"，"退休以后，优游白适丁著述的30年"二个时期。②

第一期的学问成就在于中国经济制度史和东西关系史的研究。当时的京都帝国大学东洋史的研究以内藤湖南之文化史学为主导，而未留意东京大学加藤繁所开拓的经济史研究领域。宫崎市定乃从制度史的角度来探讨中国经济发展的轨迹。其于赋税制度的考察，有《关于晋武帝的户调式》（1935）一文，提出唐代均田制起源于晋的占田课田制，进而上溯三国魏的屯田制度。至于《五代宋初的通货问题》的博士论文则是其经济制度史研究的大成。

宫崎市定于中国古代史的研究方法是内藤湖南"文献学"与滨田耕作"考古学"的结合。其自称有关中国赋税制度的《古代中国赋税制度》（1933）与城郭起源试论之《中国城郭的起源异说》（1933）是"纸上考古学"。虽然如此其于《中国城郭的起源异说》所谓"中国亦有如希腊之都市国家存在"的提出则是日本东洋史学界的先声。其后著作《东洋的朴素主义民族与文明主义社会》（1940）不但说明古代以来东洋世界之北方游牧民族与南方农耕定居社会

---

① 宫崎市定：《アジア史研究　第一・はしがき》，见《宫崎市定全集（24）・月报（25）》，东京：岩波书店，1994年2月。岛田虔次于《宫崎史學の系譜論》指出，宫崎市定的学问渊源于狩野直喜的汉文修养和中国制度史研究、内藤湖南的中国史学论和桑原骘藏的史学方法论。其后收入岛田虔次：《中國の傳統思想》，东京：みすず书房，2001年5月，第329—337页。

② 砺波护、间野英二：《东洋史学　宫崎市定》，见《京大东洋学の百年》，京都：京都大学学术出会，2002年5月，第220—250页。

的抗争未必只是生活方式和经济发展程度的差异，更是根植于民族深层之人生观殊异的对抗，对于中国社会的特质，如中国文明的发祥地与山西省解池消费地域有密切的关联，春秋时代亦有如希腊城郭都市生活营为的强调，都有其独创性的见解。

1936年2月至1938年8月的两年半欧洲访问研究是宫崎市定学术生涯的关键。①宫崎市定于大学毕业时，其师桑原骘藏属其研究东西关系史的问题，由于未体认到西亚研究的意义和重要性而专致于中国社会文化史的研究。但是两年在外研究，与西方学者的交流，东西史料文献的调查，收藏铜版画等东洋趣味的艺术品和东西方地图，又走访欧洲各地美术馆和博物馆，目睹文艺复兴时期的欧洲文明，而埋首于东西关系史的研究。著述《东洋的文艺复兴与西洋的文艺复兴》（1938）、《十八世纪法国绘画及其对东亚的影响》（1947）、《关于毗沙门天信仰之东渐》（1941）等有关东西艺术、宗教的问题，至于《菩萨蛮记》（1944）既记载西亚旅行的见闻，又概述西亚的历史。其于西亚历史的研究是日本人论述西亚历史的先驱。

宫崎市定的第二期学术成就是"景气变动史观"的建立。当时的日本中国史学界盛行以唯物史观作为研究的根据，于中国历史的时代区分也有所论争。宫崎市定著述《东洋的近世》（1950），从东西方文化关系的观点，强调东洋的近世是国民主义（nationalism）勃兴的时代，又在内藤湖南所未涉及之社会经济史的领域，以实证的方法究明五代至明清朝之社会经济的特征及其异于中世的所在，以补足内藤湖南宋代为中国近世的主张。宫崎市定于六十岁时，在欧美讲学的两年，目睹景气变动对社会各方面的影响，于是酝酿以景气变动探究中国历史、经济、文化的古今变迁。1963年，宫崎市定以"中国史上的景气变动"为题，强调以"景气变动史观"作为中国时代区分和经济史的研究方法。于吉川幸次郎《宋诗概说》的书评（1963）将"景气变动史观"公诸

---

① 间野英二：《宮崎市定の西アジアへの親近感》，收录于砺波护、间野英：《东洋史学宫崎市定》，见《京大東洋學の百年》，京都：京都大学学术出会，2002年5月，第240—250页。

于世。《六朝隋唐的社会》（1964）概述"景气变动史观"的主旨所在。《大唐帝国——中国的中世》（1968）、《中国史》（1978）、《景气与人生》（1990）、《宫崎市定全集》（第一卷）《自跋》（1993）详细地叙述"景气变动史观"的主旨，进而以之论述世界史的体系。因此，六十岁《景气与人生》以后的三十年，"景气变动史观"是宫崎史学最重要的主张。

宫崎市定自京都大学退休以后，专致于论著的执笔，《〈论语〉的新研究》（1974）是史家以实证精神解读古代文献的代表性成果，《亚洲口史论考》三卷（1976）是东西方文化关系史研究的结晶，《宫崎市定全集》（1991—1994）树立其于"日本东洋史学的巨峰"的地位。

六、吉川幸次郎：日本近代中国文学的泰斗

吉川幸次郎出生于神户。大正十二年（1923）4月，入学京都帝国大学文学部。昭和三年2月，随狩野直喜往赴中国而留学北京，昭和六年（1931）2月，旅游江南。其间，尝造访黄侃、张元济等人，4月归国，受聘东方文化学院京都研究所（今京都大学人文科学研究所）所员。昭和二十二年（1947）4月，以《元杂剧研究》获得文学博士，6月就任京都帝国大学文学部中国语学中国文学教授。昭和二十六年（1951）1月任日本学术会议会员，昭和三十九年1月任日本艺术院会员。昭和四十二年（1967）3月退休，翌年3月，自编《吉川幸次郎全集》二十卷，4月起，由筑摩书房逐月刊行一卷。①昭和四十四年（1969）5月获法国学士院颁授儒莲奖，11月获文化功劳之表彰，昭

---

① 《吉川幸次郎全集》二十卷于昭和四十五年（1970）全部刊行，昭和四十八年至五十一年又刊行《增补吉川幸次郎全集》二十四卷。平成七年（1995）至八年4月，弟子兴膳宏又编纂《吉川幸次郎遗稿集》三卷、《吉川幸次郎讲演集》一卷，平成九年（1997）10月起，再出版《决定版吉川幸次郎全集》二十八卷，皆由筑摩书房刊行。有关吉川幸次郎的学术生平，参见桑原武夫、兴膳宏等编：《吉川幸次郎》，东京：筑摩书房，1982年3月。《先學を語る—吉川幸次郎博士—》，载《东方学》（第74辑），1987年7月，其后收入《东方学回想》（5），东京：刀水书房，2000年4月，第147—173页。

和四十六年（1971）1月获赠朝日赏，昭和四十九年（1974）4月颁授二等旭日重光勋章。

　　吉川幸次郎是研究杜甫的权威，这是周所皆知的事，然而具有通古今之变的史观，运用清朝考证学与欧洲东方学术研究的方法论，分析东西方于中国文学研究的优劣长短，以严密的考证与细致的赏析，重新评述既有的研究成果，开拓新的研究领域，则是其成就一家之言，为日本近代以来研究中国文学的大家的所在。

　　吉川幸次郎自昭和二十二年起，开始于京都帝国大学文学院讲授杜诗[①]，主持杜甫读书会，有关杜甫的著作收集于《吉川幸次郎全集》第十二卷《杜甫篇》，自京都大学退休后，则从事杜诗的注释，自称要全部注释完成得活到一百多岁，临终前五日嘱其弟子小南一郎校正《杜甫诗注》第四册。[②]其于杜甫研究的执着由此可以窥知一二，至于杜诗的用语、对仗、音律、意境亦有细微的分析，故可谓之为杜甫千载之后的异国知己。吉川幸次郎不但执着地说他是"为读杜甫而诞生于人间世"[③]的，也自负地说"注释杜甫要有钱牧斋的学识与见识，今日可以解析杜诗的除我之外无他"。

七、结语：京都中国学是以通变史观为主眼的文化史学

　　内藤湖南与狩野直喜或可并称为京都近代中国学的双璧，二人不但各有专擅，内藤湖南沉潜于东洋文化史与清朝历史的研究，狩野直喜则致力于中国经学、文学与清朝制度史的钻研，又开启日本研究敦煌文物的先声，且能为汉诗文而与当时中国的文人学者酬唱应对。故其所穷究的是能与中国传统知识分子比肩的通儒之学。其弟子如武内义雄、神田喜一郎、宫崎市定、吉川幸次郎

---

　　① 笕文生：《吉川幸次郎先生京都大学文学部讲义题目一览》，见《吉川幸次郎遗稿集》（第二卷），东京：筑摩书房，1996年2月，第576—582页。

　　② 小南一郎：《吉川幸次郎先生镇魂》，见《吉川幸次郎》，东京：筑摩书房，1982年3月，第203页。《杜甫诗注》共出版五册，第五册是以遗稿刊行问世的。

　　③ 黑川洋一：《杜甫と吉川先生と私》，见《吉川幸次郎全集》（第十二卷）《月报》，东京：筑摩书房，1968年6月，第6页。

等人亦能继承师学，既有坚实的学问素养，成就博学旁通的学问，又能优游于诗文艺术，发挥京都中国学的学问性格，使京都的中国学得与北京、巴黎分庭抗礼，并列为世界汉学的中心。

京都中国学者的学问意识

一、文化认知和自我定位

以内藤湖南和狩野直喜为中心的京都中国学是以中国，特别是清朝学术文化为文化宗主，进而以"第三文明的中心"，即京都与北京、巴黎并称世界汉学三大中心之一为学问的终极理想。

可以称为京都中国学双璧的内藤湖南和狩野直喜如何形成以清朝学术文化为宗主的文化认知，又以第三文明中心为究极的自我定位，盖起因于"明治时代的思潮"和"对抗东京的意识"。一般而言，明治时代的思潮，一言以蔽之，是"文明开化"，即全般欧化，以建立近代化国家而与欧美先进国家并驾齐驱。然而，诚如町田三郎所说的，明治四十五年间的学术文化发展，可分为"汉学衰退与启蒙思想的隆盛""古典讲习科与斯文会的活动""东西哲学的融合与对日本学术的注视""中日学术的总合"四个时期。①换句话说，在传统与现代之间，如何能保有传统文化的精华，又能吸收近代科技的文明，进而开创日本独自崭新的文化面相，是"明治的"文化主体。明治的返本开新的文化主体性正是京都中国学者将京都的中国学发展成为"第三文明中心"的思想根源所在。

东西对抗是日本近世以来的构图，对抗于东京（江户）的意识也是京

---

① 町田三郎：《明治的汉学家》，连清吉译，台北：学生书局，2002年12月，第1页。

都、大阪的宿命。京都帝国大学的文科大学创立于1906年，晚于东京帝国大学"中国古典讲习科"（1882年成立）二十多年，东京有"近代的"和"江户的"两个面相，东京帝国大学是以西洋欧化为教育理念，借以培育具有近代文明新知识人才，至于"古典讲习科"则继承江户时代政教合一的方针，以造就经济致用的人才为理想。①但是京都中国学所开展的是"中国的"和"京都的"面相。伊藤仁斋开设"古义堂"而终身致力于儒学的讲述和著作是江户时代以来京都学风的象征。内藤湖南等人既继承伊藤仁斋回归原典的古典主义，又以司马迁"通古今之变，成一家之言"的历史意识为宗尚，以清朝考证学的实证精神为依归，对以中国为主的东方学术文化进行研究，而架构了"东洋文化史学"。这是京都中国学的特质所在。

二、学问意识

内藤湖南的学问渊源于中国的史学传承，其以司马迁的"通古今之变，成一家之言"为史学的究极，又以刘向、刘歆父子辨章学术考竟源流的目录学为史学的方法，刘知几所谓才学识的兼备是钻研历史的素养，章学诚的"独断"是成就论理性史观的原动力。②换句话说司马迁的通变、刘知几的史才和章学诚的史识的融通是内藤湖南学问意识的根源所在，而形成其对既有成说的质疑，通过严密的考证而提出独创性的主张。

日本史学界比对于西洋史学的界定，主张东西方的中世都是黑暗时代，认定应仁之乱是代表日本中世"下克上"黑暗时代的历史事件。但是内藤湖南对这样的主张，提出质疑。他认为"应仁之乱"是日本独特文化

---

① 町田三郎：《东京大学古典讲习科的诸子》，见《明治的汉学家》，连清吉译，台北：学生书局，2002年12月，第151页。

② 内藤湖南之以《史记》为史学究极的论述见于所著《中国史学史·史记》，见《内藤湖南全集》（第十一卷），东京：筑摩书房，1969年11月，第106—121页。刘向、刘歆父子的论述见于《中国目录学》，见《内藤湖南全集》（第十二卷），东京：筑摩书房，1970年6月，第369—389页。至于刘知几与章学诚的论述则参见《章學誠の史學》，见《内藤湖南全集》（第十一卷），东京：筑摩书房，1970年6月，第471—483页。

创生的关键。①

中国的近世始于何时，历来大抵以朝代作为时代的区分，然则就史学而言，所谓近世未必只是时代的推移，而非探究形成近世的内容不可。内藤湖南于所著《中国近世史》，就历史文化的内容而强调中国的近世开始于宋代，唐末五代则是形成宋代近世文化的过渡期。至于近世的意义如何，内藤湖南则从中世与近世的文化差异性，如君主权力的确立、官吏任用制度的变化与庶民地位的改变、宰相地位的推移及其风格的变化、经济形态的变化和文化意识的变革等现象来说明。至于中国近世之如何形成，内藤湖南则从贵族政治的崩坏和近世的政局来说明。内藤湖南认为贵族政治崩坏而君主专制出现的政治现象，是决定中世与近世之分界点的重要因素。即所谓时代区分，固然有区别时代差异的所在，更有文化突破的意义。故唐末五代到赵宋是朝代的更替，而中世至近世的推移则是"文化的突破"，乃意味着社会制度的变迁和文化内涵的差异。

时代由唐末五代而推移到赵宋是朝代的更替，贵族政治崩坏而君主专制出现的政治现象，是决定中世与近世之分界点的因素之一。内藤湖南以为中国中世的君主与贵族的地位并未有明显的差距，特别是外戚的权势更甚，有时甚至凌驾天子之上，篡夺王位。但是宋代以后，天子主宰朝政的地位巩固，外戚的权威失坠，王位篡夺之事也不易产生。又由于君主专制的局势形成，任官制度也随之改变。魏晋以至唐代，重要官位始终为贵族所独占，所谓"九品中正"无非是保障贵族权利的制度。科举始于隋代，唐代因袭，而真正能发挥公平科考，唯才是任之功能的，则是宋代以后。换句话说唐以前的中世，贵族是社会的特权阶级，独领了政治文化的风骚；但是宋代以后，由于科举任官的制度公平地实行，有才学见识的士人庶民取得了政治运作与表现当代文化的发言权。再就学术研究与文学创作而言，在经学方面，汉唐以重视师法传统之经传注疏为主；宋代则以个人新义为主，在哲学思想上，唐代是以佛学研究为

---

① 有关内藤湖南"应仁之乱是日本文化独立契机"的主张，参见内藤湖南：《應仁の亂について》《日本国民の文化的素质》，见《日本文化史研究》（下），东京：讲谈社，1987年3月，第61—107页。

主流；宋代则以心性义理之儒学思想体系之建立为依归。在文学创作上，六朝以至唐代是以诗赋为主流；宋代则以散文作为叙述自由意识的工具。在经济方面，到唐代为止，大抵是以实物经济为主，宋代则改变为货币经济。就绘画而言，六朝到唐代是壁画为主，又以金碧山水是尚，到了五代宋代，则流行屏障画，又以墨画为多。而且宋代文人画的兴起，则象征着由严守家法之画工专擅而趋向表现自由意志之水墨画。由于宋代的文化现象大异于唐朝，故内藤湖南以为宋代揭开中国近世历史的序幕。因此，在中国的历史空间里，所谓时代区分，固然有时代差异的个别意义，却更是历史流衍中文化突破的意识。至于突破的意义，不是前所未有的创造而是继承性的创新。譬如绚烂的三彩是唐代文化的代表，而纯白青白的创造则是宋代的象征。超越华美的外观而重视素朴沉潜之内在精神是宋代知识分子于文化意识上的突破。换句话说，内藤湖南以为宋代是中国历史划时代的关键，在文化艺术的意识上，由师承家学的墨守而转变为自由创造，在经济方面则由货币经济取代货物交换的形态，一般庶民也取得社会的市民权，换句话说由于自衣食住至学问研究、趣味追求等社会生活都有大众化的倾向，又由于生活逐渐安定，因此社会一般庶民都有追求理想生活之共通性心理，其文化生活也有多样性趣味的趋势，进而形成高度的文化，此为中国近世的文化生活的特质。故内藤湖南强调宋代以后的文化是脱离了中世拘束于因袭之生活样式，创造独自性而普及于社会民间的新风气，进而产生极高度的文化，或可谓之为"中国的文艺复兴"，宋代至清朝末年的近世文化是凌驾于欧美文化之上的。此为内藤湖南超越"唐宋"是固有名词的既有成说而提出"宋代是中国近世"的原因所在。[①]

三、继承性发展

内藤湖南以中国史学的传承为其历史研究的渊源，又沉潜于清朝考证学

---

① 内藤湖南所谓中国近世文化凌驾欧洲文艺复兴之说。参见宫崎市定：《獨創的なシナ學者内藤湖南》，见《宫崎市定全集（24）·随笔（下）》，东京：岩波书店，1994年2月，第261页。

与西欧理性主义的学问而确立史学方法，建立通古今之变的史观，成就历史性突破的"内藤史学"。其后，其弟子武内义雄、神田喜一郎、吉川幸次郎、宫崎市定等分别从思想、艺术、文学、史学的分野进行探究，说明唐宋文化的异质性，证成"宋代为中国近世"的学说，因此，"宋代为中国近世说"不但是内藤史学的重要论述之一，也是京都中国学的代表性主张。

武内义雄授业于狩野直喜与内藤湖南，以清朝考证学与目录学为学问的基础，于严密的校勘与正确训诂之上，进行辨章学术，考竟源流的研究，又继承富永仲基、内藤湖南的"加上"学说，以原典批判的观点展开古典文献，特别是先秦诸子的考证，开启日本近代中国学于诸子研究之先声。其门下金谷治与再传弟子町田三郎发扬其学问，建立东北大学中国哲学史研究为当代日本诸子学研究之重镇的地位。①

有关中国思想史的发展，武内义雄在所著的《中国思想史·叙说》②中指出：中国古代思想滥觞于孔子，故其所谓中国思想史的"上世"是始于孔子，而在"上世"的735年间又由于思想的发展与学问中心意识的转移，自战国以迄汉景帝是百家争鸣的诸子时代；汉武帝尊崇儒术，儒家经典所在的五经成为学问的中心，故汉武帝以后的"上世"是经学时代。至于"上世"与"中世"的分际则是本土思想文化受外来思想文化之影响的有无。武内义雄中国的"上世"思想虽然有"诸子时代"与"经学时代"的区别，但都是产生于中国本土的思想学说而无外来思想的色彩。至于"中世"大约五百五十年间的思想推移则是波澜起伏，起初，经学虽然持续被研究，但是支配当时思潮的则是老庄哲学，故有以老庄思想解释儒家经典的现象。同时后汉传入的佛教与老庄思想结合，逐渐受到中国知识阶层的理解而普及于民间，老庄思想也受到佛教的

---

① 武内义雄之学术生平，参见《先學を語る一武内義雄博士一》，载《東方学》（第58辑），1979年7月。其后收入《東方学回想》（5），东京：刀水书房，2000年4月，第187—211页。金谷治：《誼卿武内義雄先生の學問》，载《怀德》（27号），1966年。金谷治：《武内義雄》，见《東洋學の系譜》，东京：大修馆书店，1992年11月，第249—259页。

② 参见武内义雄：《中国思想史》，东京：岩波全书，1936年5月，第1—3页。

刺激而促成道教的确立。到了隋唐之际的"中世"后半，则形成儒释道鼎立的现象。入唐以来，虽有《五经正义》的编纂与王室之信奉道教，但是当时一流的学者、思想家大抵都是佛教的信徒。

在长达一千二百年的"近世"中，不但政治上有异族入主中原的冲击，在思想上也有力挽佛老狂澜而维系儒家正统思想文化之新儒家的兴起，清朝以后，由于政治的专制乃产生纯然学术研究的考证学。武内义雄说，因为佛教风靡于中国各阶层，乃造成知识分子的传统思想文化的自觉，发展出具有思想体系的宋明新儒学，用以对抗于哲理深远而又有思想架构的佛教。清朝考证学虽未必有深奥的思想内涵，其旁博而严谨，以精确地解释文献的学问性格，乃合乎近代以实证为究极之学问方法。就中日思想文化传播而言，宋明理学是江户时代学术思想的主流，清朝考证学是日本近代中国学研究方法论的基础，二者各有其时代性的意义。

神田喜一郎于大正六年（1917）入学京都帝国大学文学部，由于仰慕内藤湖南的人格和学问而入于其门下，主修中国历史。在内藤湖南门下四年的锻炼，造就了神田喜一郎成为历史学家的学问性格。从神田喜一郎的著述看来，无论是书目解题，或是敦煌资料整理、艺术评论、日本文化、日本汉文学等研究，都是从史的观点，纵贯性综观文学艺术与文化的源流发展，进而开阔视野，借着敦煌秘籍的整理，剖析东西方文化交流的历史发展。神田喜一郎继承内藤湖南的学问，《敦煌学五十年》是兼顾历史考证与东西文化交流史之世界性新学问的论述。《中国书道史》的研究与《书道全集》的编集是反映了京都学派融合学问与趣味的学术理念。其于《中国书道史》指出，在汉字形成的漫长过程中，如同现代印象画必须具备高度的美的直感和构图上的苦心一般，中国人也运用超越的智能而竭尽心思于文字美感的架构。因此，在汉字制作之初即具有视觉艺术之审美对象的可能性。虽然如此，今日所谓的书法艺术的意识却未必在上古时代就确立了。换句话说，在汉字形成的过程中，于各地尝试进行各种新工夫的时期，或许有无意识地从事艺术的活动，却未必有艺术化的自觉意识。毕竟，必须在汉字完成形成过程而固定化之后，由于艺术自觉和意识觉醒的运作，具有真正意义的书法才成立。这大概是在东汉初的一世纪前半的时期。至此，"书"才成为六艺之一而为一般读书人必备的教养。特别是到了宋代，由于知识阶层的兴起，在崇尚自由的时代风潮下，书法不但是知识人必备的素养，也兴起切合精神境界而自由挥洒的时尚。对于"书"的看法，知识人的意识和态度产生极大的变化，即顺应快意的书写而产生适志的玩味，作为兴趣的对象和鉴赏艺术的书法至此成立。换句话说，到了宋代，书法才广为一般读书人所参与，也因此而形成精神的交融的艺术和自由挥毫鉴赏的艺术。宋代以后，书法作为嗜好而发展成一种特殊的艺术，在中华民族所特有的智慧和情感下，发展至今。书法和绘画、文学并行流行，融合会通，不但在中国文化史上占有重要的地位，也可以说是世界上罕见的艺术。[1]

吉川幸次郎有关中国文学发展历史的分期，吉川幸次郎大抵根据其师内藤湖南的主张而稍有差异，其以为中国文学的发展可分为四个时期。[2]吉川幸次郎以为中国文学第一期的"场"是在黄河流域，其文学体裁，除《诗经》是表现感情的韵文以外，大抵是以组织国家方法之政治性或论述个人、学派思想内容之论理性为中心。换句话说当时士人的政治、论理的意识较为强烈，因此语言的表现也以生存法则与人生的现实为多，而人的感情、玄思或唯美追求的价值则是次元的存在。至于《楚辞》之以韵文的文体与比兴的手法抒发丰富的感情，而为后世美文的典型，或由于《楚辞》是产生于长江流域的缘故。

第二期的文学是以感情抒发为主，而表现的方式则是有韵律的辞赋诗

---

① 神田喜一郎：《中国书道史》，东京：岩波书店，1985年6月，第2—3、206—208页。

② 参见吉川幸次郎：《中國文學の四時期》，此文原收于1966年5月新潮社出版的《世界文学小辞典》，其后又收入《中国文学入门》，东京：讲谈社，1976年6月，第101—108页。吉川幸次郎有关中国文学史的分期，又见于《中国文学史叙说》，见《吉川幸次郎遗稿集》（第二卷），东京：筑摩书房，1996年2月，第3—23页。除第一期止于汉武帝外，其余大抵史同。据笕文生：《吉川幸次郎遗稿集第二卷·解说》指出：《中国文学史叙说》是吉川幸次郎的手稿，唯不明其执笔的时间，或为自东方研究所转任京都帝国大学教授（1947）时，所准备的讲稿。

歌。吉川幸次郎认为由于文学不再是政治的附庸而有语言美感与个人感情的表现，故有独立的价值而成为构筑文明的基本要素。至于东晋以后，文明的中心转移到长江流域，歌咏山水田园与自然风景的诗文也成为中国文学的主要题材之一，与三国西晋的宫廷贵族的浪漫文学辉映成色。到了八世纪前半的盛唐，由于诗人的感性与思想的飞跃，又把握自然的象征以为自由诗语的表现，形成中国诗歌的黄金时代。

第三期是散文的时代，即使是韵律的诗歌也有散文化的倾向。汉唐以来虽然有《史记》《汉书》历史散文的传统，但是吉川幸次郎以为第二期的千年间依然是以四六骈俪之文为主，尚未有以散文为典型的意识。在第三期的文学中，最值得注意的是杂剧、小说等虚构文学的产生。起源于庶民娱乐的讲唱，经过润饰而形成口语讲唱之口白并存的杂剧与散文诗歌兼蓄的小说。

第四期的文学则是受到西洋文明的影响，产生以虚构文学为主流与语体文为通行文体的变革。

内藤湖南、武内义雄、吉川幸次郎三人于中国历史的分期是大同小异，大抵是从文化史发展的观点，将中国历史区分为古代、中世、近世三个时期。就政治史、社会史的发展来看，中国的古代是封建时代，以在天子之下，地方有藩政诸侯存在的形态遂行其政治的运作。中世则是郡县时代，君王是天下的共主，地方由中央政府派遣的官吏来统治，但是政治的权力大抵掌握在豪族贵族之手，诸侯世袭虽然不存在，官位却是世袭的，从社会史角度来看，门第家世是贵族与庶民区别的判准。中国近世是庶民的时代，由于科举取士，权位的获得大抵由于个人的才学而与家世门第无关，因此世袭贵族到了宋代完全没落，天子的权威也因而强大，形成君主独裁，支配天下的时代。就经济的发展而言，上古是农业时代，中世以后是货币经济的时代，唯中世前半的纳税是以货物为主，唐代中叶两税制度以后，才以货币代替货物，宋代纸币出现以后，货币经济更为发达。再者由于都市商业的发达，庶民逐渐取得于社会的市民权，此与贵族于宋代没落的现象相为表里。再就儒家思想学术的流衍来看，在战国时代，百家争鸣，儒家尚未取得主导的地位，到了汉武帝以后，则以"五经"为中心而展开经传注释的学问。北宋以来，为了对抗佛老而开展出系统化的新儒学，至于清朝考证、辨伪、辑佚的兴起，朝廷的文化政策固然是主要原因之一，而正确地诠释古典的内容或恢复文献的旧观，未尝不是考证学者的文化自觉，再就结果而言，亦有以实证学问方法而突破旧有注疏传承的意义在焉。若以文学是作者在表现生活与感情的观点，考察中国文学的发展，上古是文学前史的时代，因为此时的文学作品是以传达思想意识为主的，作者未必有发挥文字语言之艺术功能的意识。中世以后，文人有文学为语言艺术与具有抒发情感之价值的自觉，唯中世是诗的时代，散文有诗化的现象，近世以后则是散文的时代，诗有散文化的倾向。[①]

四、史学的突破

宫崎市定于1922年4月入学京都帝国大学史学科，师事内藤湖南、桑原骘藏。宫崎市定以博通的视野广泛地涉猎中国的政治、社会、经济的历史变迁，又潜心于西域的研究。于中国社会经济史的研究，提出"景气变动史观"以考察社会、经济、政治等文化现象的变迁，又搜集西亚的文献，学习阿拉伯文，以探究东西方文化交流关系的历史，为当时研究东西关系史的第一人。因此宫崎市定不只是中国史学家而是东洋史学家。因此，岛田虔次说，一般以为宫崎市定是内藤湖南史学的继承者，但是宫崎市定自称就客观的考察事物，彻底的解读史料之研究方法而言，其比较接近桑原骘藏。

宫崎市定的学问性格是精细的个别实证研究和阔达雄浑的通史性叙述，进而强调通史为史学家的究极。因此，其于中国历史的研究，是以实证的方法考察政治、经济、社会等分野的变迁，进而体系性的架构中国史学的发展脉络，究明中国历史于世界史上的定位。至于以精细的实证研究和阔达雄浑的通史性叙述，探究西亚的历史性意义而完成的《亚洲史概说》，也是其以通史为

---

① 以文化史的观点区分中国历史，进而论述中国各个时代的文化特色，是参采吉川幸次郎《中国文学史叙说》的说法。参见《吉川幸次郎遗稿集》（第二卷），东京：筑摩书房，1996年2月，第3—23页。

史学家究极的代表性著作。①

"东洋的近世说"是宫崎市定于东洋史学的重要主张，唯其于《东洋的朴素主义民族与文明主义社会》的第三章"近世朴素主义社会的理想"并未论及中国的文明主义，而其后出版的《东洋的近世》才论述宋代文化于世界史上的地位。其"东洋的近世说"是在与西方诸民族的关系下，说明东洋文明社会的文化发展。《东洋的近世》一书首先说明东洋近世史的意义，其次叙述经由陆、海丝路的东西交流及由于大运河之连接陆、海丝路，代表东洋近世的宋代才成四通八达之交通便利的世界要津。再者，政治安定和经济发达是互为因果的，政治安定是经济发达的重要因素之一，政治之所以能安定，掌握军权之独裁君主是不可或缺的存在。然则独裁君主制的持续，是专卖制度实施而国库收入增加的结果。独裁君主必须要有忠实的官僚作为其辅佐，官僚选拔自科举，科举官僚制则促使知识阶层的形成。以安定的政治、飞跃的经济和知识阶层为基底而产生了新的文化，不但形成宋代新儒学，也产生了象征民众文化的白话文学。宫崎市定强调宋代的景气高昂是中国古代生活形态的复归，宋代的社会经济犹如《史记》《汉书》所记载汉代全盛期的再现。诀别中世而复归于古代，以进入近世之新时代，是宋代知识阶层的自觉，此即文艺复兴的精神，故宋代的文化自觉现象自然可以称之为"中国的文艺复兴"。宋代形成的近世文化果真可以说是文艺复兴，则东洋的文艺复兴要先进于西洋的文艺复兴数个世纪。中国的绘画即经由西亚而输入欧洲，对西洋文艺复兴时期的绘画产生了影响。②

小川环树说内藤湖南的学问是文化史学③，砺波护说宫崎市定的学问是经济制度史学④。然则宫崎市定的中国古代史研究，其学问的渊源是内藤湖南的

---

① 参见《宫崎市定全集·刊行にあたって》。

② 有关宫崎市定于"东洋史学论"的论述，参见宫崎市定：《自跋集（二）·东洋史》，东京：岩波书店，1996年5月，第22—36页。

③ 小川环树：《内藤湖南》，东京 中央公论社，1984年9月，第48页。

④ 砺波护、间野英二：《东洋史学 宫崎市定》，见《京大東洋學の百年》，京都：京都大学学术出版会，2002年5月，第220—250页。

中国史学、桑原骘藏的东洋史学和加藤繁的经济史研究。换句话说，宫崎市定是继承内藤湖南的社会文化史学，探讨中国古代至汉代的社会变迁，取法桑原骘藏的东洋史学而从世界史的发展，确立中国在世界史上的地位，远绍加藤繁的经济史研究方法，考证中国古代的经济和制度。换句话说，宫崎市定是综括京都和东京的史学方法，以世界史的观点，考察中国古代社会结构和经济制度，进而提出"中国古代都市国家论"和"都市国家→领土国家→古代帝国"之古代史发展图示的独特见解。①

再就对宋代的探究而言，内藤湖南从社会、文化的观点提出"宋代为中国近世"的主张，宫崎市定又从经济、制度的角度补足内藤湖南的学说，使"宋代为中国近世说"成为京都中国史学的重要主张之一。内藤湖南的"宋代为中国近世"是着眼于中国历史的发展而立论的，宫崎市定则立足于世界史的通观而强调宋代的新文化是"东洋的近世"。因此，就研究的领域和宋代论而言，从内藤湖南到宫崎市定是史学的突破。

五、学问的主体性

中国史学家的历史意识与清朝考证学的实证主义是京都中国学派的学问根底，而京都的历史传统与典雅文化则酝酿出京都中国学派兼具风雅的学问特色。因此既有学者的博识融通，又有文人的风雅优游乃是近代京都中国学派学者的风范。不仅内藤湖南既有文化史学的论述，又有中日绘画艺术的钻研②，狩野直喜旁通经学文学，又善于诗书。③二人的知交长尾雨山（1864—1942）

---

① 有关宫崎市定于"中国古代都市国家论"的论述，参见宫崎市定：《自跋集（三）·古代》，东京：岩波书店，1996年5月，第42—58页。

② 有关内藤湖南的学问，参见连清吉：《日本近代的文化史学家——内藤湖南》，台北：学生书局，2004年10月。

③ 有关狩野直喜的学问，参见高田时雄：《狩野直喜》，见《京大東洋学の百年》，京都：京都大学出版会，2002年5月，第3—36页。张宝三：《唐代经学及日本近代京都学派中国学研究论集》，台北：里仁书局，1998年4月，第83—253页。

虽是东京帝国大学古典讲习科出身，但是其《中国书画话》①的讲述，则是在大正三年（1914）至昭和十七年（1942）以诗文书画而优游自适于京都的晚年。富冈桃华（1872—1918）为富冈铁斋之子，既有家学渊源，任京都帝国大学文科大学讲师，辅翼狩野直喜、内藤湖南成就京都中国学于世界汉学重镇之地位。虽英年早逝，以其渊博的学识，运用清朝金石学的方法而深入古镜的研究，又钻研清朝初期的南画，不但精详地探究四王吴恽绘画的特色，更匹配六人于清初朱彝尊、王渔洋在诗坛，顾炎武、阎百诗在学界的地位，足见于学问的广识与非凡的见识。狩野直喜的《桃华庵古镜图录·序》称誉富冈桃华的"学问尚洽，不主一家，和汉典籍皆能究其原委，自经史诸子百家，以至书画金石之细，无一不淹贯。平居慕王伯厚、阎百诗之风，一事之不知，以为深耻，一物之不明，尽心检讨，爬罗剔抉，必得其要然后止"，盖能道破富冈桃华学问的特色。②神田喜一郎继承内藤湖南的学问。③青木正儿（1887—1964）以实证与独创的精神，继承狩野直喜、幸田露伴、王国维的成果，著作《中国近世戏曲史》，开拓中国戏曲研究的新领域，又留意中国文学之美感意识的历史变迁，又撰述《中国文学艺术考》探究中国文学、书画、自然观等分野之重要问题的沿革。诚如吉川幸次郎所说，青木正儿之实证

---

① 长尾雨山：《中国书画话》，东京：筑摩书房，1965年3月。神田喜一郎于序文指出，长尾雨山的《中国书画话》深入浅出，内藤湖南的《中国绘画史》是以历史的观点探究中国绘画的发展，二书比较参看，即可理解中国绘画艺术的全貌。至于吉川幸次郎的解说则指出，沉潜于中国的学问、艺术、生活而酝酿出异于"和臭"，一扫"日本的歪曲"之清新的学问艺术风尚，是狩野直喜、内藤湖南、长尾雨山三人的共通所在，而"学问的实践"与"艺术的实践"又是三人体得中国最新学风与趣味之学问宗尚所在。

② 富冈桃华学问的论述，参见狩野直喜：《富冈铁斋翁》，见《读书纂余》，东京：みすず書房，第180—185页。神田喜一郎：《中国学者富冈桃华先生》《敦煌学五十年》，见《神田喜一郎全集》（第九卷），东京：同朋舍，1984年10月，第386—413页。

③ 神田喜一郎的学问，见连清吉：《神田喜一郎及其〈敦煌学五十年〉》，见《第一届台湾儒学研究国际学术研讨会论文集》，1997年4月，第471—491页。

与独创的学问精神固然与其狷介不羁的性格有密接的关联①，然则以实证熟虑而究明中国文学戏曲的历史发展，又以敏锐的鉴赏力从事美感意识的分析，未尝不反映出京都中国学派重视实证与独创而开拓新的研究领域，又以诗文书画的造诣优游于艺术风雅境界的学风。至于吉川幸次郎说狩野直喜、内藤湖南、长尾雨山的共通点是从本质上把握尊重祖述实践中国文明而于日本创造新的学问体系与美的体系。此一叙述正说明了京都中国学的学问主体性的所在。

内藤湖南祖述中国史学家的历史意识，继承清朝考证学的实证精神与日本江户时代伊藤仁斋之古义学的批判性突破的学风，以螺旋史观考察东亚文化的发展，以历史加上说探究中国古史传说形成的轨迹，以通变史观说明中国文化史的变迁，架构体系性的学问，建立其"日本近代的文化史学家"的地位。至于在中国历史研究上，不但提出"宋代为中国近世"的主张，又开启研究清朝历史文化的端绪。所著《清朝史通论》"第一讲　帝王及内治"的开端叙述《满文老龟》《三朝实录》《方略》《圣训》《国史列传》《论折汇存》《圣武记》《湘军记》《湘军志》《东华录》《清朝全史》等有关研究清朝历史的文献数据，又于末尾附载"清朝史通论纲目"存其论述的旨要，并列举相关文献史料及著述，奠定研究清朝历史的基础。尤以满族史料的涉猎研究，开启日本以满族语史料研究清朝历史的风气之先，可谓是京都中国学派，甚至是日本研究清朝历史的启蒙。再考察其著述的内容，《清朝史通论》以三分之二的篇幅在论述清朝的经史文学和艺术，而《清朝衰亡论》则从军事、财政、思想的变迁，分析清朝盛衰的所在，至于《中国史学史·清朝的史学》则是整辑排比之史纂、参互搜讨之史考和辨章学术考竟源流之史通、地理金石校勘掌故等清领域研究的综合性论述，故内藤湖南于清朝的研究可说是探究清朝政治

<hr>

① 吉川幸次郎的青木正儿学问论，见所著《青木正儿博士业绩大要》，载《东方学》（第31辑），1965年11月，其后收入《東方學回想Ⅲ・學問の思い出（1）》，东京：刀水书房，2000年3月，第181、182页。又《東洋學の系譜》，东京：大修馆书店，1992年11月，第262—270页。亦收载有水谷真成的《青木正儿》。

社会学术变迁沿革的文化史论。换句话说内藤湖南以"实事求是"的考证学作为理解中国历史文化发展的方法，又如司马迁之访求故实以旁搜满族史料作为通变独断的佐证，进而建构清朝文化通史。因此傅佛果（Joshua A. Fogel）说《清朝史通论》网罗丰富的清朝史料，详细记述清朝的思想文化史，见解之卓超和内容之丰富皆优越于梁启超的《清代学术概论》。[1]狩野直喜约与内藤湖南同时讲述清朝的学术文化，《清朝的制度与文学》一书是整理其大正七年至十三年讲述笔记而成的，《中国哲学史》是明治三十九年至大正十三年的讲述笔记，详细论述清朝的学术和经学思想，特异于井上哲次郎、远藤隆吉东京大学哲学系统之经学非哲学的主张，足见其对以考证学为主体之清朝经学的重视。[2]

　　清朝文化是内藤湖南与狩野直喜二人的"文化宗主"，以清朝的考证学作为学问的基础而开创京都的文化史学。此文化史学即京都中国学的主体性所在。至于以内藤湖南、狩野直喜为中心的京都中国学者于东方学术研究的结晶，建立京都于世界汉学上的地位。就此意义而言，继承以中国为中心的东洋学术传统，并在发展与突破的学问动力下，指向"京都是第三文明的中心"的目标而架构"京都中国学"的学问主体性的进程，亦即以返本开新的"文化认知"为基础而架构学问的主体性或许也是汉学研究的取向。

---

　　① Joshua.A.Fogel：《内藤湖南ポリティックスとシノロジー》，井上裕正译，东京：平凡社，1989年6月，第123—173页。

　　② 狩野直喜：《清朝の制度と文學》，东京：みすず書房，1984年。据宫崎市定《解说》指出，此书是狩野直喜于大正七年至十三年讲述的笔记。参见《中国哲学史》，东京：岩波书店，1953年12月。据吉川幸次郎的《跋文》叙述，此书是狩野直喜于明治三十九年—大正十三年的讲述笔记。

京都中国学者的古典文献考证学

一、问题提起：史学是事实的论理

宫崎市定强调事实的论理，而对时间和空间的评价则是探究事实的要素。时间是文明形成的要素，空间则是文明传播的轨迹。历史事件的发生必然有无数的原因，综合各种原因而归结出一个结果是需要长久的时间，如人类认知火的功用，进而应用于日常生活，创造人类的文明，必定是经过漫长的时间。至于文化的起源和传播，则是人类文化的基本要素起源于某一特定的地区，然后跨越山川海洋的空间而传播世界各地，进而促使各地的民族产生文化的自觉，形成各地特有的文明。若以文化一元论的立场而言，人类最早的文明是发生于西亚叙利亚周边，然后向西传播而形成欧洲文明，向东传播而产生印度和中国文明。如铜铁发明于西亚，然后向四方传播的。换句话说，探究历史文化的推移和变迁时，正确的设定时空纵横坐标是极为重要的。唯历史坐标的时间纵轴线和空间横轴线则不是数学的纵横直线，数学的直线是二点间最短的距离，只有长度而无宽度。历史坐标的线既有长度，也有宽度和重量。①如世界历史的构图，宫崎市定是以西亚的历史发展为时间纵轴的中心，世界上最早出现的古代帝国是西亚的波斯帝国，其次是秦始皇所建立的秦王朝，最后是欧

---

① 宫崎市定：《中國史·總論·Ⅰ歷史とは何か》，东京：岩波全书，1977年6月，其后收载于《宫崎市定全集（1）·中国史》，东京：岩波书店，1993年3月，第15—16页。

洲的罗马帝国。至于中国的古代固然可以秦帝国的统一为断代，唯以古代帝国的瓦解作为古代的终结，来说明世界史的变迁，西洋史之以罗马帝国的衰微为古代，则中国古代史的下限也可定在东汉末年，至于三国以后纷扰则是中国的中世史的开端。

中世史是古代一统局面的瓦解而呈现出分裂扰攘的时代。西亚的波斯帝国首先屈服于希腊的势力而财宝为希腊的商人所劫去，其后，战败于罗马帝国，经济中心的叙利亚失陷，黄金银块被夺被罗马洗劫殆尽。波斯帝国因为货币的不足，景气衰微而没落。换句话说欧洲的兴隆即意味着西亚之步入中世。虽然如此，波斯帝国的衰微是受到欧洲政治和军事势力压制攻击的结果，其后西亚的经济力又夺取了罗马帝国的繁荣，黄金银块的逆流东方的现象逐渐显著以后，形成日耳曼民族的大移动，欧洲也因而进入中世的黑暗时代。至于中国秦汉帝国的兴隆也是周边各国金块流入的结果，然而中国金块传统价格的低廉则是造成黄金流出的原因，由于黄金持有量的不足，三国以后的中世，在货币稀少的情况下，经济极为不景气，出现以物易物之货物交换的倒退现象。

走出中世经济不景气而迎向近世新时代的关键是文艺复兴。宫崎市定以为世界史上先后出现三次文艺复兴，首先是八世纪在西亚发生，其次是十世纪的中国宋代，最后是十四到十六世纪的欧洲。根据后藤明《伊斯兰的都市性》的记载，中东伊斯兰地区都市的存在即能说明西亚近世文明的发达和经济景气的事实。[1]继西亚之后，实现文艺复兴的是中国的宋代，宋代于自然科学之所以能飞跃式的进步，或许是西亚伊斯兰教都市文化东移到中国，而在中国开花结实的结果。又由于东西方文化的融合而发展出优秀的文化，促进中国社会的近代化。最后完成文艺复兴的欧洲，罗马帝国末期，由于银块东流而陷入长期的货币不足，经济不景气的现象，到了十四世纪，由于境内矿产开发和东方文化刺激的关系，才产生文明的开化。至于欧洲之所以接受东方的文化，西亚是中介性的存在，中国文化则是刺激其文艺复兴的动力之一。就绘画艺术而言，

---

[1] 后藤明：《イスラムの都市性》，见《古代史を語る》，东京：朝日选书，1992年。

西亚遭受祸灾而佛像等石雕艺术几乎荡然无存，中国的绘画艺术经由西亚的媒介而传入欧洲，对欧洲文艺复兴时期的美术产生极大的影响。

欧洲的文艺复兴虽然最晚发生，却以最快的速度超越近世而进入近代。宫崎市定以为欧洲之所以能快速地进入近代，是由于空前飞跃的景气的作用而产生产业革命的结果。

欧洲文艺复兴追求古代通商贸易复活的行为竟意外地发现美洲新大陆，又由于新大陆各地探险的结果而发现丰富的金银矿，金银矿的开发和银币的铸造流通，促进欧洲景气的复苏，又由于新技术的开发而造成产业革命。黄金银币的获得和流通，形成通商贸易的发达和竞争，产业革命成功的结果，造成军事实力飞跃的增强。换句话说市场的开拓和军事的优越，即资本主义和帝国主义的结合，改变了世界的构图，近代以后的世界几乎是以欧美为主导的时代。①

宫崎市定主张以时空坐作为历史研究的方法论，其师内藤湖南则提出以时地为经纬的文化形成论。其同门友朋的武内义雄于中国思想的研究，则由横贯旁通的文献考证到纵向提升的中国思想史学，吉川幸次郎则以横向凝视的致密与纵向的意象飞跃架构中国文学论。

二、内藤湖南：以时地为经纬的文化形成论

文化以时代和土地为经纬与文化中心移动的主张见于内藤湖南《近世文学论》②的序论。内藤湖南用"文物与时代""文物与风土"分别叙述华夏文

---

① 宫崎市定关于世界史变迁的论述，参见宫崎市定：《自跋集（十八）·アジア史》，东京：岩波书店，1996年5月，第304—310页。

② 《近世文学史论》的原名是《关西文运论》，连载于明治二十九年的大阪《朝日新闻》，叙述德川时代三百年间学术文化发展的大势。其旨趣在论述德川时代的政治中心虽然转移至江户，但是学术文化的发源地则在关西，即京都与大阪一带。再就学术文化而言，关西的学问不仅能与江户分庭抗礼，甚且有超越江户的所在。至于此一学术文化推移的现象，内藤湖南则是根据赵翼的"文化集中说"而提出"文明中心移动"的。虽然如此，内藤湖南又说一个国度或地域的中心并非唯一，乃有政治与文化等不同的中心。内藤湖南说，中国清朝的政治中心是北京，而文化的中心则在于经济重镇与人文会集的扬州。

化因时代地域的差异而各领风骚的情况。文物与时代的关系，内藤湖南说顺随着时代的变迁，其文化形态有所不同。即中国学术文化发展的历史过程中，各个时代都有其精华。周朝的文化结晶是典章制度，周秦之际是诸子之学，两汉是经传训诂，六朝是玄学骈体，唐代是诗歌，宋代是儒学，明清则是典籍整理。其次，文物与风土的关系，内藤湖南提出了东西分殊、南北别相的主张。内藤湖南说，中国历代的学术文化、风俗民情由于山川形势之地域性差别的关系而有东西的不同与南北的差异。特别是南北乖隔的因素所造成的不同就更为显著，而且此一文化现象的影响至为深远。如北朝以经书研究为主，南朝则以诗文酬唱为尚。北宋犹尚故实；南宋则以精思为上。至于朱陆阳明的学问虽继承北宋的儒学，而体思精微，以心性本体的穷究为极致。

分别叙述文物与时代、文物与风土的关系之后，内藤湖南综论由于时代与风土的结合而形成人文化成文化荟萃的中心的现象。内藤湖南说，文化中心的所在，又因为各个时代的政治、经济等因素而有移动的现象。赵翼于所著《二十二史箚记》中提出"长安地气说"，其实长安以前，洛阳汇聚冀州的军事力与豫州的经济财富而为三代政治文化的中心所在。再者燕京虽为明清以后政权的所在地，但是文化的中心则在江南一带。至于文化类型的形成是前后因袭相承的，如殷承夏礼，周因商礼而形成儒家所尊崇的礼文。但是政治文化凑合的中心所在一旦衰微以后，再度复起的可能性就微乎其微了。要而言之，内藤湖南以为文化因时而异，因地而适宜，即文化的形成乃以时地为经纬，而文化的中心所在又随着时代的推移而有所转移。如中国三代以迄魏晋的文化移动方向是东西方向，南北朝以后则南北方向。再者文化中心一旦转移，昔日的风光就难再重现。长安的文物鼎盛于唐代，长安文化既代表了唐代的文化，又处于东西文明交会的所在，故唐代的长安文化即是中国文明足以夸耀世界的象征。但是今日的西安只是偏处西陲的一省都城，也无国际交流的要衢形胜之地位，昔日帝王紫气象会聚的锦绣文化既已不在，所谓长安也只是秦皇汉唐陵墓所在的历史名词而已。

文化中心的转移固然是历史事实，却也意味着文化的传播发展。内藤湖南说，文化传播的路径不是直线的，也不是圆形，而是螺旋状的。①

他以螺旋史观的文化发展论作为区分中国历史的主要根据。内藤湖南认为，三代到西晋是中国文化向外扩张的时代。五胡十六国到唐代中叶，则是周边各民族逐渐强大，其势力渐次威胁到中原。到了唐末五代，外族的势力达到顶点。宋元明清以迄现代则是中心向周边与周边向中心的反复循环。②就中国历史的发展而言，中国历史上曾发生了两次政治、社会、文化等人文现象的转换期，而形成上古、中世、近世的三时代。

中国于古代时代，在黄河流域形成了"中华文化"，然后向四方扩张发展，促使中国周边的各民族产生文化自觉，此即"内部向外部"的波动。到了中世，即南北朝至五代，少数民族挟武力入侵中原，周边民族的文化也随之传入中国，即"外部向内部"的波动。此文化波动的方向改变是区分中国上古与中世的依据所在。再者中世时，周边民族的势力强大，逐渐威胁中土，进而侵入中原，甚至支配中国领土，此间维系中华文化于不坠的是贵族。中国贵族在东汉中叶以后，逐渐拥有其政治社会的势力，至南北朝而到达鼎盛，唐朝的贵族依然保持着其举足轻重的优异情势。虽然如此，即使少数民族统治中国，维护中国传统文化的还是公卿显贵的族群。换句话说内藤湖南认为东汉以来贵族势力勃兴也是区分中国上古与中世的根据。

时代由唐末五代而推移到赵宋是朝代的更替，贵族政治崩坏而君主专制出现的政治现象，是决定中世与近世之分界点的因素之一。内藤湖南以为中国中世的君主与贵族的地位并未有明显的差距，特别是外戚的权势更甚，有时甚至凌驾天子之上，篡夺王位。但是宋代以后，天子主宰朝政的地位巩固，外戚的权威失坠，王位篡夺之事也不易产生。又由于君主专制的局势形成，任官制度也随之改变。魏晋以至唐代，重要官位始终为贵族所独占，所谓"九品

---

① 内藤湖南：《学变臆说》，收入《泪珠唾珠》，见《内藤湖南全集》（第一卷），东京：筑摩书房，1996年1月。

② 内藤湖南：《日本文化とは何ぞや（その二）》，见《日本文化史研究》（上），东京：讲谈社，1987年3月，第25—32页。

中正"无非是保障贵族权利的制度。科举始于隋代，唐代因袭，而真正能发挥公平科考、唯才是任之功能的，则是宋代以后。换句话说唐以前的中世，贵族是社会的特权阶级，独领了政治文化的风骚；但是宋代以后，由于科举任官的制度公平地实行，有才学见识的士人庶民取得了政治运作与表现当代文化的发言权。再就学术研究与文学创作而言，在经学方面，汉唐以重视师法传统之经传注疏为主；宋代则以个人新义为主。在哲学思想上，唐代是以佛学研究为主流；宋代则以心性义理之儒学思想体系之建立为依归。在文学创作上，六朝以至唐代是以诗赋为主流；宋代则以散文作为叙述自由意识的工具。在经济方面，到唐代为止，大抵是以实物经济为主；宋代则改变为货币经济。就绘画而言，六朝到唐代是壁画为主，又以金碧山水是尚；到了五代宋代，则流行屏障画一，又以墨画为多；而宋代文人画的兴起，则象征着由严守家法之画工专擅而趋向表现自由意志之水墨画。由于宋代的文化现象大异于唐朝，故内藤湖南以为宋代揭开中国近世历史的序幕。①

　　在中国的历史空间里，所谓时代区分，固然有时代差异的个别意义，却更是历史流衍中文化突破的意识。故时代的区分并不只是以朝代交替为根据，社会制度的变迁、文化内涵的差异所具有意义，才是其重要的因素。即所谓"时代"，不只是政权更迭转移的象征，而是政治、社会、经济、思想、学术等人文现象的综合体。从政治史、社会史、经济史、思想史、学术史的角度进行综合性的探讨，才能清楚地说明历史流衍中的"时代"的特征，正确地把握"时代"的文化意义。换句话说"时代"包含着时间与空间的两层意义，"时代"的空间意味着文化的形成，而时间的意义在于文化的突破。至于突破的意义，不是前所未有的创造而是继承性的创新。譬如绚烂的三彩是唐代文化的代表，而纯白青白的创造则是宋代的象征。超越华美的外观而重视素朴沉潜之内在精神是宋代知识分子于文化意识上的突破。

---

　　① 内藤湖南：《概括的唐宋时代观》，见《内藤湖南全集》（第八卷），东京：筑摩书房，1969年8月，第111—119页。

三、武内义雄：由横贯旁通的文献考证到纵向提升的中国思想史学

武内义雄就学于京都大学时，听讲于狩野直喜"清朝学术沿革史"的授业，而精读阎若璩《尚书古文疏证》，感佩其考证的精确和引证的广博。因此，致力于清朝考证学的钻研。古稀之年祝寿宴会，讲演"高邮王氏的学问"，说明戴段二王之细密实证的乾嘉学风，正确诠释古代语言的"舌人意识"是其学问宗尚的所在。由此可知，武内义雄的学问是以清朝考证学为基础，其研究是以确实解读原典为出发点。正确解读原典是古典研究和历史研究必然的基底，唯"武内学"则兼融训诂学、校勘学、目录学和原典批判的方法论。武内义雄以清朝训诂学，尤其是王引之"舌人意识"为底据，审慎地解释古典的文句。其译注的《论语》《老子》即精密训诂的结晶。然而正确解读古典，除了训诂以外，又有校正传承误衍的必要。江户时代享保年间（1716—1736）山井鼎（1680—1728）著作的《孟子七经考文》流传清朝，阮元等人取法而校勘异本异文，校正文字和校定版本而展开校勘的学问。不过，武内的校勘又应用目录学的方法，以历代图书目录和日本的古抄本，考究异本的源流，辨明正确的文本。《论语之研究》则是武内义雄运用校勘目录学而著述的成果。

武内义雄除了运用训诂学和校勘学之外，又加上原典批判的方法，而展开其思想史学的方法论。原典批判的方法确立于西欧的古典研究，但是武内的原典批判的思维是受到其师内藤湖南的影响。内藤湖南彰显江户儒者富永仲基的《出定后语》，以富永分析佛典古代记录是后代加上的"加上说"，分析篇章的内容，考辨经典的成书年代。①内藤湖南著作《尔雅的新研究》《易疑》，而武内则致力于《老子》《论语》《易》《中庸》的考定，进而树立其

---

① 内藤湖南推衍富永仲基的"加上说"而提出"历史考证加上说"。有关内藤湖南的"历史考证加上说"，参见连清吉：《日本近代的文化史学家——内藤湖南》，台北：学生书局，2004年10月，第77—104页。

中国思想史学。①

　　武内义雄著述《论语之研究》，于《序说》首先叙述中日《论语》注疏史，何晏《论语集解》和朱子《论语集注》是中国诠释《论语》的二大系统，至于伊藤仁斋的原典批判与山井鼎的文本校勘则是江户儒学的代表。其后，说明《论语》的版本及其校勘，进行《论语》的原典批判，考察《论语》传本的思想内容。其于《论语》的考证，除祖述伊藤仁斋的考证方法之外，又应用目录学的方法，究明《论语》传本的源流。武内说：

　　　　研究古典的态度有三，第一是语言学的态度，即解释字句而把握文义的训诂学，第二是宋明性理学的态度，即根据读者抱持的思想而毫无矛盾的说明古典的涵义，第三是原典批判的态度，即考察书籍的变迁，探究书籍的源流，阐明书籍原始的意义。②

　　武内以为今本《论语》乃综辑汉初所存《鲁论》《齐论》《古论》而成，这是众所周知的，但是汉初以前的面貌，则不得而知。于是根据王充《论衡·正说》"至武帝，发取孔子壁中古文，得二十一篇，齐鲁（二篇）、河间九篇，（计）三十篇"的记载，由于文字变迁而产生各种异本，主张在《古论》发掘以前，即有齐鲁二篇本，河间七篇本以及所谓孔子语录之"传"的存在，进而将现行《论语》二十篇还原于《古论》的篇次，再比对齐鲁二篇本、河间七篇本的内容，主张今本《论语》盖分为以下四个部分：

　　　　（一）学而第一、乡党第二是壁中《古论》的篇次，独立成书，或为齐鲁二篇本。
　　　　（二）雍也第三、公冶长第四、为政第五、八佾至第六、里仁

---

① 金谷治：《武内义雄》，见《東洋學の系譜》，东京：大修馆书店，1992年11月。
② 武内义雄：《论语之研究·结论》，见《武内义雄全集》（第一卷），东京：角川书店，1978年7月，第192页。

第七、述而第八、泰伯第九等七篇是河间七篇本，而子罕第十是后人所附加的。

（三）先进第十一至卫灵公第十五，子张第十九至尧问第二十等七篇是齐人所传孔子语录，或为《齐论》的原始形式。

（四）季氏第十六、阳货第十七、微子第十八是后人增补的。

至于成立的顺序，则为：

（一）河间七篇本　即《鲁论》，乃以曾子为中心，曾子、孟子学派所传的孔子语录，是《论语》最古的形式。

（二）《齐论》七篇　以子贡为中心，于齐国传承的《论语》。

（三）齐鲁二篇本　就内容及用语而言，乃齐鲁儒学，即折衷曾子学派和子贡学派而成的，或为孟子游齐之后所作。

（四）子罕、季氏、阳货、微子诸篇　孔子语录的补遗，内容驳杂，年代亦有差异，其最晚出者，或形成于战国末年至秦汉之际。

传本的先后顺序亦可窥知儒学的宗尚，乃随时代而有所推移。河间七篇本成立于鲁国，孔子的理想在于周文礼乐的复兴，唯“人而不仁，如礼何，人而不仁，如乐何”，礼乐的复兴，要归于仁道忠恕的实践。亦即河间七篇本以行仁体道之精神生活为依归。《齐论》七篇则重视礼乐的形式。如孔子回答弟子问仁的“克己复礼为仁”（颜渊篇），“出门如见大宾，使民如承大祭。己所不欲，勿施于人”（颜渊篇），则以礼为重。至于“己所不欲，勿施于人”是忠恕之教，但是卫灵公篇的“子贡问曰，有一言而可以终身行之者乎。子曰其恕乎，己所不欲，勿施于人”即“行仁之方”，唯说“恕”一字而已。《齐论》于仁道的实践，专注于“恕”，且以“礼”取代“忠”。齐鲁二篇本则忠信与礼并重，乡党篇记载孔子的一举一动，行为举止要皆礼节的具现。即仁道精神与礼乐形式并重，是鲁学与齐学的折中。至于子罕、季氏、阳货、微子诸篇内容驳杂，季氏篇的说明流于形式，微子篇夹杂老庄思想，或成立于战国末年至秦汉之际。

探溯汉代以前的《论语》传本的源流，则现行《论语》二十篇的成书经纬即可究明。综辑齐鲁二篇本和河间七篇本，补足子罕篇，就是《古论》的上论，修正子罕篇而附加乡党篇，就是《鲁论》的上论。上论之后，加入《齐论》七篇和形成于战国秦汉之际的季氏、阳货、微子三篇，即下论。上下二十篇即现今通行的《论语》。①

武内义雄《中国思想史》出版于昭和十一年（1936），当时日本学界惯用"哲学史"的名称，而武内义雄之所以使用"思想史"，旨在以历史的考察，究明思想体系展开的轨迹或思想发展的变迁。盖历来哲学史的著作，大抵采取列传式的记述，如狩野直喜《中国哲学史》即是。列传式的记述固然可以清楚地理解思想家的事迹和思想渊源，但是于思想发展的历史考察则付诸阙如。武内的《中国思想史》将中国思想区分为上世、中世、近世三期，上世期又区分为"诸子时代"和"经学时代"，中世为"三教交涉的时代"，近世是"儒教革新的时代"。至于其著述旨趣，可由篇目窥知一二，如上世的"孔门二学派""稷下之学""论理学之发达"，中世的"儒教而老庄""老庄而佛教""道教之成立"，近世的"儒学新倾向""佛教新倾向""宋学勃兴""宋学大成"，乃从思想流变的观点，究明中国思想的时代主流和历史变迁。不但是当时崭新的研究方法，对其后中国思想史学的发展也有决定的影响。

《中国思想史纪要》是武内义雄讲授"中国思想"的笔记，金谷治说《中国思想史》精练简洁，而《中国思想史纪要》详细宏观，二者相互辅成，可以察知武内义雄树立中国思想史学的用心。于中国中世思想的论述，《中国思想史纪要》用力于佛教的形成与发展的叙述，不如《中国思想史》由儒家到道家，由道家到佛教、道教，再转成经学统一、宋学勃兴的详密，但是以"人

---

① 武内义雄：《论语之研究·结论》，见《武内义雄全集》（第一卷），东京：角川书店，1978年7月，第192—195页。

文地理学的风土论"理解中国思想的地域性差异及其历史演变，则是《中国思想史纪要》的特色。如于中世哲学的论述，则着眼于三国鼎立的情势，而分论"魏与儒学""蜀汉之道教""吴之佛教"。至于古代诸子时代分为创设、折中、综合三期，创设期由孔子到孟子以前，是儒、墨、道诸学派由于地域风土的不同而发生对立的时期，折中期则以齐稷下为中心，各家交流而折中融合风气盛行的时期，综合期是秦昭王到汉景帝，倾向统一总合的时期。以稷下的折中融合区隔前后，主张诸子思想的地域性差异，从思想史的观点究明先秦思想的所在，既是超拔于当时的学界，也足为今日研究参考的洞见。武内义雄《中国思想史》和《中国思想史纪要》出版以来半世纪以上，中国思想史学当然有长足的进步，但是其以文献学的操作为基础，对中国思想做内在的解析和展开轨迹的探究，即以训诂考证或原典批判为根据的思想史研究方法，依然是今后所宜继承的方法。毕竟中国思想史之作为科学而成立，则必须有实证的基础，武内先生的研究是近代中国学界最初树立的指标，其以王引之"舌人意识"为训诂学之科学性格的极致，继承伊藤仁斋和富永仲基的考证学风，而树立中国思想史学。诚如西顺藏所说，武内义雄的研究方法是"训诂学和思想史学的巧妙结合"[①]，自有其不朽的研究意义与学问价值。[②]

四、吉川幸次郎：横向凝视的致密与纵向的意象飞跃之中国文学论

吉川幸次郎解析杜诗而以为"致密"与"飞跃"是诗歌成立的必要条件[③]，"致密"是体察客观存在事物的方向，"飞跃"则是抒发主观内在意象

① 西顺藏：《〈武内义雄全集第八卷思想史篇一〉解说》，见《武内义雄全集》（第八卷），东京：角川书店，1978年11月，第414页。

② 金谷治：《武内義雄〈中國學研究法〉〈中國思想史ノート〉解説》，见《武内义雄全集》（第九卷），东京：角川书店，1979年10月。其后收载于《金谷治中国思想论集》（下卷），东京：平川出版社，1997年9月，第429—441页。

③ 吉川次郎：《杜甫の詩論と詩》，见《吉川幸次郎全集》（第十二卷），东京：筑摩书房，1968年6月，第539—628页。

的方向，"致密"所刻画的是轮廓清晰的具象世界，"飞跃"所指涉的是起兴超越的抽象世界，"致密"犹"赋"的"体物而浏亮"而"飞跃"则是"诗"的"缘情而绮靡"，"致密"是被动，"飞跃"则是主动。《胡马》《画鹰》的细微描写是"致密"的方向，《曲江》之孤独意象是"飞跃"的方向。唯二者的表现方式虽非同一方向，却是并存互补相互完成，此诗歌创作意识的自觉于杜甫壮年诗作既已体现了。如《敬赠郑谏议十韵》的"谏官非不达，诗义早知名，破的由来事，先锋孰敢争，思飘云物外，律中鬼神惊，毫发无遗恨，波澜独老成"。所谓"诗义"是作诗的方法、原则、理论，故知杜甫在壮年的时期即有诗论的意识。若以"致密"与"飞跃"来分析，则"破的由来事"是准确表达诗义之"致密"的方向，"先锋孰敢争，思飘云物外"则是抽象性意象之飞跃超越的方向。"律中鬼神惊"是诗律的细密而到达超自然的存在，即由于"致密"而生"飞跃"之并存的手法。"毫发无遗恨"是确实致密而周衍的方向，"波澜独老成"固然是飞跃的方向，而意境的飞跃是诗律致密的结果，由于诗作是致密才能到达圆熟的飞跃。再就作诗的方法而言，对句是分别殊相而后统一融合的诗歌创造技巧，即对同一事物先从两个不同的方向来歌咏，而后进行统一融合。"破的由来事，先锋孰敢争"的"破的"与"先锋"是郑虔作诗的两个方法，而二者的融合则完成由致密而生超越的"律中鬼神惊"，进而到达飞跃中有致密的圆熟境界。

吉川幸次郎认为《月夜》《月夜忆舍弟》之凝视人间社会与自然万象的视线是"致密"的极致，《倦夜》之时间推移的无限空间与人间真实的感受则是"飞跃"的圆熟。致密伴随着超越才能更致密，飞跃中有致密才能更超越。致密的凝视对事物的感受，才能深入事理而形成超越的意象，对事理抱持着飞跃超越的意念，才能致密细微地抒发内在的感受。主动的"缘情"飞跃要有致密的"体物"才能完备，被动的"体物"致密要有超越的"缘情"才能圆足。杜甫不但以赋入诗，由于"致密"与"飞跃"的并存互补相互完成，"体物"就具有圆足。杜甫不但以赋入诗，由于"致密"与"飞跃"的并存互补相互完成，"体物"就具有主动与被动、主观与客观融合的新的意义。

就诗歌体裁与诗风表现的关系而言，吉川幸次郎认为杜诗有离心发散和向心凝集的两个不同的方向，前者主要是以七言歌行来抒发，后者则用五、七言律诗来表现。七言歌行的用语自由，感情外放激发，诗作的视线是通向世界而无远弗届。杜诗发散的方向虽未必胜于李白，然杜甫的用语丰富自由，感情诚挚，较诸前代诗歌则有由男女恋情的抒发而真挚写实的转换。五、七言律诗的用语适切，情感内敛，诗作的视线凝聚于世界最微小的部分而致密细微。如果七言歌行是杜甫早年即兴之作，则五、七言律诗是壮年自觉性锻炼凝集而发挥真实沉郁的结晶。二者虽然都是杜甫追求真实之写实精神下的产物，也经常是并行发用，但是就杜诗的特征而言，后者才是杜诗的代表。杜甫诗体之由七言歌行转向五、七言律诗，诗风之由强烈的发散而转趋审视内敛的转变，未尝不能说是杜诗成长的轨迹。

杜诗题材的丰富，诗境的开展大抵随着杜甫生涯的遭遇而转换圆熟。吉川幸次郎以为旅食长安时期，杜甫自觉地以写实主义为出发点而抒发周遭景物的真实。长安幽禁时期则有以自身忧愁为媒介而理解人类普遍存在着忧愁的自觉，唯秦州的苦寒，饱尝人生的穷困艰屈，又陷入怀疑绝望的深渊。成都草堂时期短暂的快意幸福，体悟自然的善意，即使漂泊江南，也是人生的无奈，穷途的困顿也超越为人类共有忧愁的普遍现象，至此，杜诗的意境也到达沉郁悲壮的圆熟。①

吉川幸次郎认为杜诗最大的特征在于艺术性与现实性的融合。②杜甫一生的遭遇与其生存的背景促成杜诗不断成长，由离心发散而向心凝集之诗作的方向转移，由体物工微而至人生体悟之圆熟的意境完成，正足以说明杜诗特征的

---

① 参见吉川幸次郎：《杜甫私记》《杜甫と鄭虔》《秦州の杜甫》《杜甫について》，见《吉川幸次郎全集》（第十二卷），东京：筑摩书房，1968年6月，第3—205、402—431、437—456、560—580页。

② 吉川幸次郎：《我所最喜欢的中国诗人》，见《吉川幸次郎全集》（第一卷），东京：筑摩书房，1968年11月，第147页。

所在。至于吉川幸次郎指称杜诗是"思索者的抒情"①或杜诗"具有抒发人民性或社会性共同体之责任的意识"②皆在强调杜诗具有现实性的特质。关于杜诗的艺术性，吉川幸次郎则说"杜甫是语言再生的魔术师"③，探究其立言的意义，则在指涉杜诗的语言具有古典新义，或通过既有言语的整合而产生新的意义，或以旧题材而创造新的意象。前者如"侧目似愁胡"，后者如"月"的吟咏。"愁胡"一语虽见于晋孙楚《鹰赋》，然"深目蛾眉，状似愁胡"的"愁胡"不过用以比喻鹰的眉目形状，而"侧目似愁胡"则把鹰的神情全幅呈现，虽是描写画鹰，却栩栩如生，有振翼擒物之势。杜诗语句虽有来历，但是通过杜甫的创意，便产生新的意象。④以"月"为题材的吟咏，古来有之，六朝的诗人把"月"当作美的象征，杜甫《月夜》《月夜忆舍弟》的诗则将人的感情投入自然之中，进而创造自身所感受的新的自然，亦即以移情作用，将情景交融，既歌咏自然的秩序，也寄寓自身沉郁的感情。因此在六朝，自然是美的典型，而在杜诗的世界中，"月"固然有自然之美，也有寄托人间事物之人文自然的意义。⑤换句话说由于杜甫凝视人间世界和自然万物而产生新的自然观，也由于其细密地刻画描绘而形成以赋入诗之诗作意识的自觉性改革。

---

① 吉川幸次郎：《中國文明と中國文學》，见《吉川幸次郎讲演集》，东京：筑摩书房，1996年4月，第94页。
② 吉川幸次郎：《私の杜甫研究》，见《吉川幸次郎讲演集》，东京：筑摩书房，1996年4月，第413页。
③ 吉川幸次郎：《杜甫私记·胡马　画鷹》，见《吉川幸次郎全集》（第十二卷），东京：筑摩书房，1968年6月，第147页。
④ 吉川幸次郎：《杜甫私记·胡马　画鷹》，见《吉川幸次郎全集》（第十二卷），东京：筑摩书房，1968年6月，第145—146页。
⑤ 吉川幸次郎：《中國文明と中國文學》，见《吉川幸次郎讲演集》，东京：筑摩书房，1996年4月，第94—124页；吉川幸次郎：《唐詩の精神》，见《吉川幸次郎全集》（第十一卷），东京：筑摩书房，1968年8月，第9页；吉川幸次郎：《東洋文學における杜甫の意義》，见《吉川幸次郎全集》（第十二卷），东京：筑摩书房，1968年6月，第590页；《杜甫の詩論と詩》，见《吉川幸次郎全集》（第十二卷），东京：筑摩书房，1968年6月，第600—603页。

第二编
日本中国学的近代诠释

日本幕末以来的文化攘夷论

一、前言：攘夷论的形成

十九世纪后半产业革命成功的美国，为了和中国进行贸易，寻求停泊港而企求与日本建立邦交。弘化三年（1846）派遣美国的东印度舰队司令官比得尔（Biddle）到日本交涉，遭到幕府的拒绝。嘉永六年（1853）东印度舰队司令官佩里（Perry）带领军舰四艘停泊浦贺，提出总统的国书要求开关建交。幕府屈服于其军事压力，不得已接受国书，请求佩里退去。翌年的安政元年（1854）再度叩关，强烈地要求缔结友好条约。幕府在没有对策的情况下，答应其要求，缔结《日美和亲条约》（又称为《神奈川条约》）。（1）供给美国船只燃料和食料。（2）开放下田、箱馆二港，承认领事驻在。（3）美国享受最惠国待遇。其后英国、俄罗斯也要求和日本缔结同样的条约。二百年的锁国政策终于瓦解。安政五年（1858）改订《日美修好通商条约》。（1）开放神奈川、长崎、新潟、兵库等港口。（2）设定开放港口的居留地，禁止一般外国人到日本国内的其他地方旅行。（3）自由通商贸易。（4）日本的关税由双方协议。（5）承认领事裁判权。日本完全丧失其自主权，因此，《日美修好通商条约》相当于不平等条约。其后荷兰、法国、英国、俄罗斯也要求缔结同样的条约。

日本与外国的贸易，主要是输入武器、舰船和毛棉织物而输出生丝和茶。由于大量输出的结果，输出品的生产力固然提高，相对便宜的棉织物也大量输入，对棉作物和棉织物业产生极大的压力。又由于日本和外国的金价差距悬殊，一时金货往外国流出。伴随着输出的激增，带来了国内消费物质的短缺，币制的混乱，造成都市物价高昂，庶民的生活受到极大的压迫。因此，日本国内对贸易产生极大的反感。再加上，与外国人发生冲突，终于引发攘夷运动。但是，在日本国内，以长州藩下级藩士为首的攘夷论和以萨摩藩为首的公武合体论产生政治斗争。英国、荷兰、美国、法国四国联合舰队攻击下关，大败长州藩的军队。在此情况下，攘夷论便不能长久维持下去。再者，在幕府颓废，封建制度批判论，公武合体论而延伸的革新论的高声提倡下，萨摩藩和长州藩的单新派的联合，即所谓萨长联合的讨幕倒幕军事行动下，庆应三年（1867）幕府将军德川庆喜上表大政奉还，结束二百六十多年的幕府统治，还政于天皇。

二、幕末知识阶层之时代感受

在合理主义高涨，对既成传统的儒教权威产生疑问的声中，幕末知识阶层所反省的问题有二：一为长久以来，江户幕府所存在的政教分离的问题；二为西洋文明东渐以后，东方社会果真能接受西方文化而全盘西化？

德川幕府是以武士阶级为主的封建体制，知识阶层的地位与俸禄并不高。即使幕府将军立朱子学为官学，其于儒学的接受，也有一定的限度。即江户时代毕竟是武士统治为主导的社会，并且没有科举制度，知识分子欲以学问而取得高官厚禄的可能性甚低。因此，自始形成政教分离的现象。学问的研究，乃有纯粹学术化的倾向。再加上宽政年间颁行"异学禁令"，不但官学与私学的分途明显化；而且更形成学不问政的学术纯化的风气。

（一）盐谷宕阴的《六艺论》

幕末汉学家盐谷宕阴于安政四年（1857）撰述《六艺论》，反省政教分离与学术纯化的偏颇，提出政教合一、实学主义等主张。

《六艺论》共六篇。第一、二、四、六篇为本论；三、五篇为补遗。各篇的要旨为：

六艺论（一）

古之教人者为容、其率之也以人。……何谓容、六艺是也。何谓人、古所谓师儒者。……自拜跪坐立出入饮食之节、至奉亲事君承祭接宾之事。皆有仪文。道寓于器矣、习焉而悟其意。……后世则不然、造士之术、一以书籍、训诂多歧、笺注纷淆、执而论之、一字之义、终日而未尽。……又师儒者、经师也、非人师也、艺人耳、非通儒也。……

所谓"容者六艺也"，即人所必须修得的学艺。具体地说，是以"礼乐射御书数"六艺培养知仁勇三德，以养成文武合一的人才。因此，学问的研究修得，并非单从书籍而得来的。由此可知，盐谷宕阴所谓的六艺，并非一般所说的"易书诗礼乐春秋"的六经之"学"，而是日常实用的"礼乐射御书数"之"术"的体得。换而言之，此"六艺"是固有的学艺，即在游于诸艺之中，配合人格修养的教育，教导生徒，使之术德兼修的学问之道。

六艺论（二）

礼乐以致"中和之德"的功用，经传既已详说；但是礼乐又蕴含有"武"之意，则为先儒所轻忽的。古代的士人，既耕且读，体魄强健，足以参与乡间族党的团练工作。因此，"济济之青衿，即赳赳之武夫也。雍雍之礼乐，即肃肃之节制也"。

然而，到了后世，文武殊途，"儒者不言兵"，尤其是唐宋以后，文武分歧所产生的弊端更甚。故盐谷宕阴说："士农分而兵弱，封建绝而国病，六艺废而士乏文武材。……孰知其祸原于礼乐崩沦乎哉。"

六艺论（四）

昔时政教合一，学成即为政府录用；今日则不然。因此，教育与行政分歧而淆乱，终于衍生"道艺达而身图穷，卖业以糊口"的情形。故盐谷宕阴以为政教分离政策诚非人才育成之道。再者，学塾的状态亦极困穷。"今则师立私业，文武异辙。技殊家，家殊派，人多争气，相慢相猜。制子弟以妇人一从之义，或乃繁其科，难其习，幸其成之晚，而利束脩之多。不然，则惰耳。……"面对如此困境，果真无匡济之道否，盐谷宕阴则以为不然。宕阴曰：世固有天纵之才，秉间气而出者焉。使其人在其位耶，今之教师亦将在所用矣。

如果有天纵的英才为世所用，则困穷的状况将会改变。

六艺论（六）

如果问六艺的修得在先，或德行的修养在先的话，当然以道德的实践为优先。但是就道德修养与德行实践的次第而言，则必须先从六艺的修得入手不可。如《论语》所谓"下学而上达"，即说明先能鄙事，然后领会高远之道理的进程。然而时至今日，学校之所传授者，无先后大小的区别，"师非孔曾，而以性、天道之说，喋喋焉之于儿童，人材之日降，不亦宜乎"。

六艺论（三）

汉之学，得四而失二。唐之学，得二而四。宋明之学，得一而失五。其所以递降者，六朝之淫辞，宋之佛理，为之大厄也。而秦之变古不与焉。

盐谷宕阴以为汉承秦弊而起，虽礼乐沦丧，而文武合一之制，即射御书礼尚存。六朝仅文辞华丽，而衰世之文化弥漫。唐承六朝之弊，唯朝野于政治之关心尚强，故礼乐与射御并失，而书数尚存。宋代"专一于读书，而附之于佛理"，然"性命之说高而经纶之业疏，诛心之论深而取材之术失"，故"天下终亡于议论矣"。明朝虽以宋之失为戒；然于佛教与心性论之传述，更甚于宋，故社会之风俗浇薄，信爱之心亦失。自此以后，"六艺之教，其终不可复乎"。

六艺论（五）

今学校教育之体制，西洋极为完备。天文、土木、军事、船舰等知识，虽然中国古代也存在着；今则兴盛于西方彼邦。综观艾儒略《西学凡》之所述，西洋学校有大中小之制度存在。大学分医学、政治、教育、哲学四科，毕业考试以公开性、师生问答的方式举行。一日仅一二人应试而已。学生必须对答如流，乃得以合格。合格者即为政府所任用。又美国人的书也记载学校分文学、医学、法律三科，全国有三、四十所学校。各校各科教师四、五人；学生设定为七、八十人。教师的年薪千圆至三千圆（日圆）。学生之学费则为一、二百圆。由于待遇好、学生人数适当，故教育才能落实。既然如此，西洋之学校制度果真良善，而其学问体系是否可以实行。盐谷宕阴以为不然。其曰："洋夷之学，随形器耳，道则浅矣。"即西洋的学问仅现象之学、技术之论而已。至于深奥的理念及道德性则付之阙如。因此，但采取其切于实用之处而用之；至于不合于东方社会的，则舍之不用。

以上是盐谷宕阴《六艺论》的要旨。约而言之，又可归纳为以下四个要点。

1.所谓"六艺"，即以为学问乃是礼乐射御书数的实学，而不是易书诗礼乐春秋的经典之学。

2.学问本来是文武一体、政教合一的。

3.西洋的学校制度是大中小学体系化的，且教师的生活安定，学生的人数适当，教育成果可以预期，故值得实行。

4.德行的实践，固然在于止于至善；但是其遂行的责成，则必须以六艺的习得为基础。

《六艺论》是盐谷宕阴于安政四年，即明治维新前十年的幕府末期所提出的。其所指陈的，自然与当时的政治社会诸事象有密切的关联。亦即其对于时代背景是有所对应的。例如对应于外来的"西洋冲击"，《六艺论》是一种经世论。针对国内学者执着于心性论，或埋首于训诂考证的研究方法，《六艺论》是学术风尚的批判论。除此之外，盐谷宕阴所提出的六艺观，即其学问论的论述，也颇有见解。

第一，主张六艺是以礼乐射御书数之技艺为中心的学问，而不是以易为中心的经典主义的学问。

第二，主张"道寓于器"，以展开个别学科研究之道。西洋学术的道德性虽然微薄，但是医学、法律、教育等学科，乃至于射御书数及后起的科学技术之学，皆为实用之学。宜予肯定并加以倡行。

第三，学问若以六艺实用之学为宗旨，则儒家思想教育所重视的基础教养之学，乃得以具体地落实。

继承盐谷宕阴的《六艺论》，极陈学校教育的缺失及其起弊振衰之道的是，与宕阴有师弟关系，且同为昌平黉教授的中村正直（1832—1892）。

（二）中村正直的《论学弊疏》

中村氏指出，国之强弱系于人才的优劣，人才之优劣又在于养与不养。而人才的养成则在教化的施行。三代之际，教民以知行圣义忠和的六德、孝友睦姻妊恤的六行与礼乐射御书数的六艺。故"当时之士，德行足以为人师，才能足以应当世之务"。但是，幕末的日本，"学校之盛，百倍曩时，然士务虚文，而疏实用。其能通当世之务者，百不一二有焉"。即中村氏以为长久以来，经世济用之学不为所重，士人也专致于经典解诂的研究而不治实用之学。即使幕末颇重视学校教育，终以传承授受的墨守成规，不合时宜，以至教育的成果不彰，人才也无由养成。中村氏指出当时学术风尚有五弊：

> 今之所谓学者，不惟其行、惟其书；不惟其事、惟其理。若是而望实材之出，不已难乎。是其为弊一矣。……学校之盛衰，不关于治化之隆替。是为弊二矣。……所学非所用，仕学歧而为二。如是……望其治化之隆，则未也。是其为弊三矣。……文与武分为二途，而士气之颓靡，愈不可救矣。是其为弊四矣。……方其学也，兼习诸经，又涉猎杂书，散漫无纪。……今日治诗，而明日治书，虽伏生申公不能通其义、今者人才之坏，正坐此。是其为弊五矣。

即不重经济之学，故学校教育无关治化的宏旨。学仕分歧、文武分途，故学问的研究，博而寡要。换而言之，中村氏乃继承盐谷宕阴的论述，强调江户幕府以来，以武士统治天下而有积弊产生。亦即由于文武分途，且学未必能仕用，即使学校普遍设立，也无非是一般的养成教育的传授而已。至于一般读书人则专注于纯学术的研究。由于学不能致用，故导致学术的研究有浮泛而无归的倾向。因此，中村氏针对上述的五弊而提出五项起弊振衰的方法。

> 今当路者苟能留意予此，取士以德行道艺，则弊去其一。使儒通世务、吏知治道，则弊去其二。学其所仕，而行其所学，使悉其用，则弊去其三。文武归为一途，儒知战阵，将知仁义，则弊去其四。使士专治一经、专学一事，随其材之成，官之终身，则弊去其五。五弊去而实材出，实材出而国势之不振者，未之有也。

即主张文武合一，学成而仕用，进而以"学有专精、术德兼修"为取士的标准。如此，方能培养文武兼修的人才，则国家乃能文治武功兼备而国势振兴。

盐谷宕阴与中村正直师弟相承，共同感受到学政的积弊陈疴，有亟于振兴的必要，进而提出改革之道。换而言之，二人皆着眼于内政与学术的更革。然则，幕末的强烈震撼在于西洋文明的东渐，导致锁国政策的倾颓，幕府政体的瓦解。自幕末"黑船"叩关以来，日本举国上下皆震惊于西洋的船坚炮利，西方的科技文明的新颖。随着幕府解体，西洋文明崇尚的风起云涌，东洋传统文化与思想，被认为是落后的象征，甚且有不合时宜，应全盘舍弃的主张。传统文化面临消弭无形的危机，学界老成未尝没有维系固有文化传承的呼声。坚持保存东洋义化以力挽狂澜的是，与盐谷宕阴同为昌平黉教授的安井息轩。

（三）安井息轩的《辨妄》

安井息轩以为东方经典所描绘的理想世界及其所呈现的社会，是井然不紊的阶级社会，而非万有平等的。再者，社会的主宰是才德兼备的士大夫。换句话说，息轩秉持儒家精神，主张人间世界是以人为主的，而不是神权支配的。故本着儒生的真挚与力挽狂澜的文化使命感，于明治六年（1873）、七十五岁时，著《辨妄》一书，强调儒家思想的合理主义，倾全力地展开对基督教的批判。而贯通全篇的主旨是，以科学实证的合理主义批判圣经故事的荒诞不经。如圣经所载"夏娃为蛇所诱，食其所禁之果，乃罚妇女以胎孕之苦，重加之以产子之难"的原罪论，息轩说：

> 夏娃食所禁之果不为无罪，罚之亦可。以夏娃之罪，并罚后世之妇女，使之产子是艰，何其冤也。凡有血气者，皆有雌雄牝牡，各相配以蕃其类。彼亦犯何罪，使其雌与牝受胎孕之苦也。

即批判基督教原罪论之荒谬太甚。天地万物之雌雄牝牡的结合，乃自然之事，又何罪之有。至于所谓雌牝受胎生子之苦，乃肇因于夏娃食禁果所惹祸，因而殃及后世妇女，则大有径庭。其次，对于耶和华破天渊而淹没生物的记载，息轩痛斥曰：

> 甚哉，耶和华之暴也。虽世人罪恶贯盈，未必尽为桀跖，其中
> 必有差善者焉。今不导之以其道，又不分其罪之轻重大小，出其不
> 意，卒然破大渊之隙，尽淹杀之，并禽兽。独爱诺亚，使之预造舟
> 以免其灾。用心如此，安在其为天地主宰哉。

由于世上的恶类罪行满盈而欲诛杀殆尽，不但不符合宗教淑世博爱的精
神，而且偏狭太甚。故息轩以为基督教不具生养万物的宗教情怀。

安井息轩之所以批判圣经故事，盖源自幕末维新以来，崇洋风气盛行，
但是西方文明之根源所在的圣经，却是荒诞不经的，不但无淑世的精神，而且
具有偏狭适排他性。由此记载所发展出来的西方文明，又如何值得颂扬宣传。
浸染于基督教教义研究的山路爱山推崇息轩的《辨妄》，说：

> 此书是耶稣教传入日本时，首先提出非难之著作。亦为以日本
> 传统思想批判新信仰之最聪明者也。……固为非常之杰作。

即指出安井息轩抱持着老儒生的执着，坚信东洋文化的优越性。亦即东
方世界自有既成的社会结构与思想传承，即使西洋文明有其特性，却未必可以
不假思索地移植至东方社会，进而全盘西化。否则，不但中西不能合璧，东方
的优良传统文化也将沦丧殆尽。[①]

但是，安井息轩的执着却在崇尚西洋的时代潮流中，只是一股极为微弱
的维护传统的呼声，随着明治文明开化的高扬，也为人所遗忘。再度呼唤重视
儒家传统的学者是冈本监辅（1839—1904）。

---

① 关于安井息轩的事迹，参见町田三郎：《安井息轩觉书》，载《东方学》
（第72辑），1986年。

（四）冈本监辅的《冈本子》

明治十年代初期，冈本监辅批判不经思索而一味地追求欧化的时势，主张重振以孔孟思想为支柱的社会秩序。此一主张与日后旨在儒学复兴之"斯文会"的设立，有密切关联。

最初，冈本监辅与森重远等人以复兴和汉学为由而发起"思齐会"。然不敌时代的潮流而难以实行。适值当时的右大臣岩仓具视亦颇忧虑极端的欧化主义可能造成不良的后果，以为儒道的振兴有其社会的必要性。风闻"思齐会"之事，极力支持。于是纠合群贤，"思齐会"在重野安绎、川田刚等斯文宿儒的筹划下，会名改为"斯文会"，重新招收会员。结果引起极大的反响，立时有一千五百人入会。

《冈本子》五卷于明治二十二年（1889）七月由哲学书院刊行。是搜集冈本监辅在斯文黉的讲义，或讲授的教材而成的。全部用汉文撰写。目次如下：

第一卷　仪范第一　艺业第二　学统第三

第二卷　力行第四　体仁第五　一贯第六　万物第七

第三卷　论心第八　论性第九　天说第十

第四卷　道器第十一　阴阳第十二　鬼神第十三

第五卷　政法第十四　君道第十五

显而易见的，直接与政治社会有关系的论说是第一、五卷。而大部分则是心性论、天论等，与伦理道德有关的论述。此乃是《冈本子》的主旨，也是冈本监辅的关心所在。

卷首的仪范篇指出：

> 呜呼，孔子之言礼，其弗信矣乎。以今日言之，其仪则有难尽
> 从者，而不可不从者。亘古今通四海一也。今并其不可不从者而不

从之，将何以为教乎。

孔子之教虽未必全部通用于今日，欲贯通古今之道，则有不可不遵守者。但今日却完全舍弃，诚足以令人忧虑。至于非遵守不可的是什么。冈本以为是人本来的情性。此情性即人自然所生的德，而其根本则是仁。冈本监辅说：

> 天下之理无穷也，而求其最正且真者，莫如仁。仁者，天地生物之德，具于人心，俟修为而为者也。孟子曰仁者人也。又曰仁人心也。言人有是仁然后得为人。人心有此仁然后得为人心。其本体与天一，包括无穷之理。苟外乎仁，则是非理之理，天人所不容也。故君子之学，莫先于求仁，其为政亦莫先于求仁。（体仁第五）

仁为天地万物之德，乃普遍的存在。人能专注于心的修为，则皆有与天、即道一体的可能。至于修得仁的方法为何，是否极为困难。冈本监辅以为：

> 求仁之方，不一而足。举其最切且实者言之，直是与人相保而已。与人相保者，必要至诚恻怛，无有彼我之间。盖天地生物之心，充满宇宙，无有一处空间，无有一息间断，所以万物发生不息。若天地而无生物之心，则安得有万物相寻于无穷乎。人与物从天地生意中出，故必具此理，而人最灵，故恻隐慈爱之心，不能自息，自同类而及异类，次第保合，无不亲密，摩顶至踵，有触即发，如石中有火，击之乃见，便是本心之发见也。（体仁第五）

体仁是极为容易的事。只要不设彼我之差别，维持"与人相保"的关系，即彻底尊重人际关系和人与社会的关系，仁即在此人的心中。换而言之，只要以人的诚实为待人接物的根据，则体仁即能实现。因此冈本监辅说：

君子之学，自本及末，自始达远，是之则天，亦唯一诚而已矣。（学统第三）

圣人之道，行乎人伦日用之间，灿然其备，秩然不紊。其要一言以蔽之，曰诚而已矣。（学统第三）

何谓"诚"，其作用为何。《冈本子》叙述道：

诚为宇宙之本则，而已备乎人心，发于事物，终始本末一以贯，不须矫饰，专要涵养，是为孔门传受之正宗。（学统第三）

即架构以诚为孔门传授正宗的诚的哲学。在一贯篇中，冈本监辅更强调，沉潜于一德的贯彻而运用于万事万物，则能达到至善的境界。例如孔子所谓"吾道一以贯之"，其意乃在于"一德全于我，而妙要无穷也"（一贯第六）。所以此德可以是诚，也可以是正直，也可以是慈爱。

孜孜为善，心行一致，俯仰无所愧，则能与天地参，万物皆皈于我，其乐也，有不知手之舞之，足之蹈之者，而人亦化于善矣。要自慎独始，诚其意，不敢自欺也。其又何高远难企及之有。（力行第四）

与天地一体的是"诚其意，不敢自欺"，并非高远难以企及的。而此"诚之哲学"乃架构于个人与天地合一的宇宙论之上。关于这一点，《冈本子》有如下的说明：

万物原质，皆阴阳二气之所凝成也。合二气曰大气。其本体曰元气，元气即太极也。原质至精极微，充满宇宙，并宇宙，莫非斯物。磨保合，日新不息。其所以然者，是为太极。即道之全体，不外乎阴阳消长之理。太极元气，常具刚健中正纯粹精之德，主宰万物，为之枢纽。而渐次长进，必至其极，终而复始，循环无端，是道之大用，即天之所以为天造化不息也。

万物的原质为气，气之至精者为太极。此为气的消长之理。冈本监辅又说：

> 天地之间，唯有大道充塞，万古流行不息。其本位一而已矣，分为阴阳，列为五行，杂糅氤，而万物生焉。（论心第八）

道器篇更精细地论述"气"。

道之外无气，气之外无道。形而上，形而下，浑然无间，生生变化不息，是为自然之妙用。故言道则气在其中。言气则道在其中，二气与太极，本为一物，非二气之外别有所谓太极者，唯就气之大本源大主宰，中正纯粹，万古一定，不离乎气而能御气，不从气之动静而变，体于气之常而立者而尊称之，即二气之屈伸往来，自有一定之则者，是已。

所谓"二气"自然是指阴阳，而其消长之理，则是周子《太极图说》所说的"无极而太极"的表现。综观《冈本子》之所论，乃以天人物我、古往今来皆为一体，而其究极，则是"吾性与万物之理，皆至诚无息之本体也"。（道器第十一）因此，人之所以存在，乃在于"诚"。冈本监辅说"诚为道之元，道为诚之用"（道器第十一）。即真实地以本来所有的诚，贯彻于自己的生活当中，就是以道为用的生存方式。如此看来，《冈本子》的主旨，乃在论说"诚"的哲学。

《冈本子》颇引用《论语》《孟子》《易传》等儒家经典以展开自己的议论。如：

> 孟子曰尧舜之道，孝悌而已矣。人人亲其亲，长其长，而天下

平。尧舜之道，则天下之道，不外乎孝悌。人人自尽而已。虽尧舜
为法于天下，无以加焉。……可见孝悌为政之基，而风俗之淳，禁
令之修，皆自是而出也。（政法第十四）

即引用《孟子》之文章，以说明政治的要谛，乃在于孝悌。虽然法制成
于尧舜，但是当时只不过是孝悌之心的制度化而已。"故圣人主孝悌，自本推
之，以达末。"（政法第十四）孝悌原本是以血脉人情为基本所建立的上下关
系之德，由此推及于政治社会，则君臣关系亦可以模拟于父子关系。

父子有亲，而慈爱接物之风，遍于四海。君臣有义，而忠诚奉
公之道，达于国中。亲之与义，一体无间，出乎天，异于人，而如
日月丽于天，不可变异磨灭也。（政法第十四）

乃以《论语·学而篇》"有子曰：其为人也孝悌，而好犯上者，鲜矣。
不好犯上而好作乱者，未之有也。君子务本，本立而道生。孝悌也者，其为仁
之本与"为根据，建立由以仁为本的孝悌，而引申出忠义之义的理论构造。而
此理论尚不至于像后来极端地尽忠报国的主张。

对于当时喧腾一时的共和制，冈本监辅认为政治制度的提出，宜以尊重
该国的历史为前提。

（共和制）自华盛顿氏相传至今，仅仅一百余年，而豪杰争大
统领者，务媚人民，散财买誉，实繁有徒，纷议横生，动烦官长，
劳其兵力，南北战役，杀人如麻。吾恐合众协议之变为专制无限，
其间不能以发也。专制无限者，岂祖宗圣人之意哉。故共和之制，
其于美国，尚未保其无弊也，况于他国乎。斟酌其意，而施之于众
庶合议之地，则属无妨。安得拟之于一系万世之国乎哉。（政法第
十四）

共和制未必能适用于天皇制的国家。故"至于各国风俗好尚，彼此不同，未可援此律彼，如美国百年以降之制，安得援以为我之典要乎哉"（政法第十四）。则明白地指出万人平等的共和制与天皇制是捍隔不入的。

明治二十年（1887）前后，鹿鸣馆成立洋式舞蹈会，象征着日本心醉于欧美文化模仿的全盛期。当然以为媚于欧化风潮者，是没有见识的人也为数不少。但好不容易认知和汉学有实现的必要性，且设立的东京大学古典讲习科却仅有两届的毕业生，于明治二十一年（1888）就废止了。由此可知，毕竟一般社会还是盛行"事洋学而不喜和汉学，嘲笑汉学者为愚者"的风潮。

在此社会状况中，冈本监辅挺身于"斯文会"的设立，收集哲学馆的讲义时刊行"儒学"一册，且于明治二十二年出版《冈本子》一书。换而言之，冈本监辅在举世风行欧化之时，强调东洋思想与儒学的重要性，而提出自己的主张，企图力挽狂澜。其主张固然得到一部分人的支持，至于一般大众都赞同，却也未必。

《冈本子》的思想要旨，在于以气一元论为根本而架构的宇宙论和对应于此一宇宙论而提出的"诚"的哲学。进而以此主张呼唤沉迷于欧化主义的世道人心，能有恢复道义的觉醒。虽然冈本监辅所论说的，未必是新说，但是，其力挽狂澜的意志，是可以充分理解的。因此，由《冈本子》一书的内容，可以深刻地体认到冈本监辅咀嚼儒家思想，提倡东洋道德论的用心。

就全体而言，《冈本子》大部分是概论性的叙述，并没有特别引人注意的主张。但是，偶尔也提出较尖锐的见解。如《管子》一书的内容极为广泛，政治法制到心术论皆包含在内。因此，《冈本子》引用颇多。如论心第八有以下的问答。设问说到底人是用哪个器官来感知世界所存在的道，回答说是心。又心如何能知道，是由于心的虚一而静。然后，接着说：

> 人生而有知，知而有志。志也者藏也，然而有所谓虚，不以己所藏，害所将受，谓之虚。心生而有知，知而有异，异也者同时兼知之，同时兼知之，两也。然而有所谓一，不以夫一害一，谓之

壹。心卧则梦，偷则自行，使之则谋，故心未尝不动也。然而有所谓静，不以梦剧乱知，谓之静。

"虚一而静"一词虽出自《荀子·解蔽篇》，但由于心的统一性和集中力而知"道"的论述，则是《管子·心术篇》等所谓《管子》四篇的思想特征。因此《冈本子》的这段叙述，或根据《管子》四篇的说法而论述的。至于"虚"的意义，冈本监辅以为"虚"并不只是"虚无"而已，而是充实自我的知识，于探究事物时，没有先入为主的观念的"虚无"。如此理解"虚"的意义，是极为简明扼要的。关于"一"和"静"的解释也是如此。

《冈本子》虽然偶尔有如上述，提出锐利的见解。综括全书的论述，则在强调当今的急务是恢复道义与道德心。进而指出此急务的达成，并非难事，只要维持良好的人际关系，并加以拓展即可。至于人际关系的维持，即在于每个人的"诚"的复归，且彻底地实践，则良好的人际关系，就能平坦地展开。

冈本监辅之所以提出如此的主张，乃抱持着当代中国学学者，即儒者承担时代责任的自觉。面对当今的情势，而反省自身从来所理解的东洋的学问究竟是什么，时潮所尚的欧美文化的本质是什么，又如何对应来势汹汹的西洋文明等问题。冈本监辅反省的结果，如芳贺矢一于《冈本子》跋文所叙述的，"（冈本监辅）发愤读泰西之书"而论著《冈本子》一书，以提出其思想主旨。综观《冈本子》的内容，果真是抱持着儒家"任重道远"的精神，毅然决然地以全幅的心力面对欧美文化。芳贺矢一推崇冈本监辅，说"虽然今之学者，相胥流于浮萍者也，其读冈本子，以为迂阔者必多矣"。但苏格拉底之说道德，虽为当时人所讥笑，而千年之后，其论说却成为定论。因此"焉知今日之笑冈本子者，亦莫非当时之笑苏氏者哉"。

先于冈本监辅，在明治六年（1873），晚年的安井息轩以为蜂拥而来的欧美文化的本质是基督教，乃以其穷年研究圣经，指出圣经矛盾与虚妄的所在，进而以宿儒的立场尖锐地批判基督教的教义，撰述《辨妄》一书。山路爱山指出："就当时的知识水平而言，《辨妄》一书是非凡的杰作。"但是，当时崇信基督教为文明支柱的青年人却以为《辨妄》的主张，"无非是无用之观"①。执着于以儒家精神维持东洋社会秩序的老儒者的呼唤，终被时代的洪流所吞没。

《冈本子》的运命大抵和安井息轩的《辨妄》相同，虽然受到一部分人的赞同，却终究消失于时代的潮流中，而为后人所遗忘。但是，在欧化万能的时流中，以形而上与形而下两方面细说对抗于西洋的东洋立场及其本质的《冈本子》，时至今日，诚有重新评价的必要。毕竟冈本监辅通过《冈本子》一书，提出修正欧化一边倒的偏向，进而高唱东洋精神。即使被讥笑为陈腔滥调，不合时宜的儒家本位主义与东洋精神尊重的主张，由于安井息轩、冈本监辅等人大声高呼的结果，逐渐唤醒后人的心志，理解并重视植根于传统的正统文化。就此意义而言，《冈本子》是叙说明治时代之学术思潮极为重要的资料。

三、古典讲习科

明治十年（1877），东京大学创立。于文学部第二科设置了汉文学科。但是当时英文学是大学必修科目，大学的所有科目都以英语教学。总理法文理三学部的加藤弘之鉴于汉学的大老凋谢殆尽，应培养后继者，以保护并维持日本传统学问。再者无论研究历史或政治学，都必须要有和汉古典、历史、文学等基础知识为理由，在明治十二年（1879），向文部省申请于东京大学设立"古典讲习科"。但是文部省没有答应。十四年（1881）再度提出，十五年（1882）5月，同意文学部新设设立以"国学"为主的"古典讲习科"。同年11月，文部省专门局长滨尾新提出设立汉文学讲习科的必要。于是以"国学"为主的"古典讲习科"称为"古典讲习科"甲部，以"汉文学"为主的称为"支那古典讲习科"属于"古典讲习科"乙部。修业年限为四年。招收四十名学生。

---

① 山路爱山：《现代日本教会史论》，第30—43页。

在大学经费困难，而且受到一般社会流行尊重"洋学"风气的影响，明治十八年（1885）停止招收古典讲习科的学生，二十年将古典讲习科的修业年限缩短了一年，二十一年废止。毕业生共四十四名。

明治天皇于十九年（1886）视察东京大学，由元田元孚整理而颁布了《圣谕记》。其中期待古典讲习科能培养出通晓"治要之道"，能经世济民的人才。虽然，古典讲习科的毕业生未必能为世所用，但是由明治后半到昭和初年，代表日本东洋学的俊才辈出，古典讲习科是有承先启后的地位的。因为第一，"古典讲习科"所讲授的不是"左国史汉"和汉诗习作，而是以《皇清经解》为中心的纯粹的实证的学问。换句话说，"古典讲习科"所传授的是与政治道德分离的纯学问意识。近代的"汉学"研究可以说是由"古典讲习科"开始的。第二，由于汉学研究领域的扩大而有崭新研究分野的创立。这也是"古典讲习科"的成果。如林泰辅的中国古代史和甲骨文的研究，长尾雨山的中国艺术论，都是新分野的开拓。至于"日本汉学史"的研究，如安井小太郎的"本邦儒汉学史"，则是受到西洋学术研究的影响而新产生的一门学问。第三，"古典讲习科"的毕业生虽然只有四十四名，但是能继承江户时代的学问研究，又活跃于当时的日本汉学界，在日本一流大学教授生徒，建立了近代中国学研究的基盘，确立了承先启后的地位。①

四、《栈云峡雨日记》与《观光记游》

明治初期，两位日本人到中国旅行，各以汉文记述其见闻。其一为竹添光鸿于明治九年（1876）记载其游览中国西北、西南部而成的《栈云峡雨日记》。其一为冈鹿门于明治十七年（1884）以记录上海为中心之东南游历而成的《观光记游》。

竹添光鸿的《栈云峡雨日记》以山水、风土，即自然描写为中心。冈鹿

① 关于"古典讲习科"的详情，参见町田三郎：《東京大學〈古典講習科〉の人人》，载《九州大學哲学年报》（51），1992年3月。其后收入《明治の漢學者たち》，东京：研文出版，1998年1月，第128—150页。

门的《观光记游》则着重于人物、政治、时事的记述。在《栈云峡雨日记》中，随处可以看到近代日本人首次旅游中国，对中国风物极为感动的叙述。但是冈鹿门的中国纪行，则倾向于对当时中国政治、社会的批判。何以二人皆受到汉学的熏陶，然则二游记前后相距八年，对于中国的观点却大相径庭。探究其原因，大抵有二。

第一，两人的年龄、性格与立场有差异。旅行中国时，竹添光鸿是三十五岁，冈鹿门是五十岁。竹添光鸿洋溢着而立之年的热情，冈鹿门则显示出沉稳历练的老成。竹添光鸿当时是一国的外交官，自然不容许任意发言。冈鹿门是在野的文人，即使做政治评论，也无关宏旨。

第二，竹添光鸿的中国之旅在明治九年、冈鹿门的旅行则在明治十七年。在这八年间，中国与日本的情势都产生了极大的变化。此或许是二者产生差异的最重要的原因。幕末维新的动乱情势止息，成立安定的近代化政府，是在明治十年的西南战争停止以后。换句话说，国家统一，建立了近代化国家体制。日本即显示出亚洲国家中欧洲列强式的姿态。开始仿效欧美列强的侵略行为，眈视朝鲜和中国。由于明治政府俨然有亚洲中最先进国家的强势态度，身为先进日本国国民的冈鹿门的中国观，自然与憧憬中国历史风土的竹添光鸿有极大的不同。在亲闻中国知识人对日本的情势一无所知，又看到清朝对法国侵略中土而束手无策的情况时，对中国即采取严肃的批判。冈鹿门在《观光记游》的"例言"中，率直地指出："是书间记中土失政弊俗，人压或议其过甚。余异域人，直记所耳目，非有意为诽谤。他日流入中土，安知不有心者，或取为药石之语乎。"

一般人以为日本对中国观的转变，是始于明治二十七八年的中日战争。其实，部分的知识人在明治十七八年时，即有日本是先进国的倾向。冈鹿门的《观光记游》或许正显示此一倾向的端绪。①

---

① 关于二游记的论说，参见町田三郎：《〈栈云峡雨日记〉与〈观光记游〉》，见《陈奇禄院士七秩荣庆论文集》，台北：联经出版事业公司，1992年5月，第41—57页。

五、《汉文大系》与《汉籍国字解全书》

服部宇之吉编集的《汉文大系》刊行于明治四十一年到大正五年（1909—1916）的八年间。全书按四部分类的话，可分为：

经部　易经、书经、诗经、春秋左氏传、礼记、四书、弟子职、小学

史部　战国策、史记（列传）、十八史略

子部　老子、庄子、墨子、韩非子、管子、荀子、淮南子、七书、孔子家语、近思录、传习录

集部　楚辞、唐诗选、三体诗、古文真宝、文章规范、古诗赏析

《汉籍国字解全书》于明治四十二年到大正六年（1960—1917）的八年间分四次出版。收集了江户时代的国字解，即所谓"先哲遗著"和新的注解而成。

第一辑　四书、易经、诗经、书经、小学、近思录、老子、庄子（内篇）、列子、孙子、唐诗选、古文真宝

第二辑　春秋左氏传、传习录、楚辞、管子、墨子、荀子、韩非子

第三辑　礼记、庄子、唐宋八家文读本

第四辑　文章规范、续文章规范、十八史略、战国策、国语、淮南子、蒙求

六、结语

于幕末维新之际，面对西洋文明的冲击，盐谷宕阴在所著的《六艺论》中，提出以东洋的传统文化与制度，维护东洋秩序，匡救时政的论著。安井息

轩的《辨妄》则以老儒生的执着与对东洋文化的信念，来对抗西洋文明。换句话说，幕末维新的文化攘夷论是针对西洋文明而发的。但是，对西洋文化的攘夷论，在全面文明开化的时代潮流中，终成为历史的绝响。

明治十年以后，日本跃升为亚洲的先进国，知识人对中国的观点也有显著的转变。冈鹿门的《观光记游》即是一个证明。而中国观的转变，也带动本土文化意识的高昂。《汉文大系》与《汉籍国字解全书》的编集，即汉学日本化的产物。换句话说，明治十年以后的文化攘夷论是针对中国学术而发的。从明治以后的汉学研究一方面继承江户时代的儒学研究成果，一方面吸收西洋学术研究方法，而开创了近代日本学术文化的局面。今日日本的东洋学，特别是宋明学、佛教研究、东洋史学的研究成果正是日本学界夸耀的所在。

附录：日本幕末以来文化攘夷论年表

1846年，美东印度舰队司令官与幕府交涉

1853年，美印度舰队停泊浦贺港，提出国书要求建交

1854年，《日美亲善条约》缔结

1858年，《日美修好通商条约》缔结

1858年，盐谷宕阴《六艺论》刊行

1860年，攘夷论的提出

1862年，生麦事件（萨摩藩士杀伤外国人事件）

1863年5月，长州藩炮击外国船只

1863年7月，萨英战争

1866年，安井息轩请中国学者为所作《管子纂诂》撰序——尊重中国学术

1873年，安井息轩《辨妄》刊行——与西洋文明对抗

1876年，竹添光鸿《栈云峡雨日记》出版——对中国历史文化的憧憬

1877年，西南战争结束——日本自视为亚洲中先进国的关键

1880年，斯文会成立（东京）——振兴道德，兴隆经术文学

1882年，"古典讲习科"创立——汉学复兴（汉学家的培育）

1884年，冈鹿门《观光记游》出版——对中国学术、政治的反省

1886年，《圣谕记》颁行——汉学复兴（以和汉学造就经世人才）

1889年，冈本监辅《冈本子》刊行——与西洋文明对抗的绝响

1894年，安井小太郎《本邦汉学史》——重视日本本土学问的提倡

1900年，井上哲次郎《日本阳明学派之哲学》出版

1902年，井上哲次郎《日本古学派之哲学》出版

1905年，井上哲次郎《日本朱子学派之哲学》出版

1907年，服部宇之吉编辑《汉文大系》（中日经传注疏之代表作的编辑）

1909年，早稻田大学编辑《汉籍国字解全书》（日本先儒著作的编辑）

1920年，支那学社成立（京都）——近代中国学的形成

1924年，内藤湖南《日本文化史研究》出版

狩野直喜的中国文化史论

一、京都中国学的创始及其意义

狩野直喜生于明治维新的前一年，明治二十八年（1895）毕业于东京帝国大学文科大学汉文学科。受到明治初期"文明开化"运动的影响，汉学研究也不例外。中国学"文明开化"的走向及意义的设定，是汉学研究者的究极关怀。狩野直喜或祖述乡里前贤松崎慊堂提倡汉唐注疏的学风，又接受岛田篁村清朝经学的启蒙，留学中国，目睹清朝学术风尚，以超越江户幕府以来所持续的御用儒学，采用实证科学方法研究中国文化。即排斥因袭配合官府宰制，以修齐治平为理想而导入施行中国文化的儒学，而以经典批判之文献考证的立场，客观的究明中国文化本质为究极。故舍弃易流于空疏的宋明理学而继承考证的学风，提倡复兴汉代古学的新汉学。当时东京的中国学研究者虽志于中国学研究的革新，依然不能免于幕府三百年以宋明儒学为主流的因袭，因此，新汉学的旗帜不能鲜明高举。

狩野直喜自称其学为"支那学"，取义与西方"Sinoligy"相近，"支那"和"Sin""China"语意同源，为世界所广用，古代中国佛教信徒亦曾使用。"支那学"于大正末年至昭和初期，以京都大学为中心而盛行。"支那学会"结合研究文史哲各领域的俊秀，昭和十年（1953）之时，会员超过300人。刊行《支那学》，登载世界汉学研究的成果。又由弘文堂发行"支那学丛书"，出版教授学人的专著和还历退官纪念论文集。故新村出编辑《广辞苑》，盛称狩野直喜是"京都支那学之开祖"。

狩野直喜取向于欧美汉学研究者专事研究的态度，以研究不涉及政治世事为前提，即以最纯粹的中国及中国文化的研究为究极。学问的方法则以科学实证探究中国文化为主旨，上自古代下及清末，既沉潜古典儒雅的经传诗文，也涉猎戏曲小说的俗文学。[①]

二、狩野直喜的中国学讲述

狩野直喜述而不作，传世论述大抵是大学授课的讲稿，死后为门下弟子或子嗣整理刊行的。[②]明治三十九年（1906），京都帝国大学文科大学（文学院）设立，狩野直喜受任中国哲学史研究室教授，翌年，招聘内藤湖南任教东洋史学，二人开创与东京学风迥异的中国学。东京继承江户儒学，主于宋明理学的讲述立说，京都则结合江户考证、西欧实证与清朝考据而树立古典文献考证和原典批判的东洋学。至于学问领域，不但继承日本古代以经学为主流的传统，又开拓清朝研究、中国学术史、敦煌学与戏曲小说之俗文学等新领域。因此，京都中国学不但是日本近代中国学的象征，也与北京、巴黎并称为世界汉学研究的中心之一。兹从中国文学、经学、学术史的研究，探究狩野直喜中国学的究竟。

（一）中国文学研究

《中国文学史》是狩野直喜于明治四十一年（1908）9月，京都帝国大学文科大学开设以来授课的讲稿，由吉川幸次郎和狩野直祯根据狩野直喜四种

---

① 有关狩野直喜"支那学"的创始及其意义的论述，参见宫崎市定：《清朝的制度与文学·解说》，东京：みすず书房，1984年5月，第440—445页。

② 《中国哲学史》（1952年12月，岩波书店）、《两汉学术考》（1964年11月，东京：筑摩书房）、《魏晋学术考》（1968年1月，东京：筑摩书房）、《中国文学史》（1970年6月，东京：みすず书房）、《中国学文薮》（1973年4月，东京：みすず书房）、《论语孟子研究》（1977年3月，东京：みすず书房）、《汉文研究法》（1979年12月，东京：みすず书房）、《读书纂余》（1980年6月）、《清朝的制度与文学》（1984年6月，东京：みすず书房）、《中国小说戏曲史》（1992年3月，东京：みすず书房）、《春秋研究》（1994年11月，东京：みすず书房）。

原稿和青木正儿的听讲笔记编辑而成，于1970年6月出版刊行。①全书有"总论"，分论"中国文学的范围""从修辞看中国文学的特色""中国文字的起源"以及"孔子以前的文学思想""春秋战国时代的文学""秦汉文学""六朝文学"四编，综述上古以迄六朝文学的特质。吉川幸次郎强调此书具有创始性的意义，著述的旨趣则在于以沉潜之功，成就洞察的法眼，进而建立"心得"的主张。至于狩野直喜儒雅与文雅兼备而"风神"飒爽的学人风格，亦洋溢于字里行间。所谓"创始"是就成书年代和文学研究领域的开拓而言。洞察的前提是中国古典文学作品的熟读和字义与内涵的正确理解，重视文学形成的时代背景，考究文学的继承发展，确立其价值序列。洞察的所在是超离日本汉学的歪曲和缺失，直指中国文学的本质，树立中国文学的价值基准。又与其他文明比较，认识中国文明的特殊性及特有的价值。至于"心得"则是中国文明的价值在于感性的尊重，又以中国古典诗文的涵养作为创作诗文的源泉和养分的学问态度，认为中国古典诗文的特质是"儒雅"，进而推崇沉潜于理性与知性锻炼的致密性诗文为中国古典文学的极致。

狩野直喜于明治四十一年（1908）9月于京都帝国大学文科大学的"普通讲义"（相当于共同科目、通识课程）讲授中国古代至六朝的文学史，大正五年（1916）至十一年（1922）在"特殊讲义"（中国文学、中国哲学系所的专业科目）先后讲授"中国小说史"（大正五年）、"中国戏曲史"（大正六年）"清朝文学"（大正十一年）。其于中国文学史的讲述虽晚于古城贞吉《中国文学》（明治三十年，1897）、久保天随《中国文学史》（明治三十六年，1903）和英国人翟理斯（H.A.Giles）的 *A History of Chinese Litevature*（1901），而早于中国于辛亥革命以后有关中国文学史的诸著述，和德人顾威廉（Wilh. Grube）的 *Geschichte der Chinesischen Literatur von*（1909年）。至于司马相如以迄六朝徐陵、庾信之辞赋骈文的讲述，是日本江户汉学以来未尝论述及之的领域，小说、戏曲史的讲述，不但是京都中国文学研究的先河，

---

① 狩野直禎：《中國文學史·あとがき》，见《中国文学史》，东京：みすず書房，1970年6月，第473、474页。

其后，由于青木正儿、吉川幸次郎与小川环树①的继承发扬，与久保天随、盐谷温（1878—1962）相互辉映，中国传奇小说和戏曲杂剧的研究遂成为日本大正到昭和前期（战前）中国文学研究的显学。而清朝文学的论述，不但是日本的先驱，也早于中国和西方。再者，有关礼的论述是日本汉学研究最为疏漏的所在，狩野直喜于明治三十六年4月中国留学归国后到赴任京都帝国大学教授（明治三十九年，1906）之前的三年间参与台湾总督府调查台湾旧惯事业，从事《清国行政法》的编纂，因此精详于中国的法制史，讲述"清朝制度"（收载于《清朝的制度与文学》），"三礼"（收载于《中国文学史》第二编"春秋战国时代的文学"第二章"经书"第四节"礼"），又论述《礼经与汉制》《我朝对唐制的模仿与祭天礼》《清朝地方制度》（收载于《读书纂余》），独树徽帜。至于先秦经书和诸子文学价值（收载于《中国文学史》第二编"春秋战国时代的文学"第三章"经书"第五节"诸子文"）的提出，也是前人所未发。就此意义而言，狩野直喜于中国文学史的讲述，是有创始意义的。

狩野直喜认为日本江户以来汉学研究的偏差，起因于根据"日本的气质"而取舍选择，导致远离中国文学本来的价值基准。如日本汉学历来偏重《唐宋八大家文》《文章规范》等平易的选本，徂徕古文辞学派重视明代文学而轻蔑清朝文学的倾向，喜好如赖山阳感情泻洒恣放的散文或幕末尖艳的诗风等流俗，皆未能体得中国文学的核心本旨。乃异于历来的好恶取舍，留意中国

① 青木正儿有《中国近世戏曲史》［见《青木正儿全集》（第三卷），东京：春秋社，1972年9月］，《元人杂剧序说》《元人杂剧》［见《青木正儿全集》（第四卷），东京：春秋社，1973年5月］；吉川幸次郎有《元杂剧研究》［见《吉川幸次郎全集》（第十四卷），东京：筑摩书房，1968年9月］；小川环树有《中国小说史研究》（东京：岩波书店，1948年11月）。久保天随以《〈西厢记〉研究》获得文学博士学位，又有《中国戏曲研究》（东京：弘道馆，1928年9月），《中国文学史（稿本）》（东京：早稻田大学出版会，1903年8月），《中国文学史》（东京：博文馆印刷所，平民书房发行，1907年2月）等专著。盐谷温于大正二年在东京大学讲述"中国戏曲概论"，八年以后，论著《中国剧的发展》《宋杂剧》《中国戏曲的沿革》，翻译《琵琶记》《桃花扇》《剪灯新话》等书。

文学继承发展的流衍，祖述顾炎武的"世风"说，重视文学形成的时代精神，重新选别时代主流的文学体裁，讲述汉魏辞赋、六朝骈文、宋元戏曲杂剧、明清小说。又比较世界主要文明，强调中国文明的价值在于感性的尊重，而在古典文学的具现，则是"儒雅"的内涵。其于经书解释的取向，不采江户儒学之以程朱宋学为中心的学风，而尊重汉魏古注和唐代正义。如讲述《诗经》而评论朱注得失，说："朱子学之所以倾向于道德意识的严肃主义，乃取重于道德而排斥感情之所致。"①其以为"中国文明的形态是文学与哲学密接相关而发展的"②，哲学的论述蕴含着文学的感性，文学的创作亦以儒雅为内涵，而以文雅的表现为正统。狩野直喜强调"儒雅"是中国文学的本质，经过理性与知性锻炼的致密诗文才是中国古典文学的上乘。沉潜于中国的古典文学的蕴涵，主张"儒雅"与"文雅"的融贯是中国文明异于其他文明的特质所在，此为狩野直喜的"心得"。其于诗文创作与书帖运笔亦以洗练优雅去芜存菁的本质是尚，《君山文》《君山诗草》了无江户汉诗文杂驳粗略的弊端，措辞与构思的纯熟和致密能与中国诗家文人比肩，书帖师法清朝刘墉和翁同龢，超脱日本低俗的习气，于"重厚中有婀娜之姿，雄浑而温润"③。

狩野直喜为何以中国古典的沉潜为学问的根底，以中国文明本质的探求为终身的职志，甚至戏言"恨不生于中国"④。盖与其所生、所学、所游、所遇的人生际遇和文化主体性的自觉认同有密切的关联。狩野直喜生于熊本，幕末熊本的学术风尚自由开放，藩学虽以朱子学为主，而古学、实学、阳明

---

① 狩野直喜：《中国文学史》第二编"春秋战国时代的文学"第三章"经书的文"第三节"诗"，东京：みすず書房，1970年6月，第81页。

② 狩野直喜：《中国文学史》的"总论"第一节"中国文学的范"，东京：みすず書房，1970年6月，第3—4页。

③ 狩野直喜汉诗文的评价，见吉川幸次郎：《中国文学史·解说》，见狩野直喜：《中国文学史》，东京：みすず書房，1970年6月，第469页。书帖风格的评论，见桑原武夫的《君山先生》，先后收载于《东光》（第5号），1948年4月，第92—98页；《桑原武夫集》（第二卷），东京：岩波书店，1980年5月，第389—404页。

④ 参见吉川幸次郎：《中国文学史·解说》，见狩野直喜：《中国文学史》，东京：みすず書房，1970年6月，第466页。

学等诸学兼容并蓄。高中的外国语教育，除了英语以外，也顾虑熊本的地理形势和对外关系，开授中国语和韩国语。狩野直喜幼习汉文，高中兼修英语和中国语。明治二十五年（1892）入学东京帝国大学文科大学汉文科，当时东京大学以英语为授课，非通晓英语者，不能入学，可知狩野直喜于英语的熟练。至于汉文科的选择则与幼年的学习熏陶不无关系。在学期间，敬仰岛田篁村祖述清代经学的学问，而倾心于《皇清经解》的钻研，树立以清朝考证学为基底而探究中国文化学术本质的学问宗尚。明治三十四年（1901）留学上海，体验清末中国的学术风尚，确认中国文化的特质。经东大同学藤田丰八的引介，结识主事东义学社的罗振玉。又出入"亚洲文会"，即干立协会北中国支部（The North China Branch of the Royal Asiatic Soceity）的图书馆，涉猎馆藏欧洲东洋学的图书，以纯熟的外语而交友于最初介绍西方所谓"汉学"的艾约瑟（Joseph Edkins）等学者，开拓汉学研究的视野。赴任京都帝国大学之前，整理清朝旧惯，编纂《清国行政法》，确立以礼仪制度为中心的经学研究的取向。任教之后，与同事的内藤湖南、桑原骘藏、铃木虎雄、高濑武次郎、富冈谦藏和学生青木正儿、小岛佑马等人，成立"支那学社"，刊行《支那学》，致力于京都中国学的树立。又知交于西洋史的原胜郎、德国文学的藤代祯辅、西洋哲学的西田几多郎、印度哲学的松本文三郎、日本史的内田银藏、日本文学的藤井乙雄、地理学的小川琢治，经常召开"恳话会"，展开不同领域的讨论会，架构宏观的思维体系。明治四十三年（1901），到北京调查敦煌写本，结识王国维，关注小说戏曲的作品，展开俗文学的研究。明治四十五年（1912），游历欧洲，调查收藏于英、法的敦煌文书，与西方研究敦煌学的学者交流，理解欧洲于中国学研究的成果。

　　由于狩野直喜精通中、英、法语，又涉猎东西汉学，开拓中国文学新领域的研究，故原胜郎称誉之为"国宝级的存在"[①]。至于狩野直喜的学问性格，内藤湖南论说："章实斋曰世之言学者不知持风气而惟知风气。夫所谓持

----

　　① 参见吉川幸次郎：《中国文学史·解说》，见狩野直喜：《中国文学史》，东京：みすず书房，1970年6月，第468页。

风气者，岂易言哉，其必聪明绝特绩学渊邃，足以信乎世而孚于人，其识力足以回斡一世而导其所向云尔。求之今时，若狩野君山先生洵其人欤。……爰泊明治采取泰西学术，举世风靡，至于汉学之徒浮沉随俗，剽剥东西炫耀新异，以邀声誉，问学之风日趋轻薄。当斯时，先生司教于京都大学，辨著述之流别，明家法之可重，虽旁通西学，知其学之方深微缜密，可资以苴补东方之罅漏，而择言至精，痛斥杂糅纯驳之弊，使学者始知所归趋。尔来廿余载，不独域内学风为之一变，施及赤县欧西，闻风而兴，来而问津者踵相接天下。支那学于斯取准焉，于戏烨矣。"①狩野直喜所谓"恨不生于中国"，虽是戏言，却可窥知此为其以中国文学的价值基准，探究中国文学的本质，以沉潜洗练的工夫，体得"儒雅"的内涵，进而成就精通文章经术的通儒之学为究极的"心得兴到"之言。大正元年（1912）狩野直喜游历欧洲，王国维赠诗曰："君山博士今儒宗，亭亭崛起东海东。平生未拟媚邹鲁、肸蚃每与沂泗通。自言读书知求是，但有心印无雷同。"②诚平生第一知己的持平之论。

《中国小说戏曲史》是根据狩野直喜于大正五六年间在京都帝国大学"特殊讲义"讲述"中国小说史"与"中国戏曲史"的家藏讲义底稿，整理刊行出版的。前半中国小说史有"总论""小说之起源""魏晋南北朝小说""唐人小说""宋元小说""《水浒传》""《三国演义》与《西游真诠》""明人小说""清人小说""《红楼梦》"十章和附录"中国之俗文"，后半《中国戏曲略史》有"总论""上古至秦汉之剧""六朝隋唐之剧""宋代之剧及乐曲""金之《连厢词》与董解元《西厢记》""元杂剧""南曲与传奇"七章及附文"元曲角色考"。狩野直喜于中国古典小说的讲述早于鲁迅在北大开讲"中国小说史略"（1920），开创中日两国倾心研究俗文学的先河，具有划时代的意义。至于戏曲杂剧的论述，稍晚于王国维《宋

---

① 内藤湖南：《景印旧钞本礼记疏残卷跋代狩野教授还历纪念会昭和三年二月》，见《内藤湖南全集》（第十四卷），东京：筑摩书房，1976年7月，第125页。

② 收载于《观堂集林》（第二十四卷）。

元戏曲考》（1915），为日本研究中国戏曲杂剧的鼻祖。①

狩野直喜之关注中国戏曲小说，始于北京留学之时。古城贞吉说，狩野直喜在东大虽主修程朱儒学而其关心则在文学。留学北京，吾志在戏曲小说的研究。狩野君见吾收藏文学关系书籍，亦有意兼修文学。②盖狩野直喜留学清朝，旨在探求中国学术，特别是经学的本质和清代考据的究竟，目睹清末文学风尚，亦决意从事小说戏曲之新领域的研究。归国后，于明治四十年（1907），在"支那学会"讲演"支那戏曲的起源"，在京都帝国大学文学会讲演"《水浒传》的材料"。③又于同年3月和明治四十二年（1909）1月，先后在《活人》发表以英文撰写的 *On the Authorship of the Hung-lou Meng and the Date of its Composition*《论〈红楼梦〉的作者及其创作年代》和在大阪《朝日新闻》登载《关于支那小说〈红楼梦〉》。二文早于蔡元培《石头记索隐》（1912）和胡适《红楼梦考证》（1921），为中日研究《红楼梦》的先驱。

明治四十二年12月和明治四十三年1月又分别于"支那学会"讲演"琵琶行にもとづける杂剧"（《琵琶行》及相关杂剧），在大阪《朝日新闻》刊载《琵琶行を材料とした支那戏曲に就いて》（《关于以〈琵琶行〉为材料的中国戏剧》）。明治四十三年（1910）4月在京大讲读《汉宫秋》和《窦娥冤》。同年8月赴北京调查敦煌文书之际，搜集与元曲有关如白仁甫《天籁集》等资料。又会晤王国维，谈论有关元杂剧的研究。④明治四十四

---

① 狩野直喜于中国小说的讲述具有划时代意义，见于神田喜一郎：《狩野先生と敦煌古书》，载《东光》（第5号），1948年4月，第42—50页。戏曲杂剧的研究是日本的鼻祖，见于青木正儿：《君山先生と元曲と私》，载《东光》（第5号），1948年4月，第15—18页。

② 古城贞吉：《狩野博士と私》，载《东光》（第5号），1948年4月，第71—73页。

③ 《水浒伝の材料》改题《水浒伝と支那戏曲》，载《艺文》（第1年第5号），1910年8月，其后收载于《中国学文薮》，东京：みすず书房，1973年4月，第205—215页。

④ 狩野直喜《王安静君を忆ふ》记载：余于京都大学讲元杂剧，王静安君与余同步武，已著述《曲录》《戏曲考原》之书。余淹留北京，与王君会面，听闻其于元杂剧之研究，甚有意义。载《艺文》（第18年第8号），1927年8月，其后收载于《中国学文薮》，东京：みすず书房，1973年4月，第366—373页。

年（1911）2月和3月先后在《艺文》，连载《元曲的由来与白仁甫的〈梧桐雨〉》的论文。因此，青木正儿于《君山先生、元曲与我》说，先生实我国于元曲研究之鼻祖。江户时代无元曲研究。明治四十年前后，介绍《元曲选》梗概之学者有幸田伴露与森槐南二人。君山先生具体揭示其研究元曲成果之一端虽晚于二先生，明治四十三年于京都大学之讲课，先论述戏曲史之大要，而后解读《汉宫秋》《窦娥冤》二曲，其解读方法之合理正确与幸田和森二人止于梗概之略说，自不可同日而语。正确解说元曲读法始于君山先生。至昭和三年（1928）退休之十七年间、大抵每年讲授，就此意义而言，先生可谓为我国研究元曲之开祖。①

大正元年秋到二年10月，狩野直喜游历欧洲，调查敦煌文书，考察欧洲汉学，特别留意小说戏曲的研究动向，考证收藏于苏俄的杂剧零本是"刘知远诸宫调"，撰述《中国俗文学史研究材料》，记载欧洲于中国戏曲小说研究的见闻。大正五年9月至六年6月，先后讲授"中国小说史"和"中国戏曲史"。神田喜一郎说：狩野直喜先生纵横驱使于英、法两京，誊写学界未知之新资料，论述中国白话小说和弹词起源于唐代，为划时代的新研究。20世纪初期的二三十年间，中日于中国俗文学研究风行，先生的论述是居功厥伟。②《中国小说史》解题敦煌出土《五代平话》《京本通俗小说》等宋元小说，考证《水浒传》作者、成书年代以及与《宣和遗事》之关系，从《红楼梦》的语言，考证曹雪芹的出身，书中人物的家谱及其真实性，又从人物性格刻画的细密和文辞艳丽纤细，品评《红楼梦》是中国小说中的杰作。至于《中国戏曲略史》综述中国戏曲史的大要，论述元杂剧的结构，说明曲剧的宫调，考证元曲的角

---

① 青木正儿：《君山先生と元曲と私》，载《东光》（第5号），1948年4月，第15—18页。吉川幸次郎于《先师と中国文学》说，狩野直喜是元曲研究之先驱。大正初年京都大学文科大学复刻罗振玉所藏《古今杂剧三十种》，先生作跋（收录于《君山文》和《中国学文薮》），可以窥知其开拓新分野之旨趣所在［载《东光》（第5号），1948年4月，第18—27页］。

② 神田喜一郎：《狩野先生と敦煌古书》，载《东光》（第5号），1948年4月，第42—50页。

色，得与王国维《宋元戏曲考》相互辉映。

（二）两汉文化论

狩野直喜以为两汉"世风"，即时代精神的差异，以致文学风格、经术取向、文化内涵而所有不同。狩野直喜强调，由于两汉建国之际的天下情势、帝王将相的性向才情与天下底定后之政治人心的差异，而其经学与文学亦有殊趣。秦末局势，如《汉书·蒯通传》所说："秦失其鹿，天下共逐之，高材者先得。"天下动乱，群雄蜂起，六国后裔以其门地，收服人心，而欲恢复旧，如项羽拥立楚怀王遗绪，称义帝而兴兵起义，韩、燕、齐各地背秦自立者纷起。又有出身草莽，如陈胜、吴广、刘邦等，揭竿而起。刘邦终入主关中，败楚而建立汉朝天下。东汉鼎移情势则与西汉不同。新莽末年，群雄割据的情势虽与秦末类似，而文化环境则大有不同。秦以法治天下，二世而亡，政治学术仅略具规模而已。西汉十一帝二百余年，文物制度具备。虽王莽篡汉，而汉朝文化命脉承继未绝，鼎沸之际，时人咸称"大汉中兴"。如《后汉书·光武帝纪》所载，光武未起时，宛人李通以"刘氏复起，李氏为辅"的图谶说光武。入长安，舍生奉"刘秀发兵捕不道，四夷云集龙斗野，四七之际火为王"的赤伏符示光武。即帝位，群臣引"刘秀发兵捕不道，卯金修德为主"的谶说祝贺。盖高祖以匹夫起于草泽而创造帝业，光武继承汉祚而成就中兴，是两汉建国情势歧异的所在。

帝王及其辅弼功臣的才性亦有差异。高祖及其部属大抵为草莽英雄而缺乏学问涵养，高祖轻蔑儒生，其辅翼之人亦未必知晓礼乐。《史记·叔孙通传》记载："汉五年，已并天下，诸侯共尊汉王为皇帝于定陶。……群臣饮酒争功，醉或妄呼，拔剑击柱，高帝患之。叔孙通……说上曰：夫儒者难与进取，可与守成。臣愿征鲁生，与臣弟子共起朝仪。……汉七年，长乐宫成，诸侯群臣皆朝。……至礼毕，复置法酒。……竟朝置酒，无敢欢哗失礼者。于是，高帝曰：吾乃知为皇帝之贵也。"可知高祖与创业功臣多为英雄豪杰而学识浅薄。光武及其辅佐大臣则不然。《东观汉记》曰："（光武）年九岁而南顿君卒，随叔父在萧，入小学，后之长安，受《尚书》于中大夫庐江许子威……大义略举，因学世事。朝政每下，必先闻知，具为同舍解说。"即帝位，朝仪罢，则与公卿郎将讲论经义。天下底定，尊儒学而兴太学。至于云台二十八将既习武艺亦通文学，如邓禹年十三能诵诗。《后汉书·邓禹传》曰：有子十三人，各使守一艺，修整闺门，教养子孙，皆可以为后世法。《后汉书·寇恂传》曰："恂素好学，乃修乡校，教生徒，聘能为《左氏春秋》者，亲受焉。"《后汉书·冯异传》则说冯异"好读书，通《左氏春秋》《孙子兵法》"。《后汉书·贾复传》说贾复："少好学，习《尚书》，事舞阴李生，李生奇之，谓门人曰：'贾君之容貌志气如此，而勤于学，将相之器也。'"大抵为谨直笃实，好学之淳良君子。光武底定天下之后，避用兵而好文治务吏事。唯虽优遇功臣而置之闲职，不得参预政事。高祖生性猜疑，功臣鲜能终其天年，然豪杰性格，论功行赏，辅弼英雄皆列侯王。如《晋书·石勒载记》中石勒所论："朕若逢高皇，当北面而事之，与韩彭竞鞭而争矢耳。脱遇光武，当并驱于中原，未知鹿死谁手。大丈夫行事当礌礌落落，如日月皎然。终不能如曹孟德、司马仲达父子，他孤儿寡妇，狐媚以取天下也。朕当在二刘之间耳。"盖光武笃实谨厚，有儒者风范，然器局偏狭，仅守成功复旧而已，高祖人品学识虽低劣，而为豪杰英迈，开创帝业。故石勒称不及高祖而能与光武比肩。

建国之际的天下情势与帝王将相才性的不同，故两汉文化的面相，有前汉创业定新制和后汉中兴守成的差异，又由于政治人心的倾向殊异，而左右经术文学的取向和展现。

西汉建国之初，周文化毁于秦火，高祖及辅佐其夺取天下的将相大抵于周代斯文既无体悟，亦无执着，如大火之后，清除堆积瓦砾而重新建构屋宇，了无旧制规章的拘泥。故西汉初期时代的特色是创新。如《汉书·贾谊传》言："谊以为汉兴二十余年，天下和洽，宜当改正朔，易服色制度，定官名，兴礼乐。"其与叔孙通皆以建立汉朝文化，致力于礼乐制度的创建为使命。此创新的"世风"亦反映于经说。如《汉书·艺文志》所述："昔仲尼没而微言绝，七十子丧而大义乖。……至秦患之，乃燔灭文章……汉兴，改秦之败，大收篇籍，广开献书之路。迄孝武世……于是建藏书之策，置写书之官，下及诸子传说，皆充秘府。"《汉书·儒林传》记载："自武帝立五经博士，……迄于元始，百有余年，传业者浸盛，支叶蕃滋。"盖汉儒再现儒家的典籍而复兴一旦灭绝的儒学，然汉儒经义则未必蹈袭东周的经学，传承孔子及其门下弟子的学问。如公羊学家倡言孔子黜周礼而预摄汉兴，以制定新法。汉代今文学即以此为前提而演绎经义，古文学不能相容的所在亦在于此。汉初存古而致力于经义的创新，儒学面目一新，又附会于汉朝鼎祚，立于学官而兴盛。

西汉散文大抵不受规则形式的束缚而自由奔放，贾谊、晁错之文长短错杂而有新生气象，司马迁尤为超拔。《史记》记事虽见于《左传》《战国策》等书，行文盖无模拟，疏宕错落，清新卓尔。《汉书·司马迁传》赞："又其是非颇缪于圣人，论大道则先黄老而后六经，序游侠则退处士而进奸雄，述货殖则崇势利而羞贱贫，此其所蔽也。然自刘向、扬雄博极群书，皆称迁有良史之材，服其善序事理，辨而不华，质而不俚。其文直，其事核，不虚美，不隐恶，故谓之实录。"[1]盖前汉初年，儒学未定为一尊，就儒学而言，虽杂而不纯，然文章"质而不俚"，跌宕有致。散文如此，诗赋亦然。高祖《大风歌》，武帝《秋风辞》，疏宕而有奇气。司马相如、扬雄的辞赋巨构宏观，气象雄伟，是东汉帝王文苑所未见者。

东汉帝王重视学术，武帝以来奖励的经学深植人心，思想醇厚，于经学的研究精密合理。文学作品则以细密典雅，齐整圆润见长。虽鲜有豪迈英气，而修辞典雅。苏东坡于《潮州韩文公庙碑》盛称韩愈"文起八代之衰"，乃鉴于文字修辞太过，形式千篇一律之弊，而以主张错落有致，脱俗超拔的文体为究极。实则古文体裁至东汉而有转变的机兆，其修辞齐整而典儒雅的文风是前汉的长短错落，"质而不俚"到魏晋讲求工整对偶，四六骈俪的过渡。若取譬于书画而说明两汉文学的差异，则西汉有汉碑朴拙骨劲的风格、泼墨山水的气魄，东汉则兼具色彩辉煌与晋帖圆润秀媚之趣。

两汉时代相承，于经学，与宋代义理相对而称汉代考据；于文学，与六

---

① 《汉书》，中华书局，1962年6月，第2737—2738页。

朝骈文有别而称古文。实则两汉经学与文学的旨趣殊异。前汉散文疏宕豪迈，东汉古文典瞻严整。西汉经学不顾细节而重视全体大用，即以经义应用于政事。东汉则精详于经书文字的训诂。汉宋相较，俗称汉人长于训诂，宋人长于义理，汉人之以训诂见长，是东汉古文学家之所事，西汉今文学家的经义虽异于宋儒义理，其本旨则在经术的论述。至于唐宋古文家所推崇的则是前汉奇纵奔放的文风。

清朝批判宋明性理之学而提倡复古。乾嘉年间汉学兴盛，祖述东汉贾许马郑的学问，精详于经书的训诂考校辑佚。道光以后，公羊学兴起，远绍西汉博士经说，批判东汉经学忽视师承家法。汉宋学术固然异趣，今古文经学如水火的论争，点燃于两汉而燎原于清朝。古文经学大成于郑玄，而乾嘉清儒后继转精，文献考证学风盛行。今文经学以立为官学而优越，道光继之而公羊学持续至清末。清朝的"汉学"，乃兼具两汉今古文经学而继承更新，结实为中国近代学术。

三、京都中国学的创始者

狩野直喜与内藤湖南或可称之为京都中国学的二祖，二人不但各有专擅，狩野直喜致力于中国经学、文学与清朝制度史的钻研，又开启日本研究敦煌文物的先声，内藤湖南则沉潜于东洋文化史与清朝历史的研究，且能为汉诗文而与当时中国的文人学者酬唱应对。故其所穷究的是能与中国传统知识分子比肩的通儒之学，创立京都中国学。至于狩野直喜之所以为京都中国学的创始者，吉川幸次郎从以下四点做定位。

（一）超越历来日本汉学以儒家经典为教条式伦理道德之书的态度，主张儒家古典是探究中国文明史的资料和客观研究学问的基底

精读中国古典，探索字义内涵，主张儒家经典的主旨不在宣扬伦理道德，又留学中国，体察清朝学术风尚的究竟。归国后，于京都大学的讲授即展开旁通中西学术精华的学养，而异于东京固守江户以来以宋明儒学为宗尚的学风，重视汉魏古注，唐代正义与清朝考据，讲述经传注疏训诂考证的精义，尤其推崇清儒以古注为根底，进而以古代言语制度的研究，重新解读古典的学问

方法。介绍清朝公羊学盛行的最新学术消息，讲述日本汉学所未曾研究的礼学，征引《周礼》《仪礼》《礼记》而探究中国古代灶神、祭尸等礼俗，考察衅礼、丧服等礼制。①

（二）以文献学知识的充实作为研究的前提

日本的文献学萌芽于江户末期的狩谷掖斋和涩江抽斋，而以小学和目录学为基础，辨彰学术考镜源流，与中国学者同步的是狩野直喜和内藤湖南。《山井鼎与七经孟子考文补遗》和《论语研究的方法》是运用文献考证方法而论著的代表作。至于敦煌写本的发现，引发其开拓新领域研究的契机。至于与中西学者共同调查研究，如与法人保罗·伯希和（Paul Pelliot）共同调查而发现《论语郑玄注残本》，与罗振玉、王国维共同研究而论著《唐钞本古文尚书释文考》②，树立京都中国学以敦煌学为研究分野之一的旗帜。

（三）于中国文学的研究，采取中国哲学史与中国文学史不可分的立场

于京都大学讲授中国哲学史与中国文学史的课程，建立文哲不分的文学批判基准，匡正历来汉学家的偏狭。江户汉学崇尚宋文明诗，喜好《唐宋八家文》或因应世俗学问水准的《文章规范》，狩野直喜则重视《文选》，尊尚唐代以前古雅的古文和清代细致的诗风。于大学讲授清朝文学史则是日本的先例。其于古典解释与文学品评之所以尊崇清朝的方法，盖以当时的日本汉学是锁国时代延长而落后时代的俚俗之学，乃超脱以明代为价值取向的基准，致力于与同时代的中国学者在同一基点从事学问研究的立场。内藤湖南亦如此。二人是清末民国初年淹留京都的罗振玉、王国维、董康的论学问道之友，而狩野直喜更以流畅自在的汉语交谈，居中斡旋而成为异国知己。

（四）日本学者未尝留意的中国虚构文学的研究

江户时代于《三国演义》和《水浒传》有部分的翻译，而戏曲则未曾言

---

① 灶神、祭尸礼俗的论著，收载于《中国学文薮》，东京：みすず书房，1973年4月，第53—84页。衅礼、丧服的考察，参见《读书纂余》，东京：みすず书房，1980年6月，第203—213、297—314页。

② 《唐钞本古文尚书释文考》，见《中国学文薮》，东京：みすず书房，1973年4月，第93—102页。

及。盖小说戏曲的用语非汉文语法而是口语，对江户时代的学人而言，甚难解读。狩野直喜于东大在学期间修习现代中国语，又留学中国而更精进。其对戏曲小说进行历史训诂的研究，于大学讲授小说戏曲，为日本中国学界的创举。戏曲研究与王国维隔海而同时创始，小说的论述则早于鲁迅《中国小说史略》。

综上所述，狩野直喜熟读中国古典，细察文辞的内涵意蕴，以为"心得"而从哲学史和文学史的领域，指陈日本汉学以儒家为教条主义的歪曲，以"日本人的气质"选择演绎中国文学的解释为偏狭，故有改革日本中国学研究的功绩。至于以中国文明史为学问研究的对象是其所以为日本中国学之创始者的所在，而以中国文明为世界文明之重要一环而尊重沉潜，则是其一生为学的态度与职志。[①]

狩野直喜尝答其弟子小岛佑马所问，说"我的学问是清朝考证学"[②]，实则狩野直喜以所生的地域学术风尚、师承渊源和际遇交游而成就旁通东西学术，"辨著述之流别，明家法之可重"的学风，洞察当时东京学术以及其所继承的江户儒学的歪曲，树立实证的古典文献学，创始京都中国学。因此，高田时雄所说，狩野直喜虽以清朝考证学为宗尚，又批判地继承西欧汉学的精华而形成独特的中国学，进而主张以为学问而学问的意识，从中国的内面，即尊重中国人的价值观，探究中国之所以为中国的所在。于京都创始研究清朝学术、戏曲小说和敦煌学，建立京都中国学之以经学和俗文学研究为主的学问传统。[③]

门下弟子武内义雄以清朝考证学与目录学为学问的基础，于严密的校勘与正确训诂之上，进行辨彰学术，考镜源流的研究，又继承富永仲基、内藤湖

---

① 吉川幸次郎：《中国学文薮·解说》，东京：みすず书房，1973年4月，第500—504页。

② 小岛佑马：《通儒としての狩野先生》，载《东光》（第5号），1948年4月，第7页。

③ 高田时雄：《支那语学支那文学　狩野直喜》，见《京大東洋學の百年》，京都大学学术出版会，2005年5月，第26页。

南的"加上说",以原典批判的观点展开古典文献,特别是先秦诸子的考证,开启日本近代中国学于诸子研究之先声。讲述《中国学研究法》,从小学、目录学、校勘学、辨伪学,究明中国学术的本质,考证先秦诸子的成书和传承变迁。《中国思想史》(1936)则其"中国思想史学"的代表作。

宫崎市定沉潜于中国古代典籍的记载,考证中国古代城郭建构的型式和演变,名曰"纸上考古学"。又专注于中国任官制度,论述《九品官人法》。从经济的观点,以"景气变动史观",考辨中国政治的兴衰沿革。立足于东洋史的立场,以"素朴民族与文明社会"的交替,论述中国朝代的盛衰更替。以宋代为东洋的近世,立论宋代是东洋文艺复兴的时代,成就其东洋史学巨峰的地位。

吉川幸次郎是研究杜甫的权威,这是众所周知的事,然而具有通古今之变的史观,运用清朝考证学与欧洲东方学术研究的方法论,分析东西方于中国文学研究的优劣长短,以严密的考证与细致的赏析,重新评述既有的研究成果,开拓新的研究领域,则是其成就一家之言,作为日本近代以来研究中国文学大家的所在。《尚书正义》的译注是博览群书,精详训诂的心血结晶。《元杂剧研究》究明元曲形成的历史背景,品评其文学内涵和价值,是日本近代中国文学研究史上的里程碑。至于自昭和二十二年(1947)起,开始于京都帝国大学文学院讲授杜诗①,主持杜甫读书会,自京都大学退休后,则从事杜诗的注释。对于杜甫研究的执着由此可以窥知一二,至于杜诗的用语、对仗、音律、意境更有细微的分析,故可谓之为杜甫千载之后的异国知己。

武内义雄树立中国思想史学,是日本近代诸子研究的先驱。宫崎市定为日本东洋史学的巨峰,开启日本人论述西亚历史的先声。吉川幸次郎是日本近代中国文学研究的第一人,为世界杜甫研究的权威,或可称之为京都中国学的三宗。

---

① 笕文生:《吉川幸次郎先生京都大学文学部讲义题目一览》,见《吉川幸次郎遗稿集》(第二卷),东京:筑摩书房,1996年2月,第576—582页。

青木正儿创刊《支那学》杂志①，收录当时中国和日本中国学研究的著作，为近代东亚汉学研究的重要史料。大正十三年（1924）赴任东北帝国大学。其间十五年，出版《中国近世戏曲史》《元人杂剧序说》等书。《中国近世戏曲史》是周到致密地调查整理王国维《宋元戏曲史》未论述之明清时期戏曲史料的大著。关于中国文学研究的成就则在于以史学的观点架构中国文学发展的体系，致力于戏曲的研究，前承狩野直喜的《中国小说史》《中国戏曲史》，后启吉川幸次郎的《元杂剧研究》，形成京都中国学于中国文学研究的传统，也开启日本中国文学界研究戏曲小说的热潮。

神田喜一郎于昭和四年（1929），赴任台北帝国大学。昭和九年到十一年（1934—1936）的一年半的时间，至英法两国留学。调查大英博物馆与法国国立图书馆所藏敦煌资料。先后出版《敦煌秘籍留真》，完成《敦煌学五十年》的著作。《敦煌学五十年》是兼顾历史考证与东西方文化交流史之世界性新学问的论述，为战前日本敦煌学派的集大成者。神田喜一郎继承内藤湖南的学问②，不但贯彻历史考证的学风，也坚守浑融学问与趣味于学问研究的理念，更潜心于日本古典文化的发扬。由于擅长诗文，所以受聘为台北帝国大学的教授。③《中国书道史》的研究与《书道全集》的编集是反映了京都学派融合学问与趣味的学术理念。至于《日本的中国文学》《日本书纪古训考证》则是阐述日本古典文学与中国文学关系的著作。

贝塚茂树（1904—1987）以西洋的史学方法研究中国古代史，其参采库然军（Couranjun）《古代都市》的论点，从民俗学的观点对中国古代社会进

① 《支那学》共十三卷。宫崎市定推崇"支那学"是革新旧有汉学之保守性的学问，研究中国学之京都年轻学者所创刊的《支那学》不但能立足于日本学界，在世界汉学界也享有盛名（参见宫崎市定：《自跋集（二）·东洋史》，东京：岩波书店，1996年5月，第26页）。

② 平冈武夫说，神田（喜一郎）先生学问的广博不止是文学史学，也及于艺术佛教。不止是中国而已，也及于日本的汉字文化。神田先生的学问正是内藤（湖南）先生的学问。参见《故神田喜一郎会员追悼の辞》，载《日本学士院纪要》（第四十卷第二号）。

③ 《〈先学を語る〉神田喜一郎》，载《东方学》（第73辑），1987年1月。

行考察而展开古代都市国家论。明治四十四年（1911）清朝灭亡，罗振玉、王国维流亡日本，由狩野直喜、内藤湖南的旧知将大量的甲骨金文的史料带到京都，奠定京都于中国古代史研究的基盘。贝塚茂树即以甲骨金文的研究而构筑中国古代史。著作《中国古代史学的发展》（1946），编纂《京都大学人文科学研究所藏甲骨文字　图版册·本文篇·索引》（1959—1960，1968）。贝冢茂树开创以甲骨卜辞和金文等出土史料之考古学成果而研究中国古代社会的方法，又以民俗学和西洋史学方法体系性的构筑中国古代史，于东洋史学界有极大的影响。[1]

小川环树的研究以中国语学和中国文学为重，其精通苏州方言，以语言学的角度进行中国语的研究，知交有赵元任、罗常培、周祖谟、董同龢。至于文学则以小说史的研究为主，有《中国小说史研究》（1968，岩波书店）的专著。昭和三十（1955）年代以后侧重于唐诗和宋诗的论著选译，有《宋诗选》《唐诗选》《王维诗集》《苏东坡集》等译注刊行。晚年则倾注心力于苏东坡的研究。昭和四十九年（1974）成立"读苏会"，与吉川幸次郎的"读杜会"并称。小川环树校订译注苏东坡诗凡九百零一首。[2]因此，如果吉川幸次郎是杜甫千年之后的异国知己，小川环树则是苏东坡超越时空的东瀛神交。

青木正儿创刊《支那学》，树立京都中国学的旗帜，继承狩野直喜戏曲的研究，形成京都中国文学研究的传统。神田喜一郎浑融学问与趣味于学问研究，发挥京都学派融合学问与趣味的学术理念。贝塚茂树提出结合民俗学与史学的方法论，夯实京都东洋史学研究基底。小川环树开创以言语学研究戏曲小说的取径，加深京都俗文学研究的成果。皆能发挥京都中国学的学问性格，或可称之为"四大家"。

武内义雄、宫崎市定、吉川幸次郎继承内藤湖南和狩野直喜的学问，既

---

① 昭和五十九年（1984），贝塚茂树获文化勋章，《朝日新闻》（10月23日晚报）记载贝塚茂树的功绩。

② 有关小川环树的叙述，参考《先學を語る—小川环树博士》，载《东方学》（第95辑），1998年1月。此文其后收入东方学会编：《東方學回想Ⅸ　先學を語る（6）》，东京：刀水书房，2000年12月，第121—146页。

有坚实的素养，成就博学旁通的学问，分别优游于思想义理、历史文化和诗文艺术，发挥京都中国学的特质。至于青木正儿的中国戏曲研究，神田喜一郎的敦煌学论述，贝冢茂树的卜辞铭文和古史研究，小川环树的中国小说史研究亦能分庭抗礼而各领风骚。

吉川幸次郎的中国精神史论

一、中国人以五经为生活的规范

吉川幸次郎以精神史的观点，论述中国经学的变迁，其在所著《中国人的古典及其生活》①强调尊重历史的先例，以古典为现实生活的规范，是中国知识分子传统生活的特殊面相。又以"人间学"（anthropology）的概念，论述中国先秦至东汉是以五经为生活规范的萌芽，魏晋六朝至唐代是"训诂人间学"的形成，宋代强化以五经为生活规范的思想，清朝经学复兴中世训诂学的人间学，进而以文字、声韵的语言学，忠实诠释经典为极致，训诂明而义理明，是清朝考证学的宗尚，也是中国学术的究极。

吉川幸次郎说文明古国皆有古典，且大抵以古典作为生活的规范，而中国传统生活受到古典的制约尤其强烈。五经是中国的古典，《易经》是古代中国思索自然与人事现象，《书经》是政治生活，《礼记》是家族与社会生活规范，《春秋》是历史的记录。以古典为生活规范，在中国历史中，呈现出以下几个特殊的面相：第一，五经不但记述古代中国的社会诸相，也成为后世中国传统生活的规范。第二，五经记述着永续不变的道理，是中国人根深蒂固的传

---

① 《支那人の古典とその生活》是吉川幸次郎于昭和十八年（1943）3月在东京帝国大学教授特殊讲义的讲稿；其后修改补订，于昭和十九年（1944）8月在岩波书店出版《支那人の古典とその生活》；昭和三十九年（1964）9月改订，收入《吉川幸次郎全集》（第二卷），东京：筑摩书房，1968年12月，第267—359页。

统思维，故以五经为生活规范。第三，现实生活力求与古典一致。如唐代以后的六部官制与《周礼》六官职掌颇为符应，丧服制度大抵沿袭《仪礼》的丧服记载。《孝经》所谓"非先王之法服不敢服，非先王之法言不敢道，非先王之德行不敢行"，不仅德行之精神生活奉行先王之懿德，衣服制度之现实生活也遵守先王的规制，介于精神生活与现实生活之间的语言生活，亦以先王的箴言为规范，要皆说明生活的诸相皆以古典为准则的思维。吉川幸次郎又强调中国人以古典为生活规范的现象与中国人的思维有密切的关联。中国人的精神特质在于现实感受的重视，至于超越现实的抽象存在则非中国人的关心所在。如《论语·先进》所谓"未能事人，焉能事鬼，……未知生，焉知死"，说明儒家重视现实生活而死后的问题则是次要的存在。又《史记·五帝本纪》"择其言尤雅者"，而将神奇不可思议的神话传说排除于历史记载之外。再者，小说的创作至明清才登上中国古典文学的舞台，而除了《西游记》有浓厚的虚构神奇的色彩以外，其他的古典小说大抵致力于现实社会感受的描述。换而言之，视野聚焦于现实感觉的世界，是中国人精神思维特质所在。再者，中国人以为历史事实与先例比较确实，因此，生活法则大抵以既成事实与先例为依据，更以五经为生活的规范。

中国尊重先例，然先例千差万别，又何以独尊五经。吉川幸次郎认为五经是绝对的存在，是"先例中的先例"，如朱子所说天理具现于五经，即形上理则的探求，其究极则在于生活具体规范的五经。至于探究"先例中的先例"的意识，又与"圣人"的概念结合，圣人既是全知全能的完美存在，则五经也具有绝对的权威性，故五经所记载的生活乃为中国人生活的绝对规范而最受尊重。再者，五经是中国最古的生活记录，也是圆融道理所在之传统思维，形成五经最受尊重与肯定的规范意识。由于五经包含广博的先例，故博学旁通则成为读书人的第一要件，沉潜五经而体得五经的道理，是学者正统的学问方法。博学五经记载的先例，是读书人的基本素养，精熟且实践五经古典的内涵，成就经世济民的任务，是读书人的理想归趋。

二、经学精神史：古典生活营为的历史变迁

吉川幸次郎强调虽然中国人尊重古典而以之为生活规范的意识起源甚早，但是古典生活之营为亦几经迂回曲折的演化，由于时代的推移而有因革损益的殊相。①

（一）先秦至东汉：以五经为生活规范意识的萌芽

吉川幸次郎强调三皇五帝是传说时代，殷商的存在虽是历史的事实，然殷商文献之纳入五经载记者，则未必十分确凿。至周代"监于二代，郁郁乎文哉"（《论语·八佾》），即因革损益前代的文献以构筑礼乐的世界，故周代载记颇多成为信史，亦显示周人尊重古典的心理。又《春秋左氏传》记录诸侯赋诗应酬，亦说明周人以古典为生活规范的现象。至于确立诗书礼乐的地位，以之为古典，主张古典为生活规范而成为中国传统精神的是孔子。孔子曰"吾尝终日不食，终夜不寝，以思，无益，不如学也"（《论语·卫灵公》），"发愤忘食，乐以忘忧，不知老之将至"（《论语·述而》），"十室之邑，必有忠信如丘者焉，不如丘之好学也"（《论语·雍也》），其"发愤忘食，乐以忘忧"的"好学"即读书，说明孔门传承既以古典为规范，则非读古典不可。至于具体实践的方法则以周公及其时代作为生活规范的先例与理想的所在，亦即以周公制礼作乐为生活的规范，礼乐规范的时代是理想的时代，故曰"郁郁乎文哉，吾从周"（《论语·八佾》），并以"诗、书、执礼，皆雅言"（《论语·述而》），即以诗、书、礼作为教育子弟的教材，责求弟子实践之于社会生活。②盖"兴于诗，立于礼，成于乐"（《论语·泰伯》），乃能成就内圣外王的事业。强调"不学诗，无以言，……不学礼，无以立"（《论语·季氏》），记诵《诗三百》既可以"多识鸟兽草木之名"，又可以

---

① 吉川幸次郎：《支那人の古典とその生活》，见《吉川幸次郎全集》（第二卷），东京：筑摩书房，1968年12月，第269—276页。

② 吉川幸次郎：《支那人の古典とその生活》，见《吉川幸次郎全集》（第二卷），东京：筑摩书房，1968年12月，第269—293页。

体得"兴、观、群、怨"（《论语·阳货》）的内圣道德，而其极致则在于成就"授之以政，使于四方"之"专对"（《论语·子路》）的外王事业。至于礼的修得，则近能"克己复礼"而归于仁（《论语·颜渊》），远能构筑"以和为贵"（《论语·学而》）的理想社会。

孔子以古典为生活规范的主张，于三百年后，汉武帝以政治意志独尊儒术而确立以五经为民族生活的指标。吉川幸次郎强调秦以二世而亡，是秦政排除遵守"先王之道"的先例，而施行制定现实社会法则之"法后王"的政治，由于不能符应中国人的气质，以致短祚崩颓。至于汉武帝雄才大略，洞察当时社会以儒家尊重古典的先例，以古典为生活规范的需求，而举贤良，遂行最适合中国人生活方式的儒术。汉武帝以后，至辛亥革命，清王朝灭亡，中国虽几经易姓革命而改朝换代，但是以五经为生活规范的理念与而实践的传统未尝改易。[1]吉川幸次郎强调五经的载记，颇能反映中国人的性格特质，盖五经大抵记述现实人间社会的事象，甚少超越感官世界的记载。如"天"的叙述，《诗》《书》以天为王侯将相死后的归趋所在，而以天为人类命运与万物消长之主宰的记述则不多。再者，虽有以五经为生活规范的意识，如《礼记·经解》所谓"温柔敦厚，《诗》教也。疏通知远，《书》教也。广博易良，《乐》教也。洁静精微，《易》教也。恭俭庄敬，《礼》教也。属辞比事，《春秋》教也"，说明以古典为旨趣，而非敷陈人如何以生的哲学论理。至于《易》以"爻""象"记述人间社会与自然事象的象征及其发生的因果，《书》记载古代帝王的言说，《诗》收录王室仪式祭祀与民间的歌谣，《礼》记录礼仪行事，《春秋》记录鲁国历史，要皆选择记述生活规范而足资参酌的先例，甚少论述作为生活规范的道理。亦即五经的记述，旨在提示生活规范的具体事象，而甚少言说抽象道理，大抵反映了中国人不重视超越感觉的抽象思

---

[1] 吉川幸次郎：《支那人の古典とその生活》，见《吉川幸次郎全集》（第二卷），东京：筑摩书房，1968年12月，第293—297页。

维的性格。[①]

　　吉川幸次郎又指出，由于五经的记述，大抵要略提示具体事实的先例，故足资后世学者自由解释经典的空间，演绎诸多道理的言说，形成经传注疏的经学体系。如《易经·大畜》的经文，"利贞，不家食吉，利涉大川"，说明全卦的时位事象，"《彖》曰：大畜，刚健笃实，辉光日新其德。刚上而尚贤，能止健大正也。不家食，吉，养贤也；利涉大川，应乎天也"，则断"大畜"的吉凶。"《象》曰：天在山中，大畜。君子以多识前言往行，以畜其德"，敷衍"大畜"事象的道理。《经》《彖》《象》记述卦爻的构成事理，而《文言》《系辞》《序卦》《说卦》《杂卦》总论卦爻象象的本末因果，则是后世的演绎。《春秋三传》的说明记述亦然。汉武帝以后，中国人尊经崇儒，两汉的五经注释汗牛充栋，今古文经分庭抗礼，唐代正义，宋明义理，乾嘉考证，各领风骚，皆足以说明经籍诠释之自由演绎的现象。

　　至于经典诠释之所以能自由演绎，盖与汉字音义的特质有极大的关联。汉字一字一音，是汉字的规范，然汉字又有一字多义的现象，文字的训诂颇多歧异，因此，五经的解诂就有分歧的所在。如《尚书·金滕》："武王既丧，管叔及其群弟乃流言于国，曰：一公将不利于孺子。周公乃告二公曰：我之弗辟，我无以告我先王。周公居东二年，则罪人斯得。"武王崩殂，周公摄政，管叔等人传言周公将不利于成王，周公告诸召公、太公曰"我之弗辟"。郑玄以"避"注"辟"，谓周公"避居东都"。《尚书·孔氏传》从许慎《说文解字》训"辟"为"法"，谓周公征伐三叔。"我之弗辟"的"辟"或作"法"，或作"避"，而有征伐与避居的不同解释，训诂有差异，则周公的历史定位就殊异。又如《仪礼·士虞礼》"期而小祥，曰荐此常事。又期而大祥，曰荐此祥事。中月而禫"，亲死一年而行一周的祭祀，又一年而行三周祭祀的训释盖无异议。至于"中月而禫"的"中月"或谓"中犹间也"，"小祥"的一周祭行于亲死之后的第十三个月，"大祥"的三周祭行于亲死之后的

―――――――――

　　① 吉川幸次郎：《支那人の古典とその生活》，见《吉川幸次郎全集》（第二卷），东京：筑摩书房，1968年12月，第297—309页。

172 -

第二十五个月，"禫祭"则行于亲死之后的第二十七个月。或谓"中月者月中"，言"禫祭"行于"大祥"三周祭之后的当月。

在一字一义的规范中，展开一字多义的特质，是中国人经解生活之精神自由的表现。汉武以迄清朝，既有以五经为生活的规范，又有自由解释经典的倾向，亦即在中国经典诠释的历史流衍中，错综着既有以五经为规范，尊奉经传义疏的传统而展开经籍训诂的生活，也有虽存在着经典的意识，却未必墨守规范而自由解释经典的这两种面相。①

（二）魏晋六朝至唐代："训诂学的人间学"的形成

战国阴阳五行的思想流行于西汉社会，今文经学演绎天人合一之论而附会灾异之说。东汉既有承续西汉经学的今文经学，亦有重视经书文字训诂之古文经学的流行，而郑玄大成古文经学。吉川幸次郎强调汉武以来五经分别设立学官，各经博士专精一经，分门别属，然郑玄则先综辑古代语言的惯用例，以之解释经书文字的意义，然后统合五经，涉猎《易》《书》《三礼》《三传》《孝经》《论语》，致力于五经统一的解释。如《诗·邶风·绿衣》的"绿兮衣兮，绿衣黄里"，《毛诗序》曰"《绿衣》，卫庄姜伤己也，妾上僭，夫人失位而作是诗也"，郑注"绿当为褖，故作褖，转作绿，字之误也"。又笺曰：

> 褖兮衣兮者，言褖衣自有礼制也。诸侯夫人祭服之下，鞠衣为上，展衣次之，褖衣次之。次之者，众妾亦以贵贱之等服之。鞠衣黄，展衣白，褖衣黑，皆以素纱为里，今褖衣反以黄为里，非其礼制也，故以喻妾上僭。

乃郑玄援引《仪礼·士丧礼》"褖衣"，而注曰"黑衣裳，赤缘谓之褖，褖之言缘也，所以表袍者也"。古文"褖"作"缘"又根据《周礼·天

---

① 吉川幸次郎：《支那人の古典とその生活》，见《吉川幸次郎全集》（第二卷），东京：筑摩书房，1968年12月，第309—313页。

官·内司服·缘衣》①，而注曰"此缘衣者，实作褖衣也，褖衣，御于王之服，亦以燕居"，说明周官职掌与周代礼制无"绿衣"之制，当为"褖衣"。意在探索五经惯用例，力求统一的解释，取得合理诠释经典的规范。

五经传承分别成立，而郑玄综辑经书的用字例，致力于统合的解释，或背离经学历史的事实，然排纷解难的执着，力求统合而几近了无矛盾抵触的致密，是郑玄经学所以集东汉古文经学大成的所在。探究郑玄统一群经解释的用心，盖以人间世界为"一贯存在"所支配的意识为前提，"一贯存在"衍生世间万象，说明万象的因果关系，则是学问的任务，此学问任务的遂行，至郑玄而觉醒。因此，郑玄的经学或可谓之为"训诂学的人间学"，以《五经正义》为代表的中世的经学是郑玄经学的延长，人间世界为"一贯存在"所支配的论理，至朱子的经学而大成。②

郑玄致力于各经文字统一的解释，三国六朝以迄唐代的经学则以经书记述是绝对道理的所在，主张各经并无矛盾的存在，反复论议辨证，用以解消各经文字训诂差异的所在。换而言之，致密论证而折衷异说是中世经学的特质，《五经正义》则是中世经学的结晶。盖以问题提起，质疑论难，往复驳辨的形式，展开细密训诂，而取得最持平公允的经典诠释，是《五经正义》之经传义疏的精要所在。如《毛诗·邶风·击鼓》："击鼓其镗，踊跃用兵，土国城漕，我独南行。"《诗序》曰："击鼓，怨州吁也。卫州吁用兵暴乱，……国人怨其勇而无礼也。"郑笺："此言众民皆劳苦也。或役土功于国，或修理漕城，而我独见使从军，南行伐郑，是尤劳苦之甚。"意谓土木工事固然辛劳，而南征伐郑，或有生命之虞，更为忧虑。然《毛诗正义》则曰：

州吁虐用其民，此言众民虽劳苦，犹得在国，已从征役，故
为尤苦也。《礼记》曰："五十不从力政，六十不与服戎。"注

_____

① 《十三经注疏4·仪礼》，台北：艺文印书馆，1997年8月，第414、126页。
② 吉川幸次郎：《支那人の古典とその生活》，见《吉川幸次郎全集》（第二卷），东京：筑摩书房，1968年12月，第314—318页。

云:"力政,城郭道渠之役。"则戎事六十始免,轻于土功。而言尤苦者,以州吁用兵暴乱,从军出国,恐有死伤,故为尤苦。土国城漕,虽用力劳苦,无死伤之患,故优于兵事也。若力政之役,则二十受之,五十免之,故《韩诗说》"二十从役",《王制》云"五十不从力政是也。戎事则《韩诗说》曰:三十受兵,六十还兵",《王制》云"六十不与服戎",是也。盖力政用力,故取丁壮之时,五十年力始衰,故早役之,早舍之。戎事当须闲习,三十乃始从役,未六十年力虽衰,戎事希简,犹可以从军,故受之既晚,舍之亦晚。戎事非轻于力役。①

《诗序》谓卫侯用兵暴乱,庶民有怨,郑玄说百姓皆劳苦,而从军南征者尤可忧。《正义》则引用述《礼记·王制》说明从事兵役与劳役的年龄差异,乃基于体力的顾虑,非如郑注所说"戎事六十始免,轻于土功",而论说力役虽苦而无生命之虞,"戎事希简",力虽衰,"犹可以从军",然有死伤之痛,乃权衡力役与戎事的实情,述说虽烦琐而曲尽合理,体得"温柔敦厚"的旨趣。如此义疏经传,或可谓之为"训诂学的人间学"。盖《五经正义》的烦琐论述,旨在统合经书看似有所矛盾差异的载记,进行极其精微详密的检证,其论辨的方法则是"言一事一心"的架构,即首先综辑经书文字的用字例,探求正确的训诂,进而考索语言表述的事实与著书立说的心理,亦即检证经书文字的历史事实与作者记述的心理。成立"言一事一心"之"训诂学的人间学"是中国训诂学的特质,而具现于代表中世经学之《五经正义》的义疏。前文引述《尚书·金縢》"周公乃告二公曰我之弗辟,我无以告我先王,周公居东二年,则罪人斯得"的训诂,"辟"或作"法",或作"避",一字的解释有别,则周公的历史定位就有殊异。如何诠释是最适切的思量索检,即"训诂学的人间学"的考察。至于《毛诗·邶风·击鼓》的论说,则是细察记述者

---

① 《十三经注疏2·诗经》,台北:艺文印书馆,1997年8月,第80页。

心理，而取得两行皆可成立的检证。又《五经正义》的论证有"非其理也"的文字，如《春秋正义》序：

> 刘炫于数君之内，实为翘楚，然聪惠辨博，固亦罕俦，而探赜钩深，未能致远。其经注易者，必具饰以文辞，其理致难者，乃不入其根节。又意在矜伐，性好非毁，规杜氏之失凡一百五十余条，习杜义而攻杜氏，犹蠹生于木而还食其木。甚非其理也。①

意在驳斥前人的素养，虽详于注疏，而有未能中节之失，更有矫饰矜伐非毁成说之弊，不合人间的情理。亦有"非文势也""非义势也"的文辞，前者如《尚书·尧典》"日中星鸟，以殷仲春，……日永星火，以正仲夏"的《义疏》：

> 《传》"日中至可知"。《正义》曰："其仲春仲秋冬至夏至，……马融、郑玄以为星鸟星火，谓正在南方，春分之昏，七星中；仲夏之昏，心星中；秋分之昏，虚星中；冬至之昏，昴星中，皆举正中之星，不为一方，尽见此与孔异也。至于举仲月以统一时，亦与孔同。王肃亦以星鸟之属为昏中之星，其要异者，以所宅为孟月，日中日永为仲月，星鸟星火为季月，以殷以正，皆总三时之月。读仲为中，言各正三月之中气也。以马融、郑玄之言，不合天象，星火之属，仲月未中，故为每时皆历陈三月，言日以正仲春，以正春之三月中气，若正春之三月之中，当言以正春中，不应言以正仲春。王氏之说，非文势也。孔氏直取毕见，稍为迂阔，比诸王马，于理最优。②

后者如《尚书·酒诰》"尔尚克羞馈祀，尔乃自介用逸，……兹亦惟天

---

① 《十三经注疏6·左传》，台北：艺文印书馆，1997年8月，第4页。
② 《十三经注疏1·尚书　周易》，台北：艺文印书馆，1997年8月，第24页。

若元德，永不忘在王家"的义疏：

> 《传》能考至之道。《正义》曰："以圣人为能飨帝，孝子为能飨亲。考德为君则人治之，已成民事，可以祭神，故考中德能进馈祀于祖考，人爱神助，可以无为，故大用逸之道，即上云饮食醉饱之道也。郑以为助祭于君，亦非义势也。以下然，并亦惟天据人事，是惟王正事大臣本天理，故天顺其大德，不见忘在于王家，反覆相成之势也。①

所谓"王氏之说，非文势也"，或"郑以为助祭于君，亦非义势也"，皆在批判既有成说的训诂不能体得经书文章的脉络和立义的情理，而不能苟合雷同。意谓经典文献的解诂宜有"人间学"的义涵，即考察文字表述的事实，探索著书立说的心理，而形成"言—事—心"②的诠释方法。此为中世读书人沉潜于五经，探求经书著书立说的究竟，既维系经典生活的营为，也建构"训诂学的人间学"之经学面相。③

（三）宋明：经学思想的确立

吉川幸次郎强调北宋以来，以五经为生活规范的思想强化巩固。盖中世是民族、文化、宗教融合的时代，虽保有以五经为生活规范的意识，也融合佛教等异质性的文化，故中世的知识阶层既沉潜儒家经典，亦奉行佛教的生活。如《梁书·皇侃传》载记：

---

① 《十三经注疏1·尚书　周易》，台北：艺文印书馆，1997年8月，第208页。

② 吉川幸次郎于《外國研究の意義と方法》一文强调：民族的语言生活是民族精神生活的投影，由于语言的投影而能最经验性且实证性的把握精神生活的样式。……语言是精神的象征，通过实证的分析，即吟味文献记载一字一句的意义，熟视其记述事实的真相，而体得著书立说的主旨所在。参见《文明のかたち》，东京：讲谈社，1980年7月，第246—252页。

③ 吉川幸次郎：《支那人の古典とその生活》，见《吉川幸次郎全集》（第二卷），东京：筑摩书房，1968年12月，第319—322页。

（皇侃）性至孝，常日限诵《孝经》二十遍，以拟《观世音经》。①

当时世间传诵《观世音经》，日诵数十遍。而皇侃以《孝经》代之，唯其诵读《孝经》二十遍的方式，则是当时诵读佛经的方法，日诵《孝经》事亲以尽孝，亦佛教现世福报的世俗观念。又中世贵族生活重视修饰而烦琐，四六骈文辞藻华丽，音律对仗极尽工巧，至于《五经正义》的训诂义疏也极其烦琐。吉川幸次郎以为中世知识阶层大抵为世袭的贵族，富裕优游，故能兼容并蓄，文化生活华丽而烦琐。然近世的士大夫多为庶民出身的读书人，生活营为，未必能沿袭中世贵族奢华繁复的方式，故近世知识阶层则有扬弃烦琐杂多而趋于纯化专一的变革。二程提倡生活规范以五经为归趋，而以五经为生活规范的主张则大成于朱子。程朱于经学的兴革，有四书的尊崇与"理一分殊"之理气说的提出。五经大抵记述先例事实，虽可从先例事实抽绎出各种道理作为生活的规范，然先例繁多，取向则有无限可能的自由空间。四书论说综摄人生应然当行的道理，较诸五经记述，明确指示精神生活的趋向。再者，以五经为规范，乃以儒家选择的先例为指标，取向多元，然尊崇以《论语》为中心的四书而作为规范，则以孔子典范，生活的指标则集中于孔子言行的实践。故近世中国人的精神生活以希圣成贤，传承圣贤的典范为极致。②至于理气说的哲学义理则确立尊重五经四书的主张。万物由气所构成，万物气性殊异，为"分殊"，然万物皆有生生之理的存在则万物咸同，是"理一"。"理一分殊"的理气哲学应用于古典尊重的主张，而强调万物之理的最完全显现乃在于五经四书所记述的圣贤之言论，沉潜经典即能体得生活的法则。吉川幸次郎说明探求超越感觉世界之权威，必与地上的权威之证成相结合，而其结果则强化人间社会所存在之权威的绝对性，是中国人的传统思维。朱子的"理一分殊"的哲学架构亦然。理是形而上的存在，五经四书即理的完全显现，则五经四书即

---

① 《梁书·列传第四十二》，台北：鼎文书局，1978年11月，第680页。

② 吉川幸次郎：《支那人の古典とその生活》，见《吉川幸次郎全集》（第二卷），东京：筑摩书房，1968年12月，第324—329页。

具有绝对性的权威。换而言之，历来以经典为生活规范的意识，由于"理一分殊"之理气哲学的论证，而强化为民族精神生活的究极懿常。再者，理是形上理则，是"理一"，而理虽具在于万物之中，然万物皆有其生成之理，是"分殊"，欲穷究万物的事理则有博学的必要，所谓"致知在格物"，博览经典载记的先例，乃能体得人间存在的事实，领会自然现象的法则。亦即穷究事物之理的归结则在于究明经典的旨趣，确立五经四书是人生道理所在，为生活规范的究极。王阳明主张"心即理"，理在吾人心中，不假外求，虽然如此，五经是道理的所在，五经记述的道理与吾心之理是相合符应，理既是形上根源则五经乃是人间存在的究极。换而言之，"道理即五经"的先天性命题，在阳明的"心即理"的哲学体系也是毫无改易。

以五经为生活规范的思想，由于宋明理学的论证而强化，将理的形上根据扩充至五经乃道理的究极归趋，形成经学思想。宋明儒者于经书注疏，辄显现以五经四书为生活规范之究极所在的精神。①

（四）清朝考证学的究极：训诂明而义理明的"训诂学之人间学"

宋明儒者以理气哲学和心学诠释经书时，不免有牵强曲解的所在，一如西汉今文经学以阴阳灾异附会经书记述，导致东汉古文经学之严密训诂经书的形成。朱王以哲学义理发明经义，虽以五经四书为道理的依归，然论理深奥晦涩，故清儒有再兴"汉学"的主张，意谓欲上达经书标示的道理所在，非正确解读经书文字不可。吉川幸次郎强调清儒颇多祖述郑玄的经学，以古代语言的惯用例的综辑，探究经书记述的本义。经书既是道理的究极，则非忠实的训解经书文字不可，而以语言研究为根柢，正确解读经书，是清朝汉学的学问意识。近代于中国古代汉语的研究，世人极为推崇高本汉的研究方法及其成果，然高氏的学问与清儒于古代言语训诂学的成果相较，庶几无重大进展，足见清

---

① 吉川幸次郎：《支那人の古典とその生活》，见《吉川幸次郎全集》（第二卷），东京：筑摩书房，1968年12月，第329—332页。

朝于古代汉语的研究有极高的水平。①再者，探究清朝考证学的内涵，则有因革中世"训诂学的人间学"于议论的奇矫，宋明理学的艰晦，于论证的考索，力求合理适切，如戴震主张"文理说"，用以究明经文章脉络的论理与作者著书立说的心理。②训诂明而义理明，是清朝考证学的宗尚，也是中国学术的究极。

综观中国近世的经典生活，虽有宋明儒者之以理学与心学敷衍经书义理的旨趣，清朝儒者以正确训诂经籍文字为究极的差异，然生活规范强度集中于五经记述的学问意识，则是近世古典生活一贯的思维。较诸中世融合儒、佛的营为，近世则有儒家经典为绝对至上的倾向。由于以经典为行为尺度的判准，生活营为不免于束缚的窘促。虽然如此，由于庶民的抬头与经济的发展，不同于传统规范的生活营为也应运而生，如小说戏曲之以口语撰述，虽超离以诗文为主流的传统，而流行于市井社会，形成民间讲唱文学普及的近世都市文化。再者，理学的成立，定位五经四书的著述立说是道理的所在，强化五经为生活规范的意识。又由于文官任用之科举制度的施行，形成近世以文人为主体的社会结构，而异乎中世以贵族为主体的社会。至于文化生活的营为，亦有别于贵族阶层的华丽，而有以素朴是尚的倾向。再者，以文举士的科举则维系近世读书人的文化生活，记诵沉潜科考必备的经典是近世读书人的基本素养，而语言生活主于诗文的锻炼，用以求取仕进，制义文章的论说，要在责求经世济民的胸襟。故近世文学的内涵，大抵以宗经明道为极致，而异于中世义疏的烦琐与四六骈文之修饰华丽。换而言之，以五经为规范而展开以锤炼为尚的生活是近

---

① 吉川幸次郎：《支那人の古典とその生活》，见《吉川幸次郎全集》（第二卷），东京：筑摩书房，1968年12月，第332—333页。

② 吉川幸次郎于所著《清代三省の学问》，强调戴震的"文理说"，是读书必深入通透文章的"论理与心理"，即文章的论理脉络与作者著书立说的用心所在。此读书论学的态度是皖派所遵奉的精神，既超越宋代以来读书与思索何者为重的论争，也是最正确的读书方法。参见《吉川幸次郎全集》（第十六卷），东京：筑摩书房，1970年7月，第3—10页。

世文化的特质。①

三、结语：中国人以经典为生活规范的得失

中国幅员广阔，土地面积约与欧洲相当，境内地理环境有所差异，生活方式与风俗习惯自然有别，语言亦有古今乖隔与南北通塞。然综观中国历史，其间虽有分裂的时期，大抵维持大一统的局势。因此，中国人大抵持有分裂割据只是短暂的捍隔，大一统的长治久安才是社会常态的意识。吉川幸次郎强调以五经为生活规范的理念是维系大一统的中心意识，以古典为生活规范的长处则有三。

其一，"天下"是大一统意识的表征，维系天下一统而长治久安是传统的历史观，沉潜以五经为中心的经典而锻炼诗文的读书人才能实践佐君辅国经世济民的理想。故以五经为生活规范而维系天下一统的历史意识，是以古典为生活规范的长处之一。

其二，以古典为生活规范，既保有安定的规律性，亦形成高度的文化生活，中世的贵族生活与近世的文人生活即是。经书文字的记诵与诠释，书籍传抄的校勘与考证，是积年累月锤炼营为的结果。古典诗文创作的语言生活也是历代因革损益的结晶。中世四六骈文是修饰华丽而优美典雅的极致，近世的古文则是去芜存菁而文质谐调的杰作。书画的工巧鉴赏与笔墨砚纸的精选风雅，亦为读书人涵咏古典精华而体得优游自在之精神生活的象征。换而言之，读书人所营为的文化生活是中国古典生活长久存续发展的根源所在。此为以古典为生活规范的长处之二。

其三，尊重经典的理念具有两种意义：一是尊重经典的语言与经典所记述的事实；二是致力于探究语言与事实于社会生活中所存在的意义。语言与事实虽是形而下的存在，然形而上的抽象意义则借由形而下的具体存在来表现，亦即语言与事实是形上理则的具象性存在。"语言是人类精神的象征"乃中国

---

① 吉川幸次郎：《支那人の古典とその生活》，见《吉川幸次郎全集》（第二卷），东京：筑摩书房，1968年12月，第333—335页。

人的普遍性意识。训诂学是以语言的解诂，究明文献所记述的事实与义涵，形成"言—事—心"诠释体系的"人间学"。至于语言解诂的极致在于究明经典记述的事实与著书立说的旨趣，则是以先例为典型之尚古精神的象征。故以五经的沉潜精熟，考察经典文字的义涵与记述事实的真相，是经典生活营为的究极意义。此为以古典为生活规范的长处之三。①

以五经为生活规范虽然有以上三个长处，然亦有以下两个缺陷。

第一，中国人的思维生活由于五经的存在而未能完全展开。盖既以五经的语言作为表述形而上理则的具象性存在，又以五经的语言作为思索之正确是非的判定基准，其结果则易局限思维的展开而难有日新月异的突破创新。如自然科学的发展由于取证于五经的语言记述而停滞于萌芽的阶段。譬诸《汉书·律历志》于一月之日数的记载：

> 法，一月之日二十九日八十一分日之四十三。
>
> 是故元始有象一也，春秋二也，三统三也，四时四也，合而为十，成五体。以五乘十，大衍之数也。而道据其一，其余四十九，所当用也，故著以为数。以象两两之，又以象三三之，又以象四四之，又归奇象闰十九及所据一加之，因以再扐两之，是为月法之实。如日法得一，则一月之日数也，而三辰之会交矣，是以能生吉凶。故《易》曰："天一地二，天三地四，天五地六，天七地八，天九地十。天数五，地数五，五位相得而各有合。天数二十有五，地数三十，凡天地之数五十有五，此所以成变化而行鬼神也。"并终数为十九，《易》穷则变，故为闰法。
>
> 月法二千三百九十二。推大衍象，得月法。②

① 吉川幸次郎：《支那人の古典とその生活》，见《吉川幸次郎全集》第三卷，东京：筑摩书房，第337—342页。

② 《汉书》，北京：中华书局，1962年6月，第976、983、991页。

算定月运行一周的时间为二十九又八十一分之四十三天，乃长期精密观察天象计算而得的结果，就天文学而言，阴历一个月的天数为二十九又八十一分之四十三天是颇为正确的数字。所谓"月法二千三百九十二"，乃二十九乘四十三的数字，就算术而言，八十一是分母，二千三百九十二是分子，相除则为二十九又八十一分之四十三，是月球运行周期的天数，符合自然科学观察计算自然现象的结果。然《汉书·律历志》却取合《易》的数字，论证自然现象的道理根源在于五经的记述。分母八十一的数字，是《易》九自乘之数。分子二千三百九十二的数字，则是"以五乘十，大衍之数"，"而道据其一，其余四十九，所当用也，故著以为数"，即"五十"取去为道的"一"，以四十九著草来演算，"以象两两之，又以象三三之，又以象四四之"，"两"者象征天地而二倍之而为九十八，"三"者象征天地人而三倍之而为二百九十四，又四倍加乘为一千一百七十六。然"《易》曰：'天一地二，天三地四，天五地六，天七地八，天九地十。天数五，地数五，五位相得而各有合。天数二十有五，地数三十，凡天地之数五十有五，此所以成变化而行鬼神也。'并终数为十九"，即天之数有一、三、五、七而终于九，地之数有二、四、六而终于十，合天地之数而得十九。以十九加一千一百七十六为一千一百九十五，再加上"道据其一"的"一"，则为一千一百九十六，"因以再扐两之"，乘以二倍，即二千三百九十二的数字。

"一月之日二十九日八十一分日之四十三"是累积观察天象，精密计算而得的数字，符应天文科学，"月法二千三百九十二"亦有算术的根据，然取证于《易》的象数，推演"大衍之法"，用以说明五经语言记述自然的法则，反映自然的现象，虽能以之作为生活的规范，然未能以发展科学的萌芽而精进更新，创造科学文明。此乃过度尊重古典而造成中国古典传统生活最大的缺点。①

第二，社会的进步发展曾不能以一瞬，人类的生活亦历时而更移，以五

---

① 吉川幸次郎：《支那人の古典とその生活》，见《吉川幸次郎全集》（第二卷），东京：筑摩书房，1968年12月，第342—344页。

经为生活规范的思维未必完全符应时代的变化与社会的转型。所谓"江河日下"，即意味古今生活方式的变易更革，古典生活的规范未必能顺应世界的变革，因而产生对未知的将来抱持悲观的态度。此乃以五经为生活规范之传统生活最大的缺点。因此，如何思索新的理念，探求新的生活取向，则是中国突破传统以顺应新时代的课题所在。①

---

① 吉川幸次郎：《支那人の古典とその生活》，见《吉川幸次郎全集》（第二卷），东京：筑摩书房，1968年12月，第348—350页。

神田喜一郎的敦煌学论述

一、神田喜一郎的学术生平

神田喜一郎、号鬯庵、京都人。大正十年（1921）毕业于京都帝国大学文学部史学科，主修中国历史。大正十二年（1923）应聘大谷大学教授，大正十五年（1926）受命宫内省图书寮，编纂汉籍目录解题。昭和四年（1929）转任台北帝国大学文政学部副教授，昭和九年（1934）11月升任教授，讲授东洋文学（中国文学）。同年12月受命为台湾总督府在外研究员，留学英、法两国。昭和十一年（1936）八月返台复职。昭和十四年（1939）客座京都帝国大学文学部一年，昭和二十年（1945）7月委任东方文化研究所，同年12月辞去台北帝国大学教授职位返回日本。昭和二十一年（1946）再任大谷大学教授，昭和二十三年（1948）转任大阪商科大学，昭和二十四年（1949）任大阪市立大学教授。昭和二十五年（1950）获得京都帝国大学文学博士。昭和二十七年（1952）任京都国立博物馆馆长。昭和二十八年（1960）辞去大阪市立大学教授职位，就任于京都大学文学部及文学研究所。昭和三十五年（1953）辞去京都国立博物馆馆长一职。昭和五十九年（1984）4月10日去世，享年八十六岁。著有《支那学说林》《东洋学说林》《日本书纪古训考证》《敦煌学五十年》《日本的中国文学》《墨林闲话》《艺林谈丛》《中国书道史》《鬯庵藏曲志》等。所著搜集为《神田喜一郎全集》十卷本，陆续由同朋舍出版。

江户中期（十八世纪）以来，学问的趣味主义高昂，除了茶道、花道的陶冶心性外，国学（日本古典文学）的俳谐（俳句、短歌）与汉学（中国古典）的诗文也传颂于商贾之间。至于珍本或充栋的国学古文书与中国汉籍的搜集也成为商贾间引为自豪的象征。神田家于江户初期上京，代代经营钱庄，为京都商贾的名门。或许是潮流的趋势，也或许是神田家历代中好学之士辈出，不但收藏有大量的书籍，诗文吟歌也成为传家的学问之一。特别是神田喜一郎的祖父神田香岩更有深厚的汉学造诣，不但擅长于诗文的创作，也由于珍本汉籍的玩味，为当时鉴赏汉籍的权威。所藏唐代抄本四种于大正八年（1919）出版《谷安轩旧书》传世。神田喜一郎自幼即受到祖父的宠爱与教导，因此，不但具备深厚的汉学根基，也由于家学的熏陶，能撰写纯熟精湛的诗文。弱冠以前即能出入以内藤湖南、狩野直喜为盟主之汉诗文吟唱的丽泽社，又由于流畅的汉文，颇获得先后来京都的董康、王国维、罗振玉等人的赏识。

大正六年（1917）入学京都帝国大学文学部，由于仰慕内藤湖南的人格和学问而入于其门下，主修中国历史。大正十年（1921）毕业，论文为《从〈山海经〉看中国古代的山岳崇拜》（《山海经より观たる支那古代の山嶽崇拜》）。在内藤湖南门下四年的锻炼，造就了神田喜一郎成为历史学家的学问性格。从神田喜一郎的著述看来，无论是书目解题，或是敦煌资料整理、艺术评论、日本文化、日本汉文学等研究，都是从史的观辞，纵贯性综观文学艺术与文化的源流发展，进而开阔视野，借着敦煌秘籍的整理，剖析东西方文化交流的历史发展。再再地发挥京都学派的史学研究方法，开辟了新的学术领域。

昭和四年（1929）由于精通汉诗文的声名知闻一时，在藤田丰八的推荐下，神田喜一郎应聘为台北帝国大学的副教授，昭和九年（1934），接替久保天随之后，升任教授。在台北帝国大学任教的十六年间，在时间充裕、图书丰富、精英教学的教育环境下，神田喜一郎得以专致于学问的存养和学生的启发，奠定了其学问大成的根基。又在充裕资金的援助下，获得海外进修研究的机会。于昭和九年到十一年（1934—1936）的一年半的时间，至英法两国留学。调查大英博物馆与法国国民图书馆所藏敦煌数据。先后出版《敦煌秘籍留真》《敦煌秘籍留真新编》，完成《敦煌学五十年》，为二战前日本京都敦煌学派的集大成者。

除了宫内省编集汉籍目录的一年与台北帝国大学教授的十六年以外，神田喜一郎生于京都，长于京都，死于京都。其学术生涯的所在也始终是在京都大阪一带。求学与教学在于斯，师弟友人也是以内藤湖南、狩野直喜为中心的京都学派的学者居多，如武内义雄、吉川幸次郎等人。至于董康、王国维、罗振玉的相知也在京都。因此，探究神田喜一郎的学问与交游，不但可以了解二战前京都学派的学问性格，也可以进而比较当时二十世纪初中期的中国学问与日本学问的异同所在。

综观神田喜一郎的生平，可分为启蒙、定向、沉潜、开花、大成等阶段：出生到高中毕业，接受祖父香岩庭训的家学涵养与中日前辈学人的提携、京都文化的陶养是启蒙期；京都大学四年间，在内藤湖南门下研习中国史学，底定其学问性格，为其定向期；台北帝国教学的十六年间，专事教学研究，为其学术生涯的沉潜期；二战后返回日本，于京阪学术界的教学是其研究活动的开花期；昭和三十五年（1960）辞去京都国立博物馆长职务，至昭和五十九年（1984）去世的二十多年间，专事著书立说，出版全集，为其学问的大成期。

二、《敦煌学五十年》：集京都敦煌学派大成的代表作

《敦煌学五十年》一书经过三次增补。初版，即由二玄社出版的有《敦煌学五十年》《敦煌学近况（一）》《敦煌学近况（二）》《内藤湖南先生与中国古代史》《手捧贝塚教授的〈甲骨文字〉图版篇回忆林泰辅博士》《狩野先生与敦煌古书》《中国学者富冈桃华先生》《董授经先生》《回忆羽田先生》《关于中国书籍》《鹿田松云堂与内藤先生》《〈册府〉发刊之时》《〈目睹书谭〉序》《〈中国史学史〉跋》《〈日本文化史研究〉解说》《陈列馆的地下室》《大正癸丑的兰亭会》《怀德堂的文艺》《慈云尊者的余技》等十九篇。第二次出版，即由筑摩书房出版的则删除《怀德堂的文艺》《慈云

尊者的余技》二篇，再添补《〈内藤湖南先生与中国古代史追悼〉补遗三题》《内藤湖南先生与中国古文书学》《大谷莹诚先生与东洋学》《追悼石滨纯太郎博士》《汉文作家吉川博士》《〈桑原骘藏全集〉推荐辞》《上野有竹斋的中国古书画》《〈中国书画话〉序》《荷兰高罗佩著〈书画鉴赏汇编〉》等九篇。至于第三次出版，即收入《神田喜一郎全集》的，则依照筑摩版之旧，而增加《内藤先生与文廷式》《回忆王静安先生》《豹轩先生的回忆》《怀念武内博士》《追悼石田杜村博士》《怀念内藤乾吉教授》《青木正儿译注〈芥子园画传〉解说》等七篇。

神田喜一郎之所以撰述《敦煌学五十年》，是取法于董作宾的《甲骨学五十年》的论述，说明敦煌文物出土的经纬并论述五十年来东西双方于敦煌学研究的成果。[1]至于神田喜一郎论述五十年来敦煌学的最主要原因是在光大师承学术，即发扬近代京都学派于敦煌学研究的成就。因为敦煌学的研究成果，不但反映出京都学派与东（以罗振玉、王国维为主的清末民初的中国学者）西（以伯希和为主的英法学者）学术界交流的情形，更主张敦煌学的研究是以内藤湖南与狩野直喜为首的京都学派之足以与当时东西汉学界并驾齐驱的所在。[2]神田喜一郎首先在《敦煌学五十年》一文中，叙述敦煌文物出土以来五十年的敦煌学的研究概况。兹归纳成《敦煌学五十年（1900—1950）年表》，条列如下。

敦煌学五十年年表

1900年　王道士发现千佛洞的古物。

1907年　3月，英人史坦英取得数千卷敦煌古物。

---

[1] 神田喜一郎于《敦煌学五十年》一文指出，台湾大学教授董作宾是甲骨学的大家，于前年（1950）在台湾发行的《大陆杂志》以《甲骨五十年》为题，整理五十年来有关甲骨文的研究成果。于是笑颦而仿效之，叙述出土以来将近五十年的敦煌学研究情况。

[2] 神田喜一郎于《敦煌学五十年》与《〈册府〉の発刊された頃》《大谷瑩誠先生と東洋學》（皆收于《神田喜一郎全集》第九卷）指出，京都学派于敦煌学的研究，不但开启日本研究敦煌文物的风气之先，其成就也足以与世界学术并驾齐驱。

12月，法人伯希和至敦煌。

1908年　3月，法人伯希和取得数千卷敦煌古物。

3月26日，法人伯希和寄函史纳尔（E.Senart）报告敦煌所见。

12月，法人伯希和返法。

大谷西域探险队出发。[①]

1909年　5月，法人伯希和为法国国民图书馆购买汉籍而至北京，顺便向中国学者展示敦煌所得的一部分古书。

8、9月间，罗振玉发表《敦煌石室书目及发见之原始》。

10、11月间罗振玉出版《莫高窟石室秘录》。

王仁俊出版《敦煌石室真迹》。

田中庆太郎（东京文求堂书店店主）于北京访伯希和借阅敦煌古书，11月1日于《燕尘》第二卷第十一号发表《敦煌石室中的典籍》。田中氏与罗振玉寄函内藤湖南、狩野直喜报告敦煌古书发现一事，并希望于京都举行敦煌学讨论会。11月初东京与大阪的《朝日新闻》以《敦煌石室的发现物》为题报道敦煌古物一事。

11月24日至27日，内藤湖南于《朝日新闻》连载《敦煌发掘的古书》。11月28、29日京都大学史学研究会于府立图书馆召开总会，展示敦煌古书的复印件，并由京都大学教授内藤湖南、狩野直喜等人说明敦煌古书的内容。《史学杂志》十二月号及翌年一月号登载敦煌古书展示目录。

1910年　1月20日滨田青陵博士将京都大学教授等人的讲演整理成《敦煌石室发现古书画》于《东洋时报》第

① 京都西本愿寺大谷光瑞上人派野村荣三郎等人探险西域，两年后带回大批的包含敦煌在内的西域文物。

一百三十六号发表。

2月，大谷西域探险队带回敦煌文物。

3月19日，东京大学国史学助教授黑板胜美博士于东京帝国大学文字研究会讲演《欧洲的中国考古学研究》，发表其两年来于欧洲，特别是柏林民俗博物馆、大英博物馆所藏东洋古文书及美术品的见闻。

7月，羽田亨博士发表《伯希和的中亚旅行》（ペリオ氏の中央亞細亞旅行），于京都文科大学《艺文》第一年第四号。

秋，藤田丰八于北京出版《慧超传笺释》[①]。

8月3日起三天，内藤湖南于《朝日新闻》刊载《西本愿寺的发掘物》。

8月，京都大学派遣内藤湖南、狩野直喜教授等五人至北京调查清政府自千佛洞运回的古书。

1911年　1月11、12日，于京都大学展示千佛洞残留的古书复印件，展示复印件编成《京都帝国大学文科大学清国派遣员报告展览会目录》。

春，羽田亨博士于《东洋学报》发表《大谷伯爵所藏新疆资料解说》。

春，松本文三郎于《东洋学报》发表《敦煌石室五种佛典的解说》。

5月，泷精一博士于东京史学会讲演《关于新疆发掘的绘画》。

1912年　秋，京都大学派遣狩野直喜教授前往伦敦、巴黎调查

---

① 《慧超传笺释》见载于罗振玉的《敦煌石室遗书》中，罗振玉只做简单的札记而已，藤田丰八则做详细的笺注。又此书于1912年在东京订正再版。昭和五年（1930）北京影印初版再版。

敦煌古书。同一时间东京大学派遣泷精一博士前往欧洲调查敦煌绘画。

1916年　法人伯希和发表敦煌《尚书释文》的考证文章，由法国金石文艺学院出版。

1924年　内藤湖南教授与石滨纯太郎教授游学欧洲。

1925年　夏，石滨纯太郎教授于大阪怀德堂讲演《敦煌石室的遗书》。

1926年　羽田亨博士与伯希和共编《敦煌遗书》第一集。

1929年　小岛佑马博士出版《沙州诸子廿六种》（高濑惺轩还历记念会辑）。

　　　　12月，小岛佑马于《支那学》第五编第四号起九次发表《巴黎国立图书馆藏敦煌遗书所见录》。

　　　　神田喜一郎游学欧洲（1935—1936）两年。

1938年　1月，神田喜一郎出版《敦煌秘籍留真》（小林写真制版所）。

1947年　9月，神田喜一郎出版《敦煌秘籍留真新编》（台湾大学）。

1952年　11月，神田喜一郎于龙谷大学讲演《敦煌学五十年》。

关于六十年来敦煌学的研究情况[①]，神田喜一郎说：

敦煌文物发现以来的三十年间，是以千佛洞发现的敦煌古书的研究为主。近年（1950）以来，虽然敦煌古书已然持续被研究，但是研究的主要对象则有所转变。首先值得一提的是由于交通较以往便利，东西方的敦煌学研究者相继地前往敦煌，实地调查千佛洞莫高窟的壁画艺术，造成敦煌学的热潮。1926年陈万里的《西行日

---

① 见《敦煌学的近况（一）》《敦煌学的近况（二）》。此二文是神田喜一郎于昭和三十五年（1960）在大阪的讲演稿。收入《敦煌学五十年》时略作增补。

记》一书中首先提到千佛洞的壁画。1931年贺昌群于《东方杂志》第二十八卷第七号发表《敦煌佛教艺术的系统》。1940—1942年张大千模写千佛洞的壁画，于1943年出版《大风堂临敦煌壁画》、1944年出版《张大千临摹敦煌壁画展览特集》。张大千不但继伯希和之后，发掘洞窟，重新为千佛洞编号，又除了千佛洞以外，也模写西千佛洞、榆林窟、小千佛洞等洞窟的壁画。其后由于甘肃横断公路开通，于右任（当时国民政府的监察院长）视察千佛洞后，向教育部建议设置敦煌研究所。1943年教育部委任高一涵、常书鸿担任筹备委员，翌年二月正式于敦煌成立敦煌艺术研究所。又国立中央研究院也于1942年组织西北史地方考察团，调查甘肃、宁夏、青海三省及敦煌千佛洞。考察团的一员向达于1950年7月在《国学季刊》第七卷第一期发表《西征小记》，详细地考证西千佛洞、榆林窟的历史和地理。[①]谢稚柳于1942—1943年在敦煌专门研究壁画，于1945年出版《敦煌艺术叙录》一书。概述敦煌的艺术，叙录西千佛洞、榆林窟小千佛洞等洞窟的形状、壁画、塑像等。1943年于重庆出版的《说文月刊》发行"敦煌特辑"。收录有卫聚贤的《敦煌石室》、何正璜的《敦煌莫高窟现存佛洞概况之调查》、姜亮夫的《敦煌经卷在中国学术文化上之价值》、董作宾的《敦煌纪年》、劳榦的《伯希和敦煌图录解说》、金毓黻的《敦煌写本唐写本天宝官品令考释》等论文。

敦煌艺术研究所成立以后的第二年，即1945年便改隶于国立中央研究院。1951年改称敦煌文物研究所。文物研究所所长为常书鸿。常氏上任以后即致力于千佛洞的现状调查、修理保存及壁画摹写拓印的工作。因此敦煌学有长足的进展。如阎文儒的《莫高窟的石窟的构造及其塑像》（1946年刊载于沈阳

---

① 《西征小记》收入1957年向达增补再版的《唐代长安与西域文明》中。

博物馆发行的《历史与考古》创刊号）。史岩的《敦煌石室画像题识》（1947年由敦煌文物研究所、华西大学博物馆、比较文化研究所联合出版），皆与常书鸿有深厚的关联。至于1955年陈明达的《敦煌石窟勘察报告》（《文物参考资料》第二卷第四期）、1956年京都大学人文科学研究所的长广敏雄教授的《最近关于敦煌石窟的研究》（《最近に于ける敦煌石窟の研究》，《史林》第三十九卷第二号），都是由于敦煌文物研究所细密地调查千佛洞的现状，进而进行修理保存及壁画摹写拓印的工作以后，而产生的新领域的研究报告。1958年敦煌文物研究所常书鸿一行数人来日，于东京、京都展示敦煌文物研究所于近年出版的《敦煌艺术叙录》（谢稚柳编），《敦煌莫高窟艺术》（潘兹编），《敦煌莫高窟》《敦煌壁画集》《敦煌壁画选》（敦煌文物研究所编）等，引发日本学者对敦煌艺术的研究投入大量心血。常氏来日的当时，日本《佛教艺术》发行了"敦煌的佛教美术特集"。水野清一发表《敦煌石窟笔记》。此文与研究东洋建筑史的福山敏男于1952年发表的《敦煌石窟编年试论》（《建筑史研究》第七号）为研究千佛洞历史所不可或缺的重要资料。

　　外国学者到千佛洞做实地调查则是美国的艾琳·文森特（Irene Vongehr Vincent）夫人开风气之先，于1948年亲到千佛洞拍摄照片，于1953年出版《神圣绿洲：1948，艾琳·文森特的敦煌之旅》（*The Sacred Oasis*），概说敦煌艺术与敦煌游记。[①]1952年大英博物馆东洋部长巴兹尔·格雷（Basil Gray）博士在中国政府的接待下视察敦煌。格雷博士于1959年出版《敦煌佛教石窟壁画》（*Buddhist Cave Paintings at Tun-huang*）图录，是敦煌甚至东洋美术的重要

---

　　① 在艾琳·文森特夫人之前，美国兰登·华尔纳（Langdon Warner）博士于1925年率团调查千佛洞，1938年在哈佛大学发表有关榆林窟壁画的论文《万佛峡：九世纪佛教壁画洞窟研究》（*Buddhist Wall-painting: A Study of a Nith-Century Grotto at Wan Fo Hsia*）。1931年美国鲍林（Birger Bohlin）考察西千佛洞，于1936年在《哈佛亚洲杂志研究》（*Harvard Journal of Asiatic Studies*）上，发表《参观敦煌西洞》（*Newly Visited Western Caves at Tun-Huang*）介绍西千佛洞的壁画。但是二人的调查以及发表报告都鲜为世人所知。20世纪50年代文森特夫人的探访之后，形成敦煌洞窟实地调查的风潮。

数据。继西洋学者考察敦煌之后，日本学者也接踵而至。如昭和三十一年（1956）6月福田丰四郎，同年9月北川桃雄、龟田东伍二人，昭和三十二年（1957）日本考古学会与每日新闻社派遣驹井和爱、冈崎敬等一行五人相继到千佛洞做实地调查。冈崎敬于返回日本之后不久即出版《中国考古之旅》，北川桃雄则于1959年出版《敦煌纪行》一书。

有关敦煌石窟的综合研究，即针对敦煌石窟的壁画与塑像的图像做分析整理并最终分类。在这一方面有大成的是敦煌文物研究所。它根据图像性质的不同，把敦煌石窟的所有壁画与塑像分为经变、本生、佛传故事、尊像及其他五大类。由于这样的整理分类，再加上中英法所藏敦煌古书目录的编集完成，如1931年陈援庵编纂北京图书馆所藏敦煌古书而成的《敦煌劫余录》，1975年翟林奈（Lionel Giles）编纂大英博物馆所藏而成的《大英博物馆藏敦煌汉文写本注记目录》（*Descriptive Catalogue of the Chinese Manuscripts from Tun-huang in the British Museum*）问世，特别后者将大英博物馆所藏七千卷的敦煌古书分为佛教文献、道教文献、摩尼教文献、非宗教文献、印刷文书等五大类，便利于敦煌学的研究，而有了新的发展。在日本方面，由于东京大学的山本达郎、榎一雄协助翟林奈编纂大英博物馆所藏的目录，东洋文库乃得以收藏大英博物馆所藏的敦煌古书微卷。至于北京图书馆所藏的敦煌古书，由于国际印度文化协会会长拉古·维拉（Raghu Viira）的努力，四千八百八十八多卷的书物悉数被制成微卷，又吉尼亚尔（R.Guignard）夫人的法国巴黎国民图书馆所藏敦煌古书目录的完成，促使日本东洋学者广泛地研究敦煌学，不但有蓬勃的发展，也有斐然的成绩。特别是社会经济史、法制史的研究，佛教关系数据的探讨以及变文，即讲唱文学的研究更有与中西学者比肩的成果。社会经济史法制史的研究有东京大学仁井田陞的《唐律令以及格的新资料》《史坦英敦煌发现的唐代奴隶解放文书》《史坦英敦煌发现的唐宋家族法关系文书》（以上文章皆发表于《东洋文化研究所纪要》）。另有山本达郎的《敦煌发现计账文书残简》（《东洋学报》）、《敦煌发现户制田制关系文书十五种》（《东洋文化研究所纪要》）等。佛教关系资料的研究有1958年龙谷大学出版的《敦煌佛教资料》（《西域文化研究》第一卷）。1959年藤枝晃的《敦煌的僧尼籍》（《东方学报》京都第二十九册），则是反映世界敦煌学的一个新倾向，即综合佛教史和经济史的研究。在这一方面的权威是1952年法国戴密微（P. Demieville）的"Le Concile de Lhassa"（《Institut des Hautes Etudies Chinoises》巴黎大学中国学研究所丛书第七册）。此书译注伯希和敦煌文书第四六四六号《顿悟大乘政理决》，不但详细地翻译而且谨慎地注释，可以说是历史的注解，为研究西藏佛教史提供了极其重要的参考数据。至于变文的研究，在中国方面，有1954年周绍良编纂的《敦煌变文汇录》，1957年王重民、曾毅公等人编集的《敦煌变文集》上下二卷，并附有曾毅公的《敦煌变文论文目录》，1959年蒋礼鸿的《敦煌变文字义通释》。日本则有1955年那波利贞的《关于中晚唐五代佛教寺院俗讲座中变文演出方法》（《甲南大学论丛》）。有关曲子词的研究，有1950年王重民出版的《敦煌曲子词》，1954年任二北出版的《敦煌曲校录》《敦煌曲初探》。至于俗文学史的研究，日本则有狩野直喜的《中国俗文学史研究材料》（《艺文》1916年一、三月，1917年一、三号）。中国则有王国维于1920年在《东方杂志》第十九卷发表的《敦煌发现唐朝之通俗诗及通俗小说》。[①]后来则流行王梵志的研究，胡适对于王梵志的研究，收载于所著的《白话文学史》中。法国戴密微于1957年的"L' annuaire College de France, 57 annee"中发表的文章，对于王梵志的诗有详细的考证。入矢义高也于1957年发表《王梵志诗集考》（《神田先生还历记念书志学论集》）。

神田喜一郎认为敦煌学（1900—1960）的发展，可分为两个阶段。

第一阶段：早期（1900—1930），以敦煌文物发现的消息传播，北京、欧洲所藏敦煌古书的查访、影印进而研究报告为主。日本于敦煌学的研究则以京都学派的学者为主。

第二阶段：近年（1930—1960）则以调查敦煌各洞窟的现状、摹写石窟的壁画，塑像进而绘事敦煌绘画艺术的研究。又由于各地（北京、伦敦、巴

---

① 狩野直喜及王国维关于中国俗文学史研究的记载，见《狩野先生与敦煌古书》（收载于《敦煌学五十年》）。

黎）所藏敦煌古书的内容分类与目录编纂的完成，敦煌学的研究乃有蓬勃的发展，从文学、社会史、佛教史等各角度进行探讨研究。在日本方面，东京的学者于敦煌学的研究也有辉煌的成就。

对于神田喜一郎六十年来敦煌学发展大势的叙述而值得称述的是：

第一，世界性、国际化的学术视野。由于神田喜一郎通晓外文，因此对于中英法的研究情况了如指掌。

第二，持论公平客观。《敦煌学五十年》《敦煌学的近况（一）》《敦煌学的近况（二）》的论述虽以介绍日本学界的研究情况为主，但是对于外国学者的研究成果，也能给予极高的评价。对于日本研究不足的地方，也能指摘而出。如肯定敦煌文物研究所所长常书鸿于千佛洞的现状调查、修理保存及壁画摹写拓印的工作；认为法国戴密微的 **《Le Concile de Lhassa》**（《吐蕃僧诤记》，原书名译为《拉萨僧诤记》，1970年根据作者本人意见在中国出版时更名），是研究西藏佛教史极其重要的参考数据。日本于社会经济史、法制史的研究，以及佛教关系资料的探讨堪比美中西学者的成果；至于曲子词，即俗文学的研究，则远不及中国学者的研究。

第三，具有史学上的意义。京都学派是开启日本研究敦煌学的先锋，内藤湖南、狩野直喜与罗振玉、王国维有深厚的交谊，于敦煌学的研究上，中日两国学术有密切交流。神田喜一郎继承此一关系，再加上能熟练地运用英、法文，与欧洲学者进行学术交流。可谓京都学派于敦煌学研究的集大成者。神田喜一郎的《敦煌学五十年》是世界敦煌学史上不可或缺的重要资料。

三、结语：京都学派的学术性格

一般而言，京都学派的学问是考证学。就治学的方法而言，京都学派的学者所崇尚的是以清朝考据学为基底的科学实证之学。所探究的也是以有清一代的文献为主。如京都帝国大学文科教授，也是京都学派的大家之一的狩野直喜，继承太田锦城、海保渔村、岛田篁村一派的考证学，潜心于清代乾嘉的学术与清朝的制度。内藤湖南则是远绍章学诚、钱大昕的学问宗尚，以史学的角度综观中国的学术发展。著有《中国史学史》《中国上古史》《中国中古的文化》《中国近世史》《清朝史通论》。其实京都学派的学问性格，特别是内藤湖南的学问，不纯然只是考证而已，而是在目录学的基础上进行旁征博引、精详考证，从而建立通贯宏观的史学性识见。又由于京都，即日本古文化之所在的学术环境与江户中期以来考证风气的传承，"学问与趣味兼容并蓄而浑然融合的研究，才能真正地理解中国文化"，则是京都学派的学者的为学理念。至于所处理的材料也不限于中国的典籍而已。除了中国传统经书历史与文学以外，又潜心研究足以与世界汉学界分庭抗礼的敦煌学，致力于先贤学问的阐扬与足以比美中国的日本学术文化的发掘。①

神田喜一郎继承内藤湖南的学问，不但贯彻历史考证的学风，也坚守浑融学问与趣味于学问研究的理念，更潜心于日本古典文化的发扬。由于擅长诗文，所以受聘为台北帝国大学的教授。《敦煌学五十年》是兼顾历史考证与东西方文化交流史之世界性新学问的论述。《中国书道史》的研究与《书道全集》的编集是反映了京都学派融合学问与趣味的学术理念。至于《日本的中国文学》《日本书纪古训考证》则是阐述日本古典文学与中国文学关系的著作。就此意义而言，神田喜一郎的学问足以说明京都中国学以成就通儒之学为极致的所在。

---

① 有关日本学术文化，内藤湖南著有《近世文学史论》《日本文化史研究》《先哲の學問》，皆收入《内藤湖南全集》。主张"文明移转论"（见《近世文学史论》），"应仁之乱是中国文化日本化的转捩辞""中国文化辞化日本文化说"（皆见《日本文化史研究》），"富永仲基的'加上说'是东西学术的通说"（见《先哲の學問》）。

武内义雄的老庄研究

一、老庄著述

武内义雄，三重县人，明治四十年（1907）9月，入学京都帝国大学文科大学支那哲学史讲座，大正十二年（1923）4月，聘任东北帝国大学法文学部"支那"哲学史教授。著述《老子原始》（大正十五年，1926），《老子研究》（昭和二年，1927），《老子与庄子》（昭和五年，1930），《诸子概说》（昭和十年，1935），岩波文库本《老子》（昭和十三年，1938），《老庄思想》（昭和十五年，1940）。他于老庄研究有划时代的成就，开启日本近代先秦诸子研究的风气。

武内义雄认为中国先秦典籍经刘向歆父子校定而颇失其旧，后世学者又有不少增益，而难窥其原貌。故读中国先秦古书，必先考镜其传承源流，以回归汉代之旧，再上溯先秦的原初本貌。①于先秦诸子的研究，必先旁搜各种版本，判别取舍而得精善版本，解析文本篇章脉络文义，对照先秦诸子，探寻他书的引述，然后判定精确的文本。故木村英一强调，以确实详密的文献学知识为基础，树立解读古典而究明文本原貌，是武内义雄研究中国古典的态度，其老庄研究的特色，在于"复元原典""解析原典成立经纬""精确解释原

---

① 金谷治：《解题》，见武内义雄：《武内义雄全集》（第五卷），东京：角川书店，1978年3月，第477页。

典""究明原典意义与价值"。①

二、《老子》文本考证

金谷治叙述其师武内义雄的学问是以清朝训诂学，尤其是王引之"舌人意识"为底据，审慎的解释古典的文句。其译注的《老子》即精密训诂的结晶。而正确解读古典，除了训诂以外，又有校正传承误衍的必要，乃应用目录学的方法，以历代图书目录和日本的古抄本，考究异本的源流，判别正确的文本。《老子研究》是武内义雄运用校勘目录学而著述的成果。武内义雄认为《老子》有王弼注本、河上公本和唐玄宗御注本三个系统，校定各系统的祖本而取得最古且最正确的原本，才是精善致密的校勘。在校定正确的文本之外，还需要对原典进行批判性的修正。其所以校定《老子王弼注》，乃由于《王弼注本》缺乏善本，乃参考王弼的注文，考察本文押韵的关系，探讨思想内容，修正《王弼注本》。②至于武内义雄之所以用押韵来考证《老子》文本，盖启发于俞樾的《老子平议》，"道之为物，惟恍惟惚。惚兮恍兮，其中有象；恍兮惚兮，其中有物"（二十一章）。

> 按"惚兮恍兮"二句，当在"恍兮惚兮"二句之下。盖承上"惟恍惟惚"之文，故先言"恍兮惚兮，其中有物"；与上"道之为物，惟恍惟惚"四句为韵，下文"惚兮恍兮，其中有象"，乃始变韵也。王弼注……注文当是全举经文，而夺"其中有物"四字，然据此可知王氏所见本，经文犹未倒也。

乃用古韵校正《老子王弼注》的文本，更发展成为其研究《老子》的方

① 金谷治：《解题》，见《武内义雄全集》（第五卷），东京：角川书店，1978年3月，第467—468页。

② 金谷治：《誼卿武内義雄先生の學問》，载《怀德》（第37号），1966年。其后收载于《金谷治中国思想论集》（下卷），东京：平川出版社，1997年9月，第423—426页。

法论。①其于《老子研究》论述校定《老子王弼注》的方法有：（1）区别用韵和无韵的部分。《道德经》文体不一，韵文与散文错杂，韵文为古代口传者，散文则是后学敷衍附加者。（2）于用韵的文章，根据用韵校正误字错简，区别章节。比较《老子》异本而无法判定正误时，或可以韵脚作为判断的依据，又可用韵脚校正错倒，又可根据押韵，明确章节的区分。（3）用韵的部分，或有老子后学的文字，综观道家变迁大势，视之为后起思想而删去。

武内义雄综括其于《老子》考证校勘，有五个要点：（1）比较考究现行诸本，以选定正确的文本。（2）旁征汉人所引佚文，以校订所选定的文本。（3）根据用韵与占，区别文体的新旧，删除新出的部分。（4）究明先秦道家发展的变迁，判别后学思想的部分而删除。（5）检寻最后剩余的部分和《庄子·天下篇》所述老子学说是否一致等。如此考校或能接近《老子》的原貌。②

武内义雄于《老子原始》序文叙述：老子先于孔子，曾为周室官吏，年老出西方之关，应关尹之求，作道德经五千余。此为古来相承的传说，然可疑甚多，不可相信。有关老子生存年代的问题，《史记·老子传》记载"孔子至周，问礼于老子"，或老子年长于孔子。其实不然，根据《史记》记述老子系谱，老子之子宗，孙注、曾孙宫，宫之玄孙假，假之子解，凡八代。假仕于汉文帝，为胶西王邛太傅，死于汉景帝三年（前154）。一代三十年而推算，老子约为公元前四世纪之人。若孔子问礼事为史实，则老子当生存于公元前五世纪。孔子问礼与老子系谱记事二者之间有约百年的差异，颇有矛盾。就思想发展的顺序而论，当以子孙代数推算，老子乃孔子以后之人较为贴切，其生存年代稍晚于子思而早于孟子。至于《道德经》一书非老子讲述，乃后学编辑而成，其中错简误衍颇多。欲详细论述其思想内容，必审慎考证字句篇章，乃

---

① 武内义雄：《學究生活の思い出》，见《武内义雄全集》（第十卷），东京：角川书店，1979年10月，第414—432页。

② 参见"第五章　道徳經の研究方針"之"七　道徳經の批判"，见《武内义雄全集》（第五卷），东京：角川书店，1978年3月，第188—192页。

以《老子原始》为基础，运用目录校勘，文献考证的中国学研究法，辨彰老庄道家人物的思想内涵，考镜先秦诸道家的源流，著述《老子研究》一书。书分上下二卷，上卷论述老子传变迁与道家思想之推移，老子及其后学之年代，秦汉以前道家思想的流变，道德经之考察、研究方向与注释书解题，下卷为道德经析义。道德经析义旁征历来未论及的抄本、古本，博引前人论考，选别精善文本与正确训诂，以为上卷论断的根据。至于上卷的研究方向则指陈老庄道家研究的取向，具有启发后学研究导向的意义。町田三郎指出，武内义雄《老子研究》的旨趣，在于审慎地考察道家文献以作为究明道家思想变迁的基础。其研究方法是运用目录学和校勘学，进行文献的研究和批判，其考证方法和校勘的成果，超越当时学界的水平，宜有极高的评价。①因此，木村英一说"武内博士的老子研究是日本、中国、西洋老子研究史上，划时代之辉煌成就的著述"②。

三、《庄子》成书考

武内义雄根据陆德明《经典释文·庄子叙录》，于《庄子考》探究《庄子》文本的源流，究明郭象本与向秀本、司马彪本的关系，《庄子》内外杂分篇与《庄子》文本变迁。有关《庄子》版本，根据陆德明《经典释文·庄子叙录》所载《庄子》注本，可作为《庄子》文本之考察者，有司马彪注、孟氏注、崔譔注、向秀注和郭象注五种。又综辑《隋书经籍志》《两唐志》的著录和先秦魏晋的论述，以为《庄子》主要版本有：（1）司马彪孟氏本五十二篇，内篇七，外篇二十八，杂篇十四，解说三，为汉代以来旧本。（2）崔譔

① 町田三郎：《道家思想研究史のための覚書—武内·津田両博士の業績を中心に—》，见《東北大學教養部紀要》（15），1972年2月；其后收入《中國古代の思想家たち》，东京：研文出版，2006年2月，第205—230页。连清吉中文翻译《津田左右吉与武内义雄—关于大正期道家思想之研究》，见《日本幕末以来之汉学家及其著述》，台北：文史哲出版社，1982年3月，第201—225页。

② 金谷治：《解题》，见《武内义雄全集》（第五卷），东京：角川书店，1978年3月，第466—475页。又见刘韶军《日本现代老子研究》论述武内义雄的《老子研究》（福建人民出版社，2006年6月）。

向秀本二十七篇，内篇七，外篇二十，为晋代之删定本。（3）郭象本三十三篇，内篇七，外篇十五，杂篇十一，以崔譔向秀本为本，又参酌司马彪孟氏本之新定本。至于《庄子》文本的梳理，则分析陆德明注释，用以下三点论述郭象本与向秀本、司马彪本的关系以及《庄子》文本的变迁。

> 1.释文连引司马彪音而不注崔、向音者，盖为崔、向本所删去之文。若一篇之中并存崔、向音连引与不引者，或二篇合为一篇者。
>
> 2.文理难通者，与释文比对，若司马彪注无之，或为解说之辞散入者。
>
> 3.文辞重复而为错简者，若司马彪注有之，则非解说文辞，或为他篇文字而窜入者。

关于郭象本与向秀本，所谓郭象注窃向秀注之说，见于《世说新语·文学篇》，《晋书·郭象传》沿袭《世说新语》的载记。援引《四库提要》比较列子注所引向秀注和郭象注，断定《世说新语》与《晋书》所谓"（郭象）窃（向秀注）以为己注，定点文句"殆非无证。进而检寻《列子·黄帝篇》张湛注，其连引向秀注者，凡五章。应帝王篇"郑有神巫章"，达生篇"痀偻丈人章"，《四库提要》既有详论，乃考察其他三章，即人间世篇"汝不知夫养虎者乎章"，达生篇"子列子问关尹章"与"颜渊问仲尼章"，而有"张湛因袭向秀注者"，"郭象窃向秀注而定点文句者"，"郭象袭向秀注"，"郭象不取向秀注而自注"，"郭象袭向秀注而省其文字者"，"郭象于向秀注外，加上己说"，"郭象删除向秀注"，"郭象注与向秀注有异"等例证，论断"郭象有窃向秀注者，亦有自注者，而大抵因袭向秀注"。

至于郭象如何取舍向秀注，武内义雄认为：（1）郭象颇减省向秀注义；（2）不仅改变注文而于庄子文本亦有取舍之迹；（3）其外、杂篇的区别及每篇分合亦有不同。首先比较《世说新语·文学篇》注引向子期、郭子玄《逍遥游》义和今本郭象注文。证明郭象颇减省向秀注义。其次,举《释文·逍遥游篇》"聋者无以与乎钟鼓之声"句下注"向本有眇者无以与乎眉目之好夫,刖者不自为假文履夫",说明郭象取舍向秀本。举《列子·天瑞篇》"生物者不生,化物者不化",张湛注曰"庄子亦有此文",然郭象本无之,说明郭象因袭向注,不仅改变注文,于庄子文本也有取舍之迹。

至于外、杂篇的区别及每篇分合的不同,释文叙录所载,向秀但注内外篇而不及杂篇,其音三卷亦止于内七篇与外二十篇。然释文所引向秀音崔注不止于内外篇,杂篇亦有及之。故郭象本杂篇似有属于向、崔本外篇的文字。梳理释文所引向、崔音注而见于郭象本之外杂篇者:

外篇:骈拇、马蹄、胠箧、在宥、天地、天运、缮性、秋水、至乐、达生、山木、知北游

杂篇:庚桑楚、徐无鬼、则阳、外物、寓言、渔父、列御寇、天下

以上二十篇正符合释文叙录崔譔本外篇二十之数,或为向、崔本的外篇。若然,则郭象本与向、崔本的外、杂篇有所不同。又郭象本外杂篇文字有向、崔文本所无。

1.在宥篇"世俗之人皆喜人之同乎己"以下二章,释文不引向、崔、司马注。

2.秋水篇前半文义连属,而后半"夔怜蚿"以下六章意味不连贯,前半释文引用崔音十七,向音二,后半则无一引述。

3.天下篇前半引向、崔音者多,后半"惠施多方,其书五车"以下全无引述。《列子·仲尼篇》文字与此篇后半相似,张注亦不引向注。《北齐书·杜弼传》有"杜弼注庄子惠施篇"之记载,或庄子有惠施篇,此篇后半或即惠施篇。

可知郭象有增益向、崔文本者，其所增补者，有向、崔取舍之外杂篇文字，郭象又据司马本而附加之。换句话说，郭象文本以向秀本为主，又取司马本而增补，唯其篇章次第分合未必从向秀文本，各篇文字亦有所改定，郭象注多沿袭向注，颇多向秀无注而郭象自注者。

至于司马彪本与郭象本的关系，武内义雄以为郭象本篇数不及司马本三分之二，然有天下篇之合司马本及崔、向本二篇为一篇者，故郭象文本内容或仅司马本之半。考察郭象删除不取者与司马彪本佚篇的内容，或可究明郭象删定之旨趣。释文叙录如下：

> 庄子宏才命世，辞趣华深，故莫能畅其弘致，后人增足，渐失其真。故郭子玄云，一曲之士，妄窜奇说，阏奕意修之首，危言游凫子胥之篇，凡诸巧杂，十分有三。汉书艺文志，庄子五十二篇，即司马彪孟氏所注是也。言多诡诞，或似山海经，或似占梦书。故注者以意去取，其内篇众家并同，自余或有外而无杂，唯子玄所注，特会庄生之旨，故为世所贵。

郭象所删去的是阏奕、意循、游凫、卮言、子胥等篇，其内容多类似于《山海经》、占梦书、《淮南子》，皆"言多诡诞"，为郭象所删除不取者。换句话说，司马彪本的内容颇为驳杂，郭象删定本大抵去其榛芜而存菁华。此外，《史记本传》所载畏累虚篇，《北齐书·杜弼传》所记惠施篇，《南史·文学传》何子朗拟庄周马捶而作败冢赋，则马捶亦为《庄子》佚篇之名，《文选》李善注引淮南王略要和淮南子庄子后解，当皆为司马彪庄子之篇名。

所谓引淮南王略要者，根据《文选》江文通杂体诗注，谢灵运《入华子冈诗》注，陶渊明《归去来辞》注、任彦升《齐竟凌文宣王行状》注引之曰："《淮南王庄子略要》曰江海之士，山谷之人，轻天下细万物而独往者也。司马彪曰独往任自然，不复顾世。"可知其为《庄子》逸篇无疑。清儒俞正燮曰"彪本五十二篇中有淮南王略要，或汉志五十二篇，为淮南本入秘书雠校者"，（癸巳存稿十二）即以之为司马彪本之逸篇。又沈钦韩《汉书疏证》谓庄子后解者《淮南子·外书》之佚篇，李善先引《庄子》而后述后解，则庄子后解非《淮南子》之佚篇，似指《司马彪本庄子》末尾三篇解说。故解说三篇或为淮南王门下之士解释庄子的文章。

有关内外杂篇区分的问题，今本《庄子》为郭象所定，其外杂篇之区别与崔、向文本有异，则郭象所定外杂的分篇次第未必是《庄子》原貌。郭象本骈拇至在宥之数篇于司马彪本未必属于外篇，在宥篇末尾二章似属于杂篇。秋水篇前半可归于外篇，其后半了无连属之短篇当属于杂篇。其他诸篇可以之判准而厘析，外杂之别自可明了。换句话说，郭象本庄子有去其芜杂而存菁华者，可取之所在颇多，然亦有篇次淆乱之缺失。不仅外杂篇之分章混乱，内篇亦有杂错分离的所在。

《大宗师》"夫大块载我以形，劳我以生，佚我以老，息我以死。故善吾生者乃所以善我死也。夫藏舟于壑，藏山于泽，谓之固矣，然而夜半有力者负之而走，昧者不知也"一节，《淮南子·俶真训》亦有此文，然《淮南子》"佚"作"逸"，"息"作"休"，"走"作"趋"，"昧"作"寐"，于"逸我以老"下注曰"庄子曰：生乃徭役，死乃休息也。故曰休我以死"。此为后汉高诱注，其意以"生乃徭役，死乃休息也"为《庄子》之文，故曰以下四字为《淮南子》之文。然而今本《庄子》无上九字，但存"休我以死"而已。检寻《列子·天瑞篇》张湛注，有"庄子曰生乃徭役，又曰死乃休息也"，又有"大块载我以形，劳我以生，佚我以老，息我以死耳"四句皆为《庄子》之文。按《吕氏春秋·必己篇》注曰"庄子著书五十二篇"，则高诱所见与司马彪本同。

又陆氏释文或注记有"崔本以下更有某某等几字"。如齐物论"物固有所然，物固有所可。无物不然，无物不可"，注有"崔本此下更有可于可而不可于不可，不可于不可而可于可"。《大宗师》"成然寐，遽然觉"，注有"向崔本此下更有发然汗出一句"。详细考索前后文字，崔本文句或有散入解

- 205

说文辞者，如"成然寐，遽然觉"六字与"发然汗出"似为解说之辞，郭象但删除"发然汗出"一句而残存"成然寐，遽然觉"六字。

综上所述，于《庄子》外杂篇之分合，古来注释家多以意取舍而不一。内篇皆存七篇，陆氏释文明记"其内篇众家并同"。然此犹大体而论，内篇文本语句异同出入者尚有不少。其所以有出入者，盖以外杂篇文字移入内篇，或解说文辞散入者，后之删修者虽删除移录窜入而有所未尽。因此，《庄子》文本的变迁如下。

1.汉志所载五十二篇，以内七外二十八杂十四解说三而成。初为淮南王门下所传，后秘书校订，内篇辑录近于庄子本义者，外篇为庄子后学之说及内篇重复而异者，杂篇载录短章佚事，解说是淮南王门下之文。此为司马彪孟氏所注之旧本。

2.晋崔譔删五十二篇本为二十七篇而作注。其内七篇因袭司马彪本之旧而或有外杂篇文字移入内篇者，亦有解说文辞散入内篇而便于读览之所在。

3.郭象注三十三篇以向秀注为本，或有据司马彪本而补入者。内七篇为向秀注之旧，有解说之辞及重复之文与司马彪本有所不同。外篇十五杂篇十一篇中，有崔、向本所删去之短篇逸事而据司马彪本补足者。

四、老庄思想的流衍：中国思想史学的证成

武内义雄于《老庄思想》[①]综述先秦到汉初儒道发展源流。其以为春秋战国在政治上是乱世，而在文化史上是言论自由，思想最蓬勃的时代，人才辈出而百家争鸣。《汉书·艺文志》沿袭刘向、歆父子《七略》而分诸子为九流，追溯其流衍，墨家与阴阳家是儒家的岐出，名家是墨家的流裔，法家、纵横家

---

① 武内义雄：《老庄思想》，见《武内义雄全集》（第五卷），东京：角川书店，1978年，第438—463页。

与农家主张虽殊，但皆道家的支流。故细分诸子学说可得九家流派，而溯其本源则归于儒家与道家两大主流。至于儒道学说主旨的形成与其生存地域的历史风土有密切关联。

（一）老子

《史记·老子传》记载："老子，楚苦县厉乡曲仁里人，姓李氏，名耳，字聃，周守藏室之史也。"厉乡曲仁里在今河南省归德南方鹿邑县东十里。姚鼐《老子章义·序》记述李姓昔为宋国之姓。又举《庄子·寓言》《列子·黄帝》载记杨朱往沛见老子，沛今江苏省徐州沛县，昔属宋国领域，认为老子非苦县人而是沛县人。至于庄子为蒙人，任漆园吏，今曹县西有漆园城迹，归德东北二十五里有蒙城。因此，老庄思想流传的所在是以归德为中心，昔属宋国之地。归德又称商丘，为殷的发祥地，周武王灭纣，封微子于殷，而立宋，维持殷商故俗，享其祭祀而保存其文化。儒家起于以今山东曲阜为中心的鲁地，周公封其子伯禽于鲁，鲁为周室宗亲藩屏，重视周朝礼乐的习俗。由于历史渊源，鲁、宋的风俗文化自有差异。道家思想兴起于殷商后裔之宋地文化，与儒家以再兴周朝为终极的文化殊异。孔子尊崇周公而再兴周朝礼乐，老子绝弃仁义，去礼乐而以卑弱自持。兴于鲁的儒家文化流传至卫，起于宋的道家思想扩张到楚。卫为周公弟康叔的封地，与鲁为兄弟之邦，故以鲁为中心的儒学流传于周室藩屏诸侯之间。楚国地处南方，被中原诸国卑视为文化未开的蛮夷，屈辱之感与宋同①，故楚未必接受鲁、卫之儒学而与宋之道家思想有共鸣。

孔子以周朝礼乐复兴为志，以仁为礼的精神，以人的亲和而构筑安和社会。主张仁为人的天赋本能而称之为天命，以天命的直觉而说忠恕为行仁之方。孟子继承孔子天生仁心而主张性善说。然老子以为仁心起源的天之上，有

---

① 《左传·昭公十二年》："（楚灵王）曰昔我先王熊绎与（齐）吕伋、（卫）王孙牟、（晋）燮父、（鲁）禽父并事康王，四国皆有分，我独无有。今吾使人于周，求鼎以为分，王其与我乎。（右尹子）对曰……齐、王舅也，晋及鲁卫，王母弟也，楚是以无分而彼皆有。"

更根本的道的存在。所谓"有物混成，先天地生"（第二十五章），"道冲而用之或不盈，渊兮似万物之宗"（第四章），即以为道先天地而生，为万物的根源，故在儒家的天命之上。又道是超越人之视听感觉的绝对性存在，不能以吾人差别性言语来形容。如"视之不见，名曰夷；听之不闻，名曰希；……复归于无物。是谓无状之状，无物之象，是谓忽恍"（第十四章），所谓"无物""无状之状，无物之象"皆意味着道是超越人为分别和认知的存在。唯老子的"无"不是"空无"，是无法言说的"实在"，若强为说明，则"道之为物，惟恍惟惚。恍兮惚兮，其中有象；惚兮恍兮，其中有物"（第二十一章），似"恍惚"的存在。虽然如此，在超越人之感觉的窈冥之中，又有永久不变的真实存在，谓之"常"。"道可道，非常道。名可名，非常名。无名，天地之始，有名，万物之母"（第一章），"常道"者，在恍惚窈冥中，永久不易的真理。故《老子》之"道"有"无"与"常"的两面性，是常而无的存在。无是超越人的知觉而不是空无，盖万物以道而流转还灭。如《韩非子·解老篇》所谓"万物得之以死，得之以生；万事得之以败，得之以成"，而《老子》第十六章"夫物芸芸，各复归其根，归根曰静，是谓复命，复命曰常"，则万物生生变化而不已，出于道而复归于道，此万古不易的真理。道是绝对无差别而不易的存在，万有现象则以流转而形成对立。在现象界是"有无相生，难易相成，长短相形，高下相倾，音声相和，前后相随"（第二章），唯此只是道周行过程中的现象，是一体的两面，即"祸兮福之所倚，福兮祸之所伏"（第五十八章）。然世人执着于心知价值的判断，避祸而追福，恶卑下而贵高尚，故祸乱滋生而人物皆不能终其天命。老子乃说"知其雄，守其雌，为天下谿。……常德不离，……知其荣，守其辱，为天下谷，……常德乃足，复归于朴"（第二十八章），"弱之胜强，柔之胜刚，天下莫不知，莫能行"（第七十八章），而以"卑弱自持，濡弱谦下"作为处世的要道。

（二）老子后学：关尹、列子、杨朱与田骈、慎到

《汉书·艺文志》载记道家著述三十七种，除老子、庄子以外，特别值得注意的是关尹、列子、杨朱三人。《吕氏春秋·不二篇》谓"关尹贵清"，

《庄子·天下篇》说关尹"其动若水，其静若镜，其应若响。芴乎若亡，寂乎若清"，即关尹主张，要归于"清"。"清"与"静"同音相通，"寂乎若清"即"寂乎若静"，不假外求而保持平静，不假外求即去欲。关尹去欲较诸老子"濡弱谦下"，有转向内面修为的倾向。《吕氏春秋·不二篇》谓"列子贵虚"，《列子·黄帝篇》记述列子学于老商九年而去是非利害之念，关尹说列子去智巧果敢，可知所谓"列子贵虚"是去智巧而弃是非利害的判断，人之所以兴起欲念，乃以人执着于是非利害，故列子舍智巧而贵虚，比关尹的"贵清"又加深内在修为。杨朱言说散见于《列子》《庄子》《韩非子》《吕氏春秋》，而《孟子》《淮南子》亦有所批评。《淮南子》称杨朱"全生保真，不以物累形"，《列子·杨朱篇》亦记述人常苦于寿、名、位、货，而四者命定无关本性，宜弃绝而全性保身。又相对于墨家重名贵公而唱"拔一毛以利天下而不为"的个人主义，故孟子批判"杨朱为我"。《吕氏春秋》说"阳生贵己"。换句话说，老子之后，道家思想二分，一为关尹、列子之主静虚，一为杨朱、魏牟之重全性。前者以去私意，舍知虑而守静虚，发挥天赋本性为要，后者为我贵己，主张全身保真。静虚派为田骈、慎到的先驱，全性派是庄周思想之所由。

齐威王、宣王在位的五十七年间是齐国最繁荣的时代，都城临淄是文化中心，学者渊薮，稷门谈士聚集，盛极一时。稷下道家学者主要有环渊、田骈、慎到三人。环渊学说今不详。《庄子·天下篇》记载"公而不党，易而无私，决然无主，趣物而不两，不顾于虑，不谋于知，于物无择，与之俱往，古之道术有在于是者。彭蒙、田骈、慎到闻其风而悦之。齐万物以为首，……是故慎到弃知去己，……豪杰相与笑之曰：慎到之道，非生人之行而至死人之理，适得怪焉。田骈亦然，学于彭蒙，得不教焉。彭蒙之师曰：古之道人，至于莫之是，莫之非而已"，与列子去是非判断而守虚静的主张一致，或绍述列子。然《吕氏春秋·不二篇》称"陈骈贵齐"，陈骈即田骈，以田骈持万物平等之论而未言及慎到。《荀子·解蔽篇》评"慎到蔽于法而不知贤"，《汉书·艺文志》记载田子二十五篇归之于道家，而将慎子四十二篇列于法家，可知田骈、慎到学说自有区别，前者说万物齐同的哲学，后者排斥人知而唱导法治主义。《庄子·天下篇》"齐万物以为首，……知万物皆有所可，有所不可，故曰选则不偏，教则不至，道则无遗者矣"，乃记述田骈的学说，至于慎到则是"弃知去己"，即不主知虑，不知前后，讥谤圣知而以法求治。田骈说万物齐同，与庄子齐物论有所关联，慎到绝圣弃知而贵法是道家到法家的转向，为韩非的先驱。

（三）庄子

庄子的中心思想是齐物论与全性说，前者在《齐物论》，后者见于《逍遥游》和《养生主》。《齐物论》说"天地与我并生，万物与我为一"，然人不知一体之理而区别万物，竞逐于是非真伪，是非真伪的区别是不通万物一体之理而执着于部分，拘于小成之所致。天地万物非孤立的存在，乃相互依存，"彼因于是，是亦因彼"，既是空间的相互依存，"方生方死，方死方生"，又是时间的相互依存。即所有现象皆是时空的相互依存，故万物同体而不孤立。若以差别而议是非，以长短而分高下，是割裂全体的一偏之执。万有存在譬之为"环"，立于"环中"始能解消彼此对立是非。所有现象皆无穷回转，解消彼此是非的境地，谓之"道枢"。心知执着于差别，则有是非对立，自"道枢"见之，则万有皆绝对平等，谓之"天钧"，即自然平等。庄子说"圣人和之以是非，而休乎天钧"，即舍弃心知执着而因循于自然平等之理。《庄子》的齐物论或可称之为宇宙论，至于"田骈贵均"，即田骈万物齐同的主张或为《庄子·齐物论》的渊源。

杨朱学说要归于"全性保真"。《养生主》说："为善无近名，为恶无近刑。缘督以为经，可以保身，可以全生，可以养亲，可以尽年。""身"者"真"，"生"者"性"，"亲"者"身"的假借，"保真全性"，以养身，即"全性保真"之义。杨朱主张"全性保真"而舍弃名誉地位财产的执着，"至人无己，神人无功，圣人无名"是《逍遥游》通篇主旨所在，"无功""无名"是杨朱学说的继承，"无己"则异乎杨朱的"贵己""为我"，或取法于田骈以天地万物为一体而否定个别我执的哲学，而主张解消心知是非执着，以游于无何有之乡的自然逍遥。

庄子的宇宙论是祖述田骈，处世之方则继承杨朱，综合二者而成一家之言，堪称道家思想的集大成。庄周宋人，以漆园吏，足迹未必及于四方，杨朱亦为宋人，庄周固受杨朱的影响，田骈晚年逐于齐而为薛孟尝君的宾客，薛近于宋，庄周或许也受到田骈的影响。庄周思想或先学于杨朱，后受田骈的影响。

《吕氏春秋·不二篇》论"老聃贵柔，……关尹贵清，子列子贵虚，陈骈贵齐，阳生贵己"。老子以卑弱自持，濡弱谦下为处世要术，以卑近为教。关尹主于内在修为而贵清，以去欲为教。列子更深入内在，以欲起因于是非批判，而以舍弃价值判断为教。田骈受列子影响，舍知虑去是非而唱万物齐同之哲学。关尹至田骈大抵同一径路而逐渐深入内在修为，以守虚静而发挥道的妙用。杨朱奉老子之教而异于关尹田骈，别立一派，以全性保真为处世的要术。庄周既继承杨朱全性保真之说，又采取田骈贵齐之论，唱弃绝我执而从自然之说。

（四）老庄与易传

《易》本为占筮之术与儒家未必有所关联，《论语》以《诗》《书》为经典，于《易》则不然，《孟子》则不论及《易》。然《列子》有关于《易》的记事，《庄子·天运篇》有六经之称，《天下篇》则谓"《易》以道阴阳"。故先秦之际，道家之重《易》甚于儒家。《易》说吉凶悔吝，《老子》有"不知常，妄作凶"（第十六章），"富贵而骄，自遗其咎"（第九章）。《庄子·庚桑楚》引老子之言而说："卫生之经，能抱一乎？能无卜筮而知吉凶乎？"《管子·心术篇》亦言："专于意，一于心，耳目端，知远之证。能专乎？能一乎？能毋卜筮而知吉凶乎？"是道家论卜筮之证。《易》重象，《老子》有"惚兮恍兮，其中有象"（第二十一章），"大象无形"（第四十一章）。《易》举"牝马""牝牛"，《老子》说"玄牝之门"。要皆意味《易》与道家思想渊源甚深。至于《老子》刚柔相对，舍刚而取柔，《易》中《彖传》与《象传》则取刚柔之中，盖意味老子贵柔说转移至儒家中庸说的径路。《汉书·艺文志》说明道家者流"清虚以自守，卑弱以自持，……易之谦谦，一谦而有四益，此其所长也"。然《易·谦卦·彖传》曰"天道亏盈益谦，地道变盈流谦，鬼神害盈福谦，人道恶盈好谦"。《汉志》以为道家之教，出自《易》，实则道家之教入于《易》，盖舍刚取柔之说而衍生尊刚柔中正，是思想发展的进程。

"易"一字未见于《易》经文与《彖传》与《象传》，至《系辞》《文言》始出。《列子·天瑞篇》所谓"太易"之"易"，与《老子·十四章》"视之不见，名曰夷"之"夷"字同音相通。今本《老子》"夷"字，据范应元《集注》，王弼本与傅奕本作"几"，或"易"为"几"的假借。至于"易"的本义，如《系辞传上》所谓"夫易，圣人所以极深而研几也"。《系辞传下》"子曰知几其神乎，……其知几乎，几者动之微，吉之先见者也"，即"几"之意。引申"几者动之微"之义，则有"物之生机"，与"生生之谓易"的"易"义相通。《系辞传》说"天地大德之谓生"又说"天地絪缊而万物化醇，男女构精而万物化生"，是以宇宙之道为生生的大作用，与《老子》以道为生生的原动力相通。故"易"的名称或起于道家之间而转移至儒家经典。《系辞传上》说"易无思也，无为也，寂然不动，感而遂通天之故"，以"无思""无为"的道家思想说明"易"理。可知《易传》融入不少老庄之道家思想。因此，可以说《彖传》与《象传》将老子思想衍化发展而形成儒家的中庸说，《系辞传》《文言传》推演《彖传》与《象传》之说，而与儒家中庸哲学相通。此为先秦儒道思想史变迁的轨迹。

五、开启日本近代先秦诸子研究的风气

武内义雄老庄研究的特色在于以确实详密的文献学为基础，判别精善文本，究明其原貌，解读其内容。木村英一认为解读古典，究明其真相时，大抵有复元原典，究明原典成立经纬，正确解读原典，究明原典的意义与价值等四个问题。推崇武内义雄以实证该博精细之考证学与目录学的运用，复元老庄原典，究明老庄原典成立的经纬，是其卓越研究的所在。虽然津田左右吉于武内义雄以韵文传诵为本初原始，散文说明为后人敷衍的论断《老子》文本是臆测，老庄思想的理解与道家思想发展的究明未必符合个人与社会生活的现实

真相。①

但是木村英一以为武内义雄取王弼本作为《老子》定本，而对照道藏本、明和本，并参考他书所引王注而校正王弼本的误谬。然如晁说之政和乙未记与熊克干道庚寅跋，王弼注本误谬甚多，善本难得。如何校正王弼本而制作更精善的定本，是今后的课题。至于河上公注的复元，武内义雄集校敦煌出土唐代抄本，镰仓室町传抄奈良平安朝流传旧本与唐代碑铭而成岩波文库本《老子》。然近年新资料逐渐发现，制作更精善的河上公注定本，也是今后的课题。近三十年来的道教研究以道教和老子的关系，道教经典河上公注本形成经纬研究为目标，盖以武内义雄研究成果为基础的展开。至于新出的想尔注本与民间新兴宗教之三张道教有关，马王堆帛书与《史记》以前的黄老或法家之学有关，其思想史料的文献考证与道家思想流衍的究明，都是今后的课题。②

探究老庄文本的原貌，以文献考证作为思想变迁论述的根底，树立"中国思想学"是武内义雄老庄学的特质。其后，金谷治、木村英一、福永光司、森三树三郎等学者继承钻研，故武内义雄的老庄研究，堪称开启日本近代诸子学研究风气的先驱。

---

① 金谷治：《解题》，见武内义雄：《武内义雄全集》（第五卷），东京：角川书店，1978年3月，第466—475页。
② 金谷治：《解题》，见武内义雄：《武内义雄全集》（第五卷），东京：角川书店，1978年3月，第466—475页。

宫崎市定的中国古代史论

　　宫崎市定强调历史研究是事实的论理，主张以彻底怀疑的态度进行事实的论理。所谓疑古，并不是要抹杀历史记载而是在究明事实的真相。所有的历史载记，甚至于出土物，虽然都是理解历史事实的重要史料，但未必是绝对的信史，怀疑到不可怀疑，去芜存菁而无可置疑的部分才是真实可信的史料。因此，彻底怀疑的目的在于探究事实的真相，这就是事实的论理。①至于事实论理的方法则是建立"纸上考古学"②的论理和设定时空坐标，以究明中国古代历史的发展轨迹，确立中国古代史在世界史上的地位。亦即抱持彻底怀疑的态度，考证三代古史而树立"纸上考古学"的论理，又架构通变古今，横贯东西的时空坐标。一方面探究中国古代历史的变迁，强调中国古代不但有由分裂到统一的倾向，也是社会经济成长的历史；另一方面又从东西对照比较的角度，分析中国古代的史实，主张中国古代文化和社会结构是东亚大部分地区所共有

---

　　①　宫崎市定论述史学是事实论理，见所著《中國史·總論·Ⅰ歷史とは何か》，东京：岩波全书，1977年6月。其后收载于《宫崎市定全集（1）·中国史》，东京：岩波书店，1993年3月，第15—16页。
　　②　宫崎市定尝自称有关中国古代都市国家城郭起源试论的《支那城郭の起源異説》，见《歷史と地理》（第32卷第3号），1933年9月。其后改题为《中国城郭の起源異説》，先后收载于《アジア史研究》（第一），同朋舍，1957年12月；以及《宫崎市定全集（3）·古代》，东京：岩波书店，1991年12月。

的模式，指出中国古代的历史不只是中国的古代，更是"东洋的古代"。①进而提出"都市国家→领土国家→古代帝国"是东西古代史的共通构图，"春秋时代主要国家的都城和西洋都市国家的形态构造相似，春秋时代的氏族构成和罗马相似，古代聚落形态是东西相通的事实"等发现。②

一、事实的论理：中国古史的考证

宫崎市定以为有关中国古代的史料不足或可疑的记载甚多，即使是儒教经典所记载的圣王传说，也未必能当作史实而信之不疑，所以必须采取彻底怀疑的研究态度。至于古代史的研究，大抵可分为信古派和疑古派。中国大部分的学者都遵守《论语·述而》所谓"信而好古"的精神而属于信古派。至于疑古派当然不是将所有古代史料完全抹杀，而是彻底怀疑，怀疑到无可怀疑，最后存立的才是可信的史料。③换句话说，为了探究史实的真相而彻底的怀疑是宫崎市定诠释古代历史文献的态度。其本着彻底怀疑的精神而对夏商周三代的载记进行考证。

宫崎市定不但认为三皇五帝的传说是虚构的，即使《尚书·禹贡》记载的夏禹的事迹也是战国末期到汉初所编纂的。④虽然如此，夏朝并不是不存

---

① 宫崎市定：《东洋的古代》，见《东洋学报》（第48卷2号）。先后收载于《アジア史论考》中卷，朝日新闻社，1976年3月；《宫崎市定全集（3）·古代》，东京：岩波书店，1991年12月。

② 宫崎市定于中国古代史研究的三个发现，见其所著《私の中国古代史研究歴》，见《古代文化》（第37卷第4、5号），1985年4、5月。其后先后收载于《中国古代史论》，东京：平凡社，1988年10月；《宫崎市定全集（17）·中国文明》，东京：岩波书店，1993年6月。

③ 宫崎市定论述史学是事实论理，见所著《中國史·總論·Ⅰ歷史とは何か》，东京：岩波全书，1977年6月，第77、84—85页。

④ 宫崎市定从制度史的角度探究《禹贡》所记载的九州的问题，其以为《禹贡》记录着九州各地上贡的军赋和田税的种类和传送路径，若将《禹贡》九州映对到中国的地理，并检证各州人力地力的负担能力，比较符应战国末期到汉代初期的实情，不是夏代初期所能实行的。参见宫崎市定：《古代支那赋税制度》，见《史林》（第8卷2、3、4号），1933年4、7、10月。其后改题《古代中国赋税制度》，先后收载于《アジア史研究》（第一），东京：同朋舍，1957年12月；《宫崎市定全集（3）·古代》，东京：岩波书店，1991年12月。

在，夏朝都城所在的安邑的附近有盐池，食盐产地是太古以来的经济中心，在殷商王朝兴盛以前，安邑一带是富裕的都市国家，被称为夏。此都市国家存在的记忆，经过殷商而相传到周代。至于夏朝之后的殷商，虽然是确实存在的王朝，但是有关殷代的历史记载却存在着各种疑问。

（一）殷商历史的考证

首先是关于殷商都城商邑位置的问题，一般认为商邑在殷商帝王坟墓出土的小屯附近，但是宫崎市定以为小屯是商朝历代帝王的墓地而不是都市的遗迹，都城应该在接近黄河的平原中央，即现今安阳市一带。殷商王朝鼎盛之时，如《诗经·商颂》所载"商邑翼翼，四方之极"，都城商邑是极为广大繁荣的都市国家。武王伐纣，大破殷军，商邑不免受到破坏，唯封武庚于商邑殷墟而继承殷的祭祀。其后，武庚叛乱，周公平定，诛杀武庚和管叔，放逐蔡叔，而以殷余民封康叔为卫君。到卫懿公之际，狄人入侵，懿公被杀，其伯父昭伯之子戴公带领国人东逃。就此历史事实而言，商邑二度成为废墟，武王伐纣，商邑成为殷墟，狄人侵卫，商邑成为卫墟，唯不称卫墟者，以卫国东迁居要冲之地，商业繁荣，国运昌盛。然而殷墟也是卫都的废墟是历史的事实。至于殷墟的所在，根据《史记·卫康叔世家》"以武庚殷余民封康叔为卫君，居河、淇间故商墟"及《史记·项羽本纪》"项羽乃与（章邯）期洹水南殷虚上"的记载，殷墟当在洹水之南、淇水之北、黄河之西。以坐标轴描画殷墟的地点，殷墟当在三水等距的位置上。但是小屯是位在洹水之南，故小屯就未必是殷墟的所在，殷墟最适切的位置应在现在的安阳、汤阴县一带才是。

至于小屯是何所在，则从其出土的现状来看即能理解，盖其附近颇多坟墓散在，或可断定是某繁华都市近郊的墓地，而此繁华都市即殷墟。就历史而言，此繁华都市同时也是卫墟。故小屯附近发现的遗物不但有殷代的遗物，也应该有卫国遗物存在的可能。因此，在考古发掘时，卫都之下应该有殷都，而且小屯附近一带的墓地，也应该同时发现殷王和卫侯的陵寝。[1]

其次是有关殷代史料的问题，一般认为甲骨文是记录殷代历史而极为可信的史料，但是宫崎市定指出甲骨卜辞之值得考察的问题有二。第一是雕刻在龟甲兽骨的文字是否就是实际作为占卜用的问题，因为用于占卜的文字必须经过长年的学习，因此出土的卜辞是否混杂练习用的甲骨，则有判别取舍的必要。西亚的象形文字是书写在黏土的，干燥以后而得以保留。但是文字书写的练习也使用黏土，在练习阶段中，黏土重复使用，属于练习阶段的黏土板必定废弃。虽然如此，后世出土的黏土板依然有学习用黏土板存在。西亚如此，中国也未必不然。因此，对于千年之后，重见天日的甲骨文字，就有区别占卜用和练习用的必要。第二，甲骨文究竟是否完全是殷商时代的遗物的问题。占卜之用龟甲兽骨的作法，由周代延续到汉初，而且出土的甲骨文字中，有并非原始形式而稍有变形的，也有文句的内容与殷代不相应，夹杂后世思想的卜辞存在，所以对于出土的甲骨，就有辨识何者是殷商的卜辞，何者是姬周先秦汉初遗物的必要。

（二）殷商革命的质疑

一般以为中国的信史可以上溯到殷周革命，但是宫崎市定认为中国古代王朝更迭的传说是根据历史加上[2]的原理而形成的。类似纣王宠爱妲己，导致政治紊乱而为武王所灭的故事，前有夏桀溺爱末喜而为商汤所灭，后有周幽王宠爱褒姒而失去人心，异族入侵而导致平王东迁的传说。三者的历史传说来自同一个根源，时代最晚的传说首先形成，然后往古代上溯，亦即有关幽王的传说可能是最初形成的，纣王传说是第一次的加上，夏桀传说是第二次的加上。这类王朝更迭的传说非止于小说的性质，也和作为史实而相传的英雄传说有所关联。如果比较纣王和幽王传说，则后者比较具有真实性。幽王以后是春秋时

---

① 宫崎市定：《中国上代の都市国家とその墓地—商邑は何处にあったか》，《东洋史研究》（第28卷第4号），1970年3月。先后收载于《アジア史论考》（中卷），东京：朝日新闻社，1976年3月；《宫崎市定全集（3）·古代》东京：岩波书店，1991年12月。

② "历史加上说"是内藤湖南解释中国历史形成的方法论。参见连清吉：《历史考证加上说：历史演化论》，见《日本近代的文化史学家——内藤湖南》，台北：学生书局，2004年10月，第77—104页。

代，和后世的历史有连续性，但是纣王传说之后，到幽王传说之间有极大的断绝，和幽王之前的宣王传说一样，其实都是前后毫无接续的孤立传说。如果要从纣王和幽王传说中探究其关联性的话，或许是在殷商末期，崛起于西方之文明未开的周民族受到更未开化的异民族的压迫而逐渐向东方迁徙，在东迁之际，消灭文化先进的殷商而产生武王伐纣的英雄传说。其实，周民族之所以东迁，是其根据地被异民族所占领，幽王的传说就是这一段历史的记录。虽然如此，光荣战胜的传说被盛传而暗晦的战败传说被淡化，甚至于光耀的胜利传说的年代就被倒置在暗晦战败传说之前。不但如此，所谓武王封建的传说也有可疑的所在，特别是史书所载周王室与诸侯的关系系谱就未必可信了。

（三）周初封建诸王的真相

世称武王灭殷之后，封周公于鲁，封召公于燕，封康叔于卫。成王时，封唐叔于唐，唐叔之子时，改称晋侯。东周之初，又有郑侯的分封，称之为厉王少子。但是宫崎市定以为周初以来封建诸侯的系谱是后世的伪造，封建诸侯的亲戚关系其实是周王室和诸国之间的国际关系。将国际关系改置为亲族关系是中国独特的思维方式。北宋以兄弟关系和辽结盟，南宋则以叔侄关系和金结盟亦然。以此逆推，东周之初，周王室和郑国距离最近，关系最密切结盟最早，而称郑为厉王少子。其次结盟的卫而拟之为武王之弟，其次的鲁国，则拟为周公之子伯禽所建，其后，晋国强大，周王室受其保护，乃称之为成王之弟所建。如果，同盟国家是异姓，如齐桓公称霸，就指称其先祖为文王之师太公望系。此不能假托亲戚关系而制造出师弟关系的系谱，或许开始于孔子生存的春秋末年。其实，春秋时代的历史是中国文化的扩张和异民族的民族自觉而建立强国的推移，所谓春秋五霸是异于周民族的异族，如楚、吴、越在春秋时代被称为蛮夷之国，至于齐国，其实是受到鲁文化的刺激而兴起的新兴国家，以食盐制作贩卖而富强，进而凌驾鲁国而称霸。晋则是兴起于今日山西的游牧民族，以转卖牧畜于中原诸国而殷富，于文公时，继齐桓公而成为霸主。

就以上的论述，宫崎市定说，武王灭殷而建立西周王朝，幽王灭于西夷犬戎而平王迁都洛邑，都不过是一种传说而已，唯其核心所在的一个史实是以今日陕西一带为中心而活动的周民族受到异民族的压迫而向东方移动，进而征服文化先进的殷商民族的都市国家。亦即经过长年的民族移动是可信的史实，而其年代大概就是周室东迁，公元前770年前后。至于封建诸侯的亲戚关系，其实是周民族建立的都市国家与其他都市国家之间的同盟关系。[①]

二、纸上考古学的树立

砺波护说宫崎市定于中国古代史的研究方法是内藤湖南"文献学"与滨田耕作"考古学"的结合。[②]宫崎市定尝自称有关中国古代都市国家城郭起源试论的《中国城郭的起源异说》是"纸上考古学"。宫崎市定指出其纸上考古所发掘出的中国古代都市的形式有城墙式、内城外郭和山城式等三种，而内城外郭又有城主郭从和城从郭主两个形态。探究城郭的本义，城者从土从成，乃以土堆积而成，具有防御的功能，故有所谓干城、城守、城塞等词语产生。至于郭是椁榇之椁，乃外围之意。就城郭的字义而言，城字本无环绕义，郭无防御之义，以之考察中国都市城郭的建造，山城的形式为最古，其次是内城外郭，然后是城墙式。再印证文献记载，山城式或为商周时代的都市形态，内城外郭的结构多见于春秋时期，城墙式则是战国以后的形式。

"城墙式"的建筑是中国现今最常见的，乃以坚固宏伟方形的城墙周绕栉比的街道民宅。城墙式的城墙既称为城也称为郭，遭遇敌袭时，城郭是最初也是最后的防线，城外则是田野，接近城郭的土地即"负郭之田"，最便利于农耕。城墙式的都市形态大抵形成于战国以后，如《战国策·东周策》所载"宜阳城方八里，材士十万，粟支数年"。

所谓"内城外郭"是都市有二重防御的建筑，内层为城，外层为郭，如《史记·齐世家》所载"晋兵遂围临淄，临淄城守不敢出，晋焚郭中而去"。

---

① 宫崎市定质疑中国上古和三代载记的论述，见于所著《中国史·第一篇 古代史》，见《宫崎市定全集（1）·中国史》，东京：岩波书店，1993年3月，第77—84页。

② 砺波护、间野英二：《东洋史学 宫崎市定》，见《京大東洋學の百年》，京都：京都大学学术出版会，2002年5月，第220—250页。

临淄的都市建筑即内城外郭的形式。又《左传·襄公十八年》记载"己亥,焚雍门及西郭、南郭。……壬辰,焚东郭、北郭,范鞍门于扬门。州绰门于东闾",雍门即郭门,扬门和东闾则是城门。城内是君主的宫殿和宗庙的所在,庶民则居住在城与郭之间。战争之际,外郭为最初的防线,外郭不守则退防城内。外郭又称为"郭",春秋时代有"入其郭"的记录,如"郑人伐宋,入其郭"(《左传·隐公五年》),"晋复伐卫,入其郭,将入城"(《左传·哀公十七年》)。至于城郭的形式,就防御的功能而言,或有主从的概念而形成"城主郭从"和"城从郭主"的形态。前者的外郭只是作为一时防卫之用,主力阵地则置于内城,后者则反之。就形成年代而言,前者较早,而后者则较晚。春秋时期,如"诸侯城卫楚丘之郭"(《左传·僖公十二年》),"季孙宿、叔孙豹帅师城成郭"(《左传·襄公十五年》),"城西郭"(《左传襄公十九年》)等"城郭"的记事,盖可窥知城郭的建筑是由"城主郭从"而逐渐演变成"城从郭主",战国时代,齐的即墨,魏的大梁就是"城从郭主式"的都市。《战国策·齐策》记载"安平君以惴惴之即墨——三里之城,五里之郭——敝卒七千,禽其司马,而反千里之齐",所谓"三里之城,五里之郭"即"城从郭主"的建造。至于《战国策·魏策》所载魏安厘王"以三十万之众,守十仞之城",虽言"十仞之城",然大梁为魏的国都,魏王宫殿当在城内,能容纳"以三十万之众"的"十仞之城"或为郭,乃是最后防御的阵地。《战国策·魏策》记载魏昭王时,"穰侯攻大梁,乘北郭,魏王且从",一旦外郭被占领,只能俯首称臣。《史记·魏世家》说"秦之破梁,引河沟而灌大梁,三月城坏,王请降,遂灭魏",十仞的城郭破坏,国家就灭亡了。换句话说,因为防卫战备的思维转变,城郭的建造也有所改变,春秋时期的"内城外郭"经过"城从郭主"的过渡,到了战国时代,就逐渐演变成"城墙式"的建构。由于内城的存在价值丧失,郭也被称为城。虽然如此,城郭不但字义有别,其建造的用意也有差异,如《太平御览》一百一十三卷所载"鲧筑城以卫君,造郭以居人",城是为了君主,郭是为人民而建造的。又如《左传·庄公二十八年》所载"凡邑有宗庙先君之主曰都,无曰邑,邑曰筑,都曰城",所谓都城、帝都、王城者，即君主宫殿和宗庙的所在。再者，城不在平地而建造于自然或人为的小丘之上，如《左传·庄公二十六年》所载"夏，士蒍城绛，以深其宫。注，绛晋所都也"，即中枢神圣的所在，乃修筑于高处，以便于防御。至于《管子·度地》所记载的"内为之城，城外为之郭"，则是后世内城外郭的都市建构。因此，城郭的本质是有所区别，非如后世以二重城墙分别内城外郭而已。《诗经·大雅·公刘》所记"笃公刘于京斯依"，即建城于小丘之上，城内有宗庙社稷和君主宫殿，庶民则散居于城下。民居的周围并没有郭郛环绕，一有战事，人民立即进入城内避难。此山城式的形态盖为中国最古的城郭建构，古传所谓商汤之际，诸侯三千，周初犹有一千八百诸侯，或为规模极小的山城形态的部落。

综合以上所述，中国古代生活于黄河沿岸的民族在山丘之上建造都城，并于城中修筑王宫和宗庙，一般百姓则散居于山丘的周边，一旦有事，则避居城内。其后，诸民族逐渐发达，又由于工商业的兴起，人口密集，乃于民家周围，构筑郭郛，以防外敌的侵袭，如果敌军势力强大，则退居城内。然而，随着庶民的富力增进，不堪盗贼外敌频繁的掠夺，乃建造高耸坚固的郭郛，以确保身家财产的安全，内城防御的作用遂逐渐被郭郛所取代，郭就被称为城。"城墙式"的都市流行之后，都市的营造就未必着眼于以天然要塞的山丘，而以交通便利的所在作为立地的先决条件，随着都市的发达，富力的增强，乃修筑坚固的城墙，以防患外敌的侵入。战国时代，如《战国策·韩策》记载"令楚筑万家之都于雍氏之旁"，大抵都城和要津的建设皆为城墙式的形态。

中国古代城郭的发展大抵与古希腊、罗马城郭变迁有共通的所在。古希腊的都市国家都有坚固城墙环绕，其中心在小丘之上，称之为高市（acropolis），是王宫和神殿的所在，庶民则居住于高市的周边，但是，敌人来袭之际，百姓也避难于高市。至于民居周围的城墙则是庶民殷富之后，才修建的。波斯战争之时，雅典人中有主张固守高市以防御波斯军队者，波斯战争之后，雅典周围修筑了宏伟坚固的城墙，以防备外敌的侵害。当斯巴达（Sparta）攻打雅典，城破而雅典陷落。此意味着城墙一旦被攻破，雅典就无力防备，高市再无军事上的价值。

罗马的城市是以七个山丘为中心而发展的，当高卢（Gallia）人入侵时，罗马人退守卡皮托利诺（Capitolino）山而免于覆没，但是山丘周边的地区则任由敌人蹂躏。其后罗马周围修筑坚固的城墙，汉尼拔（Hannibal）战争时，罗马即以城墙而固守。

古代都市的形态于山城式而内城外郭而城墙式演变中，民主共和的思想也随之发展，庶民的权利也和城墙的高度成正比而逐渐增高。西方如此，中国亦复如此。战国时代，稷下谈士的自由风尚，布衣可为卿相，和孟子所谓"民为贵，社稷次之，君为轻"的民主思想，乃和城郭防卫君主或庶民的今昔变迁相互印证。

三、时空坐标的设定

宫崎市定强调历史的研究于时间和空间的思考和评价是非常重要的。历史事件的发生必然有无数的原因，综合各种原因而归结出一个结果需要长久的时间，如人类认知火的功用，进而应用于日常生活，创造人类的文明，必定是经过漫长的时间。至于文化的起源和传播，则是人类文化的基本要素起源于某一特定的地区，然后跨越山川海洋的空间而传播世界各地，进而促使各地的民族产生文化的自觉，形成各地特有的文明。若以文化一元论的立场而言，人类最早的文明是发生于西亚叙利亚周边，然后向西传播而形成欧洲文明，向东传播而产生印度和中国文明。如铜铁发明于西亚，然后向四方传播。换句话说，探究历史文化的推移和变迁时，正确的设定时空纵横坐标是极为重要的。唯历史坐标的时间纵轴线和空间横轴线则不是数学的纵横直线，数学的直线是两点间最短的距离，只有长度而无宽度。历史坐标的线既有长度，也有宽度和重量。因此，在究明中国古代史的发展时，宫崎市定不但综合文化、社会、经济、政治的诸相，说明时代的异质性，更照映东西方历史事实而说明各时代的特质。换句话说，宫崎市定以时间的纵轴线和空间的横轴线设定历史的坐标，借以正确地掌握时代文化的因革损益及其在历史上的地位。前者如春秋和战国之异质性的究明，后者如战争形态改变和战国形势剧变关系的说明。

（一）时间纵轴的设定：以春秋和战国的异质性说明为例

顾炎武论述春秋战国的差异在于尊礼重信，赴告策书，宗周室论姓氏的与否，战国之时，既不严祭祀重聘享，也稀闻宴会赋诗，以致"邦无定交，士无定主，此皆变于一百三十三年之间"①。宫崎市定既从专制君主的出现和各国竞逐王权争霸之政治形态的转变，说明春秋到战国的推移，又从国境明确划分、都市面貌的改变、经济景气蓬勃的观点，来说明战国时代的特色。

宫崎市定强调春秋时代是都市国家，而战国时代是领土国家，二者的差异在于国境的明确与否。春秋时期的地理结构是城、郭、野，城郭环绕王宫和民宅，以保障居住的安全。城外是辽阔的耕地，与邻国耕地的界线未必明确。至于国境附近是不事耕作的原野，原野则是归属不明的真空地带，乃有游牧民族乘隙直入中原的事件发生。到了战国时代，都市国家逐渐失去独立自主的机能而依存强势的专制君主，专制君主为了国富兵强，不但相竞扩大其领土，也产生了国境的观念，开始在国境和要塞修筑长城以保卫疆土。

战国时代伴随着社会的发展，在大都市规划出"市"的商业场所，以供市民交易商品作物。虽然从事买卖的商人需要获得政府的许可，但是大资本家利用商机而货殖其财富，由于贸易活络而导致货币经济的流行。宫崎市定说：春秋时代是自然经济的社会，以谷物绢帛作为货币而使用，黄金以及青铜之作为货币而流行的是战国时代。燕、齐铸造的"刀"，赵、魏铸造的"布"都是小额贸易的青铜，至于巨额贸易则使用黄金。中国商人派遣商队到四方淘取砂金，以致中国社会的黄金大量流通，经济景气蓬勃地发展。

战国时代大都市的"市"由于物质和黄金集中，景气高扬蓬勃而达到社会空前的繁荣。"市"不但是买卖交易的场所，也成为市民社交娱乐的场所。《战国策·齐策一》所载"临淄甚富而实，其

---

① 出自顾炎武：《周末风俗》，见《日知录》（卷十七）。

民无不吹竽鼓瑟，击筑弹琴，斗鸡走犬，六博蹴鞠者。临淄之途，车毂击，人肩摩，连衽成帷，举袂成幕，挥汗成雨。家敦而富，志高而扬"①，不但记载了战国时代都城的繁华，也说明了消费经济的实情，市民文化高扬的盛况。②

（二）空间横轴的设定：以战争形态改变和战国形势剧变关系为例

宫崎市定以为战国形势之所以急剧变化，是因为铁器之作为兵器而被使用和骑马战术的采用。铁和其他金属都是西亚首先发明的，流传到中国的时间虽然不能确定，但是，到了战国时代已经逐渐扩大其用途。中国铸铁的技术虽然进步，但是原本大抵多用于农具而甚少作为武器的兵刃被使用。铁器用于兵刃，则原本使用青铜的部分被铁器代用后，青铜就可以用来武装兵士，大规模的战斗也成为可能，这也成为战争胜负的关键。至于骑马战术的采用，更加拉开了国家间的强弱差距。战国初期的交战虽然使用马车，但是不如兵马骑乘的机动敏捷，即使崎岖山路或羊肠小道也能来去自如，有效的利用其机动力，每能围攻敌阵，歼灭敌军。因此，骑马战术可以说和近代战争的战车有同样的意义。

骑马技术和马具也是自西亚发明而传播到四方的，中国最初使用骑马战术的是赵武灵王。③而宫崎市定强调赵武灵王盖从接邻的三胡楼烦等游牧民族得知骑射技术而变服骑射。唯北方游牧民族虽然以放牧为生，于骑马技术的熟练大概比赵武灵王实行胡服骑射（大约是公元前307年）稍早而已。东亚游牧民族于骑术的重视，大抵受到公元前329年，亚力山大骑兵队东征的影响。当东征军队横扫西亚之际，希腊卓越的骑马战术给予接邻于波斯的游牧民族习得的机会。二十年后，赵武灵王也排除众议而变胡服改骑射。

---

① 出自《战国策·苏秦为赵合从说齐王》。

② 有关宫崎市定于战国都市的论议，参见《战国时代の都市》，见《东方学会创立十五周年记念东学论集》，1962年7月。先后收载于《アジア史论考》（中卷），朝日新闻社，1976年3月；《宫崎市定全集（3）·古代》，东京：岩波书店，1991年12月。

③ 《战国策·赵策二》"武灵王平昼间居章"记载赵武灵王胡服骑射以教百姓。

赵武灵王采用骑马战术以后，扩大北方的领土而国势伸张，司马迁于《史记》中，特书赵奢、廉颇、李牧的事迹，盖意味着苏秦、张仪之合纵连横的告退，而赵国出身的名将代兴。换句话说，骑马战术流行以后，不但战争的形态的改变，也象征着攻城略地，消灭敌国之时代的到来。继赵之后，秦国发挥骑马战术的最大效益，蚕食六国而统一天下。①

四、中国古代史的构图

宫崎市定之所以提出"中国古代都市国家论"的主张是通观世界史的发展与融合京都和东京史学的结果。其以为古代文明的发祥地，西起大西洋岸，东至太平洋岸的带状地域都有都市国家的存在。都市国家虽是古代人发明的杰作，却由于彼此利益的冲突而发生弱肉强食的战争，以致都市国家并未必能永续存在。当都市国家社会趋向没落时期，各地就有领土国家的出现。强国对峙之战国时代又由于彼此势力的消长，最后由最强盛的国家并吞群雄统一天下而形成古代帝国。宫崎市定又说由都市国家群至古代帝国的成立是古代史"力学的"必然发展，而战争技术的发达是其发展的重要因素。都市国家时期的战争是以战车为主，虽颇为优雅却是不经济的装备。战国领土国家出现的同时，骑兵战术流行而便于战力的集中与兵队的迅速移动，其后步兵军团的出现，得以遂行大规模兵团的组织和作战终促成古代帝国的建立。

关于"都市国家"的形态及其形成的经纬，宫崎市定说：中国古代都市繁荣昌盛的北部平原一带大抵为平地，为了避免水患而建筑于地势稍高的丘陵之上，如周公封于营邱即是。都市的中心是君主的宫殿和宗庙，为了防御外敌的入侵而于四周修筑围墙，称之为"城"，"城"有"干城"，即防御之义。此即古希腊、罗马（宫崎市定称之为"古典古代"，下同）所谓的"卫城"（acropolis）。市民密集居住于城下，四周亦有围墙，称之为"郭"，唯最初"郭"只是作为郭外耕地的分界或警戒的目的而设，并无防御的作用，一旦敌

---

① 宫崎市定关于战国骑马战术采用的论述，见宫崎市定：《中国史·第一篇　古代史》，见《宫崎市定全集（1）·中国史》，东京：岩波书店，1993年1月，第115—117页。

人来袭而呈现败机，则弃郭而逃入城中，集结应战。中国如此，西方古典时代亦然。"城"与"郭"联结形成的古代都市在西方古典时代称之为城邦（polis），英语则称之为城邦国家（city-state）。虽然如此，在频繁对外战争的时代，遭遇敌袭则舍弃城下居民的住地，终将造成巨大的经济损失，各都市乃强化"郭"的防御设施，于是"城"与"郭"之军事性和居住性功能区分的意义消失，"郭"亦称为"城"，事实上，一旦"郭"被占领，即意味整个都市都沦陷了。其后，在军事要塞重新建设都市时，以防御为重点而修筑的设施则名之为"城"，战国楚国有"方城"，其余各国沿着国境建造长城，最后连接成万里长城。

宫崎市定又强调，都市国家的时代是序列型的社会。古代罗马征服敌国则缔结同盟关系以伸张其势力，在国家内部亦不在市民之上设置市民，国家的最高地位者称之为第一公民（princeps），意味着市民中的第一人者，于市民集会时，享有坐在最右侧位置的特权而已。中国古代的"王"是在"士"上加上"一"，仅意味着特别的士而已。春秋时代，五霸号令诸侯，为同盟之首，所谓"霸"者，伯也，乃兄弟中最年长之意，"长"者长短之长，亦是比较之意，"首"是身体的一部分，居于上位而已。要皆不离序列中的位置。然而随着时间的推移，横向"序列型的社会"也转变为纵向"层序型的社会"。秦汉以后的中国社会制度即上下关系之纵向支配的形态，于乡上有县，县上有府，府上有省，最后是最高位且拥有绝对权力的皇帝。

历史上的都市国家未必是永久安定的政治团体，大抵强大都市国家都是征服并吞邻近的都市国家而形成的，其内部出现有着市民与非市民对立，甚至是市民支配奴隶的问题，对外则有由于领土或商业利益的争夺而引发战争。力量最为强盛的国家则成为霸者而号令他国，而此霸者的出现则是都市国家趋向领土国家的第一步。古代希腊雅典、斯巴达并立的时代，中国春秋时代之五霸迭起的情势即是。古希腊雅典支配同盟国人民的情形类似领土国家，春秋末期的楚国则以领土国家的姿态进入战国时代而加入七雄的对峙。战国时代的领土国家于激烈的弱肉强食战争下，秦国消灭山东六国而取得天下，中国遂进入古代帝国的时代。因此，宫崎市定强调中国的春秋时代是都市国家的时代，战国时代是领土国家的时代，秦汉则是古代帝国的时代。至于欧洲的情势，由于罗马的称霸，势力急剧发展而并吞东方的领土国家，继而转向内政，终止共和政治，完成皇帝的统一政治，建立罗马帝国。综观东西世界的历史，由都市国家而领土国家而古代帝国的形成是古代史发展的模式。

宫崎市定于中国古代史的研究之所以强调都市国家论的目的，除了究明中国古代都市国家的形态结构以外，更就世界历史的发展，说明都市国家发生及其发展的径路，进而以之作为其东西方文明关系史论证的一个底据。就结论而言，宫崎市定以为都市国家先发生于西亚，而后向西促使希腊、罗马都市国家的产生，向东影响及印度、中国，东方世界也形成了都市国家。[①]

探究宫崎市定的中国古代史研究，其学问的渊源是内藤湖南的中国史学、桑原骘藏的东洋史学和加藤繁的经济史研究，即继承内藤湖南的社会文化史学，探讨中国古代至汉代的社会变迁，取法桑原骘藏的东洋史学而从世界史的发展，确立中国的定位，远绍加藤繁的经济史研究方法，考证中国古代的经济和制度。换句话说，宫崎市定是综括京都和东京的史学方法，以世界史的观点，考察中国古代社会结构和经济制度，进而提出"中国古代都市国家论"和"都市国家→领土国家→古代帝国"之古代史发展图示的独特见解。

五、中国古代是社会经济发展的时代

宫崎市定强调中国古代景气蓬勃的时代，不但政治局势是从都市国家的分立到古代帝国统一，至于社会经济方面，也由于广大耕地的发生，土地所有的成立，庶民地位的提升而呈现出高度成长的现象。换句话说，宫崎市定认为中国古代史是发展进步的历史，特别是经济成长的历史。

（一）广大耕地的发生

中国古代的城邑规模甚小，如《战国策·赵策》记载的"古者四海之

---

① 有关宫崎市定"中国古代都市国家论"的主张，参见《宫崎市定全集（3）·古代》（东京：岩波书店，1991年12月）所收载的《中国古代史概论》《中国城郭の起源異说》《中国上代は封建制度か都市国家か》等论著。

内，分为万国。城虽大，无过三百丈者；人虽众，无过三千家者"，至于耕地面积，若以一户一顷，即一百亩而言，其附属的垦田为三千顷，即三百三十井，一井一里平方的土地，则一户的耕地面积大约为十八里平方的正方形。然而，随着社会发展，中国古代也出现人口众多的大都市。大都市固然居住着不事生产的官吏、兵士等人，而大多数是农民，大都市为了提供农民耕作的场所，自然产生广大的耕地。亦即大都市发达的同时，也产生大的耕地。虽然如此，大广耕地的发生未必只依赖开垦而已，大都市的形成，大抵由于征服统合的结果，如《新序・杂事》记载孔子答哀公曰"君出鲁之四门，以望鲁之四郊，亡国之墟，列必有数盖焉"，即鲁战胜邻近小邦而废墟点仍在，亦即战败国的土地被并吞，人民也移住到战胜国的城邑中，以致形成废墟，然就战胜国而言，由于征服统合的结果，城邑的范围扩张，耕地的面积也增多。至于大都市和广大耕地形成后，战胜者不但从战败者取得纳贡和提供军备等利益，也形成主从隶属的城邑形态，犹如罗马主导意大利时，只承认其他都市国家的自治权，而剥夺其外交权的支配形式，中国古代出现主从隶属城邑的集合体时，就逐渐发展成领土国家。

大都市的形成和广大耕地的发生除了征服邻邦的结果以外，政治的统合也是原因之一。即君主的专制权力增强，乃以其政治强势而营造宏伟壮观的国都和新兴都市。如《新序・杂事》记载"管仲言齐桓公曰：夫垦田刜邑，辟土殖谷，尽地之利，则臣不若宁戚"。所谓"垦田"是开垦田地，"刜邑"是迁徙百姓而建设新兴都市，开辟疆土，增产谷物，即在战略要地，营造新兴都市以作为军事上的据点。至于《史记・秦本纪》记载秦孝公十二年（前350），"并诸小乡聚，集为大县，县一令，四十一县，为田开阡陌"，则是政令迁移小邑乡聚的庶民集中居住到新兴的县城，并开辟城周边的土地，作为农民的耕地，又在开垦耕地的同时，也"开阡陌"而进行农道整备的事业。所谓"阡陌"，如颜师古注解《汉书・成帝纪》，阳朔四年（前21）"令二千石，勉劝农业，出入阡陌，致劳来之"曰"阡陌，田间道也"，但是宫崎市定以为"阡陌"不仅是农道，而且与城门相通，是农民朝夕往来于住家和农地的道路。

其引述《史记·龟策列传》先生补曰"故牧人民，为之城郭，内经闾术，外为阡陌"而主张城郭内部的道路是术，城郭外部纵横于耕地的道路则是阡陌。换句话说，在城内道路之术的延长线上而与城门相连接的就是阡陌。城郭概为方形，城门有四，故有东西南北四条干线，一般而言，纵向为阡，横向为陌，干线纵横直角交织而形成支线，支线又直角交错而形成纵横的大阡中阡小阡和大陌中陌小陌，农民就出城门而走往各人的田地。如《三国志·胡昭传》注，引《魏略》所谓"……焦先，河东人也，……其行不践邪径，必循阡陌"，到汉末如棋盘似的农道，依然存在。至于《汉书·食货志》所谓"秦孝公用商君，坏井田，开阡陌，……董仲舒说上曰……（秦）用商鞅之法，改帝王之制，除井田，民得卖买，富者田连阡陌，贫者亡立锥之地"，则是以儒家标榜井田的立场而批评商鞅变法乃破坏古代田制。但是宫崎市定以为商鞅废除井田制度和阡陌规制，既载见于先秦史料，如《战国策·秦策》记录秦昭襄王"调轻重，决裂阡陌，教民耕战"。其实，所谓"决裂阡陌"，如《史记·蔡泽列传》所记秦孝公"平权衡，正度量，决裂阡陌，以静生民之业而一其俗"，既是秦国富强安民的政策之一，更反映了古代社会发展的事实。宫崎市定强调秦孝公迁移人民而营造新兴都市，又为了生养百姓而开垦田地建设城内要衢和通往耕地的道路，其后，随着都市规模和耕地面积的扩张，乃重新规划城市和农地时。因此，"开阡陌"不但是广大耕地形成而进行农地境线和道路再规划的必然结果，也是古代社会发展的象征。

（二）土地所有的形成

广大耕地形成而导致庶民土地所有意识是在战国时代，如《史记·苏秦列传》记载苏秦自称"使我有洛阳负郭田二顷，吾岂能佩六国相印乎"。至于富人持有土地而形成经济问题的记载，则以《汉书·食货志》引述董仲舒所说"富者田连阡陌"为嚆矢。而对于富豪的形容，则见载于《史记·货殖列传》，司马迁叙述当时富豪的标准是"千户侯"，即匹配于有千家封邑，年收二万钱，至于土地所有则是"名国万家之城，带郭千亩亩钟之田，若千亩卮茜，千畦姜韭"。就土地面积而言，虽然只有千亩，即十顷而已，土地所在则是"名国万家"的"负郭"之处，既容易获得劳动力，而且"带郭"多有城濠，得灌溉之利，故"亩钟"实则如嵇康《养生论》"夫田种者，一亩十斛，谓之良田，此天下之通称也"。再者，耕地接近"名国万家之城"，作物便于贩卖，获益也多。

在城邑之内，拥有十顷左右的土地，就可以列身富豪，似乎未能称为大地主，但是，由于社会经济的发达，持有的土地面积就急剧扩张，甚且超过乡亭县城的境域。《汉书·张禹传》记载张禹"为人谨厚，内殖货财，家以田为业，及富贵，多买田至四百顷，皆泾渭溉灌，极膏腴上价"。张禹以金钱购地四百顷，而且是能引泾渭二水灌溉的良田。换句话说，既能引泾渭二水，则张禹的土地不但肥沃，而且面积广阔，或许跨越数县。但是，经营农业却不如商业贸易之能构筑匹敌一国的财富，故《史记·货殖列传》说"田农拙业，……用贫求富，农不如工，工不如商"。虽然如此，汉武帝的时代是中国古代社会经济成长的顶点，其后，就呈现出停滞后退的现象，因此，大土地所有的趋势也随着社会经济的转换而急剧进行。在汉武帝经济景气蓬勃的时代，司马迁主张"以末致财，用本守之"，而标榜宜曲任氏重视农牧的行仪。《史记·货殖列传》记载："富人争奢侈，而任氏折节为俭，力田畜。田畜人争取贱价，任氏独取贵善。富者数世，然任公家约，非田畜所出弗衣食。公事不毕则身不得饮酒食肉，以此为闾里率。"经商致富之后而投资于农牧，致力于自给自足之俭约的生活。其经营农牧而克勤克俭的方针，被西汉末期的樊氏所继承，而为后世庄园制度的典范。东汉以后，拥有广大庄园的所有，成为普遍的现象。如《后汉书·仲长统传》引述《昌言》而说"豪人货殖，馆舍布于州郡，田亩连于方国"，与董仲舒所说秦汉之际"富者田连阡陌"的形容，若有隔世之感。至于《晋书·王戎传》"园田水碓，周遍天下"的记述，虽然颇为夸大，但也说明时代的变迁，由于时代动乱，景气萧条，而转变商业经营为庄园给足的形态。换句话说，土地所有权的变化趋势，正反映了中世经济是以土地问题为主轴的现象。

（三）庶民地位的提升

从春秋到战国，中国社会进入弱肉强食的时代，各国为了生存竞争而实施富国强兵政策，乃动员人力资源丰富的庶民。宫崎市定认为《左传》记载的"州兵""兵甲""兵赋"等词语，即意味着各国将庶民编入国民军的军政改革。然而，庶民课以兵役的义务，也给予相当的利益，原本属于士族所独占的市民权，也为庶民所拥有，犹如古代罗马时代，庶民抬头的现象，中国于春秋战国时代，庶民的地位也逐渐上升。古代罗马的市民权中，最为重要的是任官权、参政权、所有权、结婚权四种，但是罗马行使任官和参政权的黄金时代却相当短暂，中国古代于任官和参政也受到极大的限制，到了春秋战国之际，所谓布衣可为卿相，庶民才逐渐有任官和参政的可能。而市民权中，最显著的则是庶民拥有土地所有的权利。

宫崎市定说，中国古代的庶民于任官和参政权利的获得是极为困难。如《墨子·天志上》记载"庶人竭力从事，未得次己而为政，有士政之"，即谓庶民尽力于劳役，至于任官而参与政治者，则是士人之事。但是《左传·哀公二年》记载赵简子激励出征的兵士，说"在此行也，克敌者，上士夫受县，下士夫受郡，士田十万，庶人、工、商遂，人、臣、隶、圉免"。所谓"遂"者，即"仕宦"之意，换句话说，克敌制胜则庶民有从事工商和仕宦，奴隶罪犯也有解脱束缚的可能。因为战国时代，专制君主为了削除世袭的特权阶级，乃赋予庶民政治地位，进而直接统辖领其境内的人民，以巩固其领导地位。《荀子·王制》的"虽王公士大夫之子孙，不能属于礼义，则归之庶人。虽庶人之子孙也，积文学，正身行，能属于礼义，则归之卿相士大夫"和《韩非子·显学》的"明主之吏，宰相必起于州部，猛将必发于卒伍"，则说明布衣可以出将入相的理想和事实。

有关婚姻的问题，宫崎市定强调，中国古代庶民的结婚，不仅只是两姓联姻的事实存在，更意味着庶民的结婚权利受到社会的公认。因为，如《礼记·曲礼》所谓"礼不下庶人"，在中国上古时代，士庶通婚是不被认可的，就姓氏制度而言，庶民无姓，氏也不固定，再者，在同姓不婚的原则下，士人与庶民联姻是不可能产生的。虽然如此，《左传·昭公三十二年》引《诗》曰"三后之姓，于今为庶"，则意味着士人沦落为庶民，贵族社会的姓氏制度逐渐解体。到了战国时代，姓也消失不存，贵族阶层只称氏而已，庶民的氏也固定，而古代所谓"同姓不婚"的约定也演变成同氏不婚了。因此，只要不同氏，即可结婚，换句话说，在同氏不婚的原则下，庶民即可不受任何束缚而自由通婚。至于姓氏混同的事实也屡见不鲜，《史记》即常见"姓某氏"的文字。

宫崎市定又主张士人与庶民的区别消失，其实是意味着士庶具有同等的市民权，所以产生"四民"的词汇，说明当时的社会现象。《穀梁传·成公元年》记载"古者有四民，有士民，有商民，有农民，有工民"，即成公元年的公元前590年以后，庶民与士人都成为构成国家的重要成员，因此，产生"民者，君之本也"（《穀梁传·桓公十四年》《穀梁传·僖公二十六年》）和"夫民者，神之主也"（《穀梁传·桓公六年》《穀梁传·僖公十六年》）的思想。换句话说，庶民的地位上升，于征服敌国之际，大抵采取派遣官吏统辖其人民，未必能强制押解战败国的人民到自己的国内而以奴隶对待。若是战略要地，有迁徙进驻人民的必要时，则任由战败国的人民自由迁居。此一政策大抵开始于鲁僖公二十五年（前635）。

> 晋于是始启南阳，阳樊不服，围之。仓葛呼曰："德以柔中国，刑以威四夷，宜吾不敢服也，此谁非王之亲姻，其俘之也？"乃出其民。（《左传·僖公二十五年》）

此"出其民"的处置，于战国以后，更为常见。

> 使子击围繁庞，出其民。（《史记·魏世家·文侯十三年》）
> 使张仪伐取陕，出其人与魏。（《史记·秦本纪·文君十三年》）
> 魏献安邑，秦出其人，募徙河东赐爵，赦罪人迁之。（《史记·秦本纪·襄昭王二十一年》）

无论敌我胜负，都必须认定庶民的权利，则象征着社会的进步，甚且赐爵于庶民，肯定庶民的市民权，在此情况下，才有出现秦汉统一帝国的可能性。《史记·陈涉世家》所谓"王侯将相，宁有种乎"，则说明汉代庶民地位的提升，有才能之人皆能受到士族的待遇，庶民赐爵封侯已然成为常见的事实了。

（四）经济成长的历史

宫崎市定强调中国古代是克服多重危机而持续发展的历史。在将近千年的古代历史中，曾面临四次重大的社会危机。商周时代是类似于弱小都市国家之乡邑的集合体，农民是都市国家的主要成员。但是由于敌对关系而产生征伐战争，出现合并被征服人民和领土的大邑，而大邑内部也形成征服者上下贵贱，即士族和被征服者之庶民的阶级。乡邑间的征伐战争到了春秋时期更为剧烈，各国疲于征战，境内的庶民反抗，隶臣逐渐专横，一旦臣服的小国也显露出叛逆的态度。这是中国古代社会的第一次危机。克服此一危机的是君主权的强化、优遇庶民的政策和市民权分配等措施的实行。虽然如此，在君主权力强化的同时，原本陪伺君主隶臣变成官僚组织的中心，平时是政治的智囊，战时则是君主的护卫。军队的性质也产生变化，即以往的民兵变成君主的私卫。强化君主权力而蜕变强大的是战国七雄，至于执着于传统的国家则在国际竞争中，落伍而灭亡。

战国时代，列国间的征战不停，战争规模变大，人命的伤亡和物力的消耗剧增。虽然军队的调备和人力物资的运输需要大量的费用，大规模战争的发生是商业隆盛与资本发达的反映，但是人民疲弊甚至沦为奴婢，而商人却获得暴利，或厚殖左右国政的实力，或转移财产到安全的国度。这是中国古代社会的第二次危机。脱离此一危机的是秦的统一。战国时代，铁器和骑马战术的流行成为战争胜败的关键，到了战国末年，一战失利而导致国家倾颓，山东六国相继灭亡，彻底实施骑马战术的秦国乃成就天下统一的大业。

秦始皇统一天下以后，废封建而行郡县，地方直属中央政府。但是，赋税过重，生民疾苦，中央集权的弊害滋生，六国人民蜂起，天下混乱。这是中国古代所发生的第二次社会危机。高祖兴汉，结束天下的动乱，武帝强化对外政策，巩固中央政权而完成与罗马、波斯匹配的东方古代帝国。

大汉帝国最大的问题在于贫富不均。贫富悬殊的问题并非开始于汉代，于货币经济兴起的同时，就产生贫富不均的问题，只是国家规模较小，或列国并立，天下不安的时候，财富的势力暂时休止而已。一旦中央政权巩固，赋予财富稳固的根柢，再加上土地投资的流行，贫民的土地被富豪所收买后，贫民则为富豪所掌控而脱离国家的掌握。至于厚植财力的商贾逐渐与政权结合，世代为官而形成特权阶级。旧有的士庶的区别遂变成吏民的差别。又由于官吏结党营私以扩张其权限，导致党争而动摇汉王室的根本，再者，富豪的兼并，人民的没落也招来威胁中央政府财源的结果。这是中国古代社会的第四次危机。王莽的新政虽意在克服此西汉末年的政治危机，却徒增社会混乱而已。光武帝再兴汉室，天下一时和平，但危机的本质却没有解消，贫富悬殊是汉朝的痼疾而与汉朝相始终。换句话说，贫富悬殊的问题是导致汉朝灭亡、古代帝国崩坏的重大原因。

中国古代虽然历经四回重大的社会危机，但是通观中国的历史发展，中国古代是发展的历史。宫崎市定强调中国古代从都市国家的分立到古代帝国的统一，从野蛮到文明，从自给自足的经济到交换经济等方面都呈现出进步的现象，特别是经济方面，由于经济高度成长而形成景气蓬勃的时代。即使其间社会几度发生歪曲混乱的现象，都以社会的富庶和经济的成长克服倾颓的危机，进而顺应时势以完成政治社会的改革。因此，古代的中国人认同社会的根底是持续发展进步，即使苦于战争的动乱和社会的矛盾，对人生始终抱持着乐观的态度。[①]

六、结语：中国古代史研究的三个发现

宫崎市定强调历史研究的目的不是理论的实证而是历史事实的究明，以郭沫若为首的中国学者强调中国古代是奴隶社会，然则"奴隶制度"并不能说明中国古代的真相。因为中国古代史是进步发展的历史，特别是经济成长的历

---

① 宫崎市定：《东洋的古代》，先后收载于《アジア史论考》（中卷），朝日新闻社，1976年3月；《宫崎市定全集（3）·古代》，东京：岩波书店，1991年12月。

史。中国古代社会是无数城郭都市的集合，而且中国古代的都市虽然是以农业为主体的都市，却和欧洲古代都市国家相近，是拥有主权的独立国家。到了战国时代，古代都市离合集散而产生大都市合并小都市的领土国家，其后，领土国家交战攻伐的结果，遂由分裂而统一，形成秦汉帝国。至于人民聚落的形态，虽然到西汉依然保持城郭都市的方式①，不过广大耕地的形态，土地所有的社会结构和庶民地位提升的思想意识也逐渐形成。宫崎市定又根据设定时间和空间坐标的方法论，不但以"东洋的"观点来研究中国历史，强调中国古代史的地域虽然只限于中国，但是中国古代的文化和社会组织是东亚各民族所共有模式，犹如希腊、拉丁文化是欧洲人所共有。因此，中国古代可以说是"东洋的古代"。②又以东西史对比的观点，考察中国古代史在世界史上的位置，而自称于中国古代史的研究上，有春秋时代主要国家的都城和西洋都市国家的形态构造相似，春秋时代的氏族构成和古代罗马的相似，古代聚落形态是东西相通的事实等三个发现。③这是宫崎市定研究中国古代历史的成就。

---

① 有关宫崎市定中国古代聚落的论述，有《中国城郭の起源異説》《中国上代封建制度か都市国家か》《中国における聚落形态の変迁》等皆收录于《宫崎市定全集（3）·古代》。

② 宫崎市定：《宫崎市定全集（3）·古代》，东京：岩波书店，1991年12月，第264—265页。

③ 宫崎市定于中国古代史研究的三个发现，见宫崎市定：《私の中国古代史研究歴》，载《古代文化》（第37卷第4、5号），1985年4、5月。先后收载于《中国古代史论》，平凡社，1988年10月；《宫崎市定全集（17）·中国文明》，东京：岩波书店，1993年6月。有关春秋时代的氏族构成和古代罗马相似的论述，宫崎市定说，中国古代自由市民的人名包含姓、氏、名三个部分，古代罗马拥有市民权的人虽然顺序不同，也有三个部分。如Caius（名）、Julius（姓）、Caesar（氏）中，最初的Persona或Praenomen是个人名，即现今所谓的First name，其次Gens是血统名，相当于中国的姓，男子将姓省略而不称的习惯也和中国相同，相反的，女性则常称Gens，而且将之女性化为Julia。Gens作为个人名而普遍被使用后，则男子称Julius，女性Julia。最后的Caesar是Familia，即家族名，相当于中国的氏。因为Caesar代即皇帝之位，所以Caesar成为皇帝的代名词，在德国则改称Kaiser而持续到二十世纪初期。（《中国史·第一篇 古代史》，见《宫崎市定全集（1）·中国史》，东京：岩波书店，1993年3月，第88—89页）

宫崎市定的东洋近世论

　　宫崎市定于所著《东洋的近世》[①]主张历史学的任务是在探索历史发展的新公式，而不是以既成的公式梳理历史的事实。历来在架构世界史的体系时，大抵采取西洋为主、东洋为从的立场。然而综观世界史的事实，西亚波斯帝国是世界史上首先出现的古代帝国，其次是中国的秦汉帝国，最后是西洋的罗马帝国。象征近世的文艺复兴（Renaissance）也先后出现三次，首先是八世纪在西亚发生，其次是十到十一世纪的中国宋代，然后是十四到十六世纪的欧洲。以东西洋对等的观点，才能客观翔实地厘清历史发展的事实。至于世界史的轨迹，也不是东西世界各自发展形成，而是相互交涉影响的历史循环。宫崎市定以景气变动的观点，强调波斯帝国的衰微是受到欧洲政治和军事势力压制攻击的结果，其后西亚的经济力又夺取了罗马帝国的繁荣，黄金银块逆流东方的现象逐渐显著以后，形成日耳曼民族的大移动，欧洲也因而进入中世的黑暗时代。至于中国秦汉帝国的兴隆也是周边各国金块流入的结果，然而中国金块传统价格的低廉则是造成黄金流出的原因，由于黄金持有量的不足，三国以后的中世，在货币稀少的情况下，经济极为不景气，出现以物易物之货物交换的退

---

　　① 《东洋的近世》一文，首先由教育タイムス社于1950年11月出版，其后分别收入《アジア史论考》（上卷），朝日新闻社，1975年1月；《東洋における素朴主義の民族と文明主義の社会》，东京：平凡社，东洋文库508，1989年9月；《宫崎市定全集（2）·东洋史》，东京：岩波书店，1992年3月。本文以东洋文库版为底本而论述。

倒现象。①

走出中世经济不景气而迎向近世新时代的关键是文艺复兴。至于文艺复兴的发生，根据后藤明《イスラムの都市性》（《伊斯兰的都市性》）的记载，中东伊斯兰教地区都市的存在即能说明西亚近世文明的发达和经济景气的事实。②宋代于自然科学之所以能飞跃的进步，或许是西亚伊斯兰教都市文化东移到中国，而在中国开花结实的结果。至于欧洲的文艺复兴则是东西交通下的产物，受到中国近世文化的影响与东西经济贸易往来的结果，才促进欧洲近世文化的形成。此即宫崎市定强调宋代是东洋的近世和东洋近世在世界史上之意义的所在。

一、以东西交通的观点重构世界史的体系

交通是历史发展的关键之一。历史地图所描绘的国境线，可从交通干线解读其历史的意义。如长城之所以连绵万里，横贯中国领土，是因为长城南侧存在着中国通往西域的交通动脉，因此修筑延伸到遥远西方的万里长城，并且于细长的沙漠中，设置郡县，俾与西域诸国交通往来。又如西夏虽是西僻小国，由于位居交通要道，宋朝连年出兵征伐。以故，中国史书记载着西夏的存在。至于西藏和云南大理国的富力远在西夏之上，其存在却被忽视遗忘。史上留名与否，交通是决定性的重要因素。③

人类文化由于交通而发达，某地的发明不但由于交通而为全体人类所共有，也由于受容融合而创新。宫崎市定强调，文化因时间空间而有先后兴衰，地域文化的水平与交通的质量成正比。闭关自守的社会，其文化必定停滞不前。德川幕府的锁国政策，太平洋战争的数年孤立，使日本成为世界的落伍者。再者，文化发达必须要有据点。古来世界交通要津，虽然文化物资交易畅

---

① 宫崎市定于景气变动史观的论述，参见宫崎市定：《自跋集（一）·中国史》，东京：岩波书店，1996年5月，第8—14页。

② 后藤明：《イスラムの都市性》，见《古代史を語る》，东京：朝日选书，1992年。

③ 宫崎市定：《宫崎市定全集（1）·中国史》，东京：岩波书店，1993年3月，第199—200页。

通，由于缺乏积蓄蕴藉，其文化未必繁盛。如草原沙漠地带的游牧民族，虽然是文化的媒介，交通的使者，其文化未必兴隆。就逐水草而居的生活方式而言，物资的囤积堆累毕竟是极重的包袱，因此，文化的累积得待营为定居耕种之农业民族的出现才能实现。唯分散的农村未必能蓄积丰富的文化，密集的都市，如政治或商业的中心才是文化汇聚发展的基础。

文化物资最初定于政权所在的政治都市，即使交通不便，由于政权的庇护，不但物资集中，交通干线也辐辏交集于朝廷所在的都城。所谓大道通长安，即说明以中国为中心之东洋古代到中世的社会文化现象。长安是秦汉以迄唐代的都城，除了关中天然要塞可以防卫江山的地理条件以外，交通也是定都的主要因素之一。古代以来，世界交通干线是以天山南路为孔道，而联络东亚和西亚，长安即位于西方进入中国中原的关口。换句话说，长安是东西贸易的陆路港口，中国特产集聚长安，经由西方商人转卖欧陆，外国商品在长安卸货，散布中国全土。此横贯亚洲大陆的陆路交通，由长安向东延伸，经洛阳下黄河而出渤海，再跨海到朝鲜和日本九州岛北部。

交通发达以后，交通路线上四通八达的所在，便成为商业都市，又由于物资转运交易之经济重要性的剧增，朝廷实施特别的保护措施，商业都市也同时是政治都市。五代北宋以后，中国国都自长安、洛阳迁移至开封，正是着眼于商业发达和交通便利与否的要素，这也显示出宋代社会重视商业和交通的近世性格。

东亚和西亚的交通路线，除横断亚洲大陆的北回陆路交通之外，近世以来，又有南方海上交通的航路。长江以北缺乏良港，海岸与陆上聚落距离遥远，加上海上风波危惧，海路交通不甚发达。然而长江以南的浙江福建的海岸弯曲，不乏避风的港湾，大军输送的记录，古来有之。至于海路贸易的发达则是以广东为起点的南洋航路，由广东出发，途中停泊占城，补给薪粮，一路南下马来半岛，到达新加坡，然后航路二分，东南经爪哇到香料诸岛，或西进马六甲海峡，出印度洋，横断波斯湾到达西亚南部。

连接东西亚南北海陆交通航线的是大运河的开凿。北起白河，纵贯黄河、淮河、长江，南至钱塘江口之完备的水路网，不但促进中国南北交通，更具有发展世界交通贸易的重大的意义。由长安下黄河到开封，换乘运河船舶而抵达杭州，再南下浙闽海岸而到广州，然后经由南洋航路而通达西亚。中国遂成为世界交通网络的重要据点。大运河充分发挥作用的唐代，大食、波斯的商旅不仅到达长安、广东，也往来甚至居留于运河的通衢和长江江畔的扬州等地，进而促进商业贸易的兴隆。中国近世以来，大资本商业经营的手法，或取法于旅居中国的波斯商人的智慧。

五代的政治分裂，意味着交通路线的分割和国内经济市场的再分配。由于海运与内陆水路的发达，五代诸国竞相推行富国政策，致力于产业的振兴，造成地方特有产业的勃兴，如西蜀、江南的制茶业、制纸业和制陶业的发达而驰名海内外。宋代政治统一的同时，国内经济市场也在统一。地方发达的特殊商品，经由以运河为大动脉的水路网而运搬转卖到境内各地，五代诸国的国都虽然失去政治中心都市的意义，但依然以商业都市持续发展，尤其是唐代以来，运河沿线的商业都市发展更为快速，而成为财富蓄积的所在。

中国古代政治经济中心在所谓关中的渭河盆地，关中位居山间盆地，土地高敞干燥，适宜开发。秦汉之所以建都长安，主要是由于关中的农业资源。唐代以来，关中的经济价值到了极限，因为黄河和长江下游冲积平原的开发，关中的地位相对降低，再者，关中的农业生产无法供应长安都城广大人口的需求，而必须仰赖运河漕运长江下流米粮生产的补给。在食粮南北运送上，苏杭地带生产的米粮可以顺利地直通运河和黄河交接的开封，至于开封以西，由于运河和黄河水位高低有所差异而难以顺畅。五代以后，梁朝之所以迁都开封，则取决于经济与交通的优势。建都开封以后，运河与淮河交会的楚州，运河与长江交接的真州，江南食粮转送中心的苏州和运河终点的杭州盛极一时。南宋建都杭州以保持半壁江山，也是必然的趋势。因此，宫崎市定强调宋代以后是以运河为中心的时代，中国社会的中心运移到运河沿线，与商品经济、货币制度和科学技术等社会情势互为因果而形成近世的特质。运河的机能相于交通运输，运河时代即意味着商业社会的发展。近世以后，中国商业面目一新。农业生产的商品化，导致庄园制度的瓦解，商业都市的形成。再者，生产商品化而促成生产的分工化，生产分工而促进工业技术与科学知识的发展。又由于商业的蓬勃发展，货币制度也应运而成立，对应于货币商业社会发达的局势，政府的财政政策也因应变化。由于土地私有征税和商品生产专卖课税的结果，形成资本集中于商工阶级的近世社会的特质。①

二、宋代是中国文艺复兴的时代

宫崎市定认为文艺复兴的历史自觉是中世进入近世的关键。②文艺复兴的历史自觉既是人类文化高度发展的结晶，中世长期停滞的必然趋势，也是社会进化的标准。换句话说文艺复兴不仅是思想飞跃的产物，更是在社会总和进步的基础上所形成的精神和社会的象征。东洋社会在十、十一世纪的宋代即发生文艺复兴的现象，宋代社会经济的跃进，都市的发达和知识的普及，都与欧洲文艺复兴有并行同位的发展。宫崎市定在其所著《东洋史与西洋史之间》③一文中，从哲学、文学、印刷术、科学发达、艺术发达的现象，说明东西文艺复兴都具有复古、创造、进步和文化普及的精神。宋儒于新儒学的构筑，古文家的古文复兴和反映都市经济生活之讲唱文学的盛行，是继承传统的开新，火药、罗盘的发明则意味着自然科学的进步，南北画的大成，远近构图的技法不但是中国山水画的基础，也为东西绘画创作所祖述。至于尤其象征文艺复兴初期阶段的印刷术，在宋代即高度的发达，不但中国境内汉籍出版文化事业发达，传播朝鲜、日本，促进朝鲜版与和刻本的刊行而形成东亚文化圈。就此意义而言，东洋社会比欧洲社会较具有先进性。

中国印刷术发达的契机是佛教经典的印刷，唯宋代儒学隆盛，儒家经典

---

① 宋代以后是运河时代的论述，见宫崎市定：《东洋的近世》，见《宫崎市定全集（2）·东洋史》，东京：岩波书店，1992年3月，第210—224页。

② 宫崎市定：《宫崎市定全集（1）·中国史》，东京：岩波书店，1993年3月，第281—282页。

③ 宫崎市定：《東洋のルネサンスと西洋のルネサンス》，见《宫崎市定全集（19）·东西交涉》，东京：岩波书店，1992年8月。

的印刷比重就超过佛典的印刷。至于宋代儒学复兴的背景则是排斥佛教教理与儒学创新的自觉。中世三玄盛行，儒释道三教鼎立，后周世宗以排除统一政局之障碍为前提而排斥佛教，因此，随着唐末贵族的没落，儒教取代佛教，则是近世社会的趋势。欧洲宗教改革的狂潮并没有在中国的历史舞台登场。

中世儒学以训诂学为主流，唐代以《五经正义》为明经取士的基准，形成经传注疏之解经训诂的学风。宋初虽完成十三经的注疏，却视之为索然无味的型式性论理，转而展开超越汉唐经传注疏，直接体会古代原始儒家思想的运动。宫崎市定强调，否定中世而复归于古代之批判性突破，即文艺复兴形成的思想根源所在。宋儒主张伦理学的复兴和天人之际的真理探究才是原始儒学的理想所在。盖经传注疏的训诂之学既是统合各家经注之学，也是敷衍经义之学。经传注疏的结果，简要的经文辄衍生成万言经传。如《春秋》经文仅一万六千七百八十一字，《左传》则有十九万四千九百五十五字，注疏合刊就形成汗牛充栋的巨著。解经而经义晦暝的弊端滋生，唐末乃兴起直接解读经书，把握经书真义的新学风。宋代儒者排斥穿凿附会的训诂学风，以直接探究儒家思想的真义为基底，朱子关于四书和五经的新注而论述性理之学则是宋代儒学的大成。盖宋儒所关心的不是五经诠释系统而是孔孟相承的儒家道统和四书圣学的真义，其究极的论理乃在于以四端证成仁的意蕴，以中庸解善而肯定中庸之具体化成文化之礼的价值。以仁善经说作为疏解义理的依归，以礼为行为的准绳。佛教东传，一般以为儒学于"论部"的论述不及佛典，然周敦颐《太极图说》以下宋儒的著作，皆致力于经书真义的疏解，架构儒家独自的宇宙人生观，而增强"论部"的内涵。明代将宋儒著述收入《性理大全》中，与《五经大全》《四书大全》并列为儒学的正统，定为科考之经书解释的标准。因此，宋儒虽标榜复古，却也完成儒学的再构筑。

如果中世训诂学是小乘儒学，宋学则是大乘儒学。训诂学以经典为依归，强调礼为经学的根本。朱子学则以论为中心，主张即物穷理，恰如物理学说心理学，以心理学说明道德。其后，阳明强调"六经皆我注脚"，主张心与经典融通的心学是经学的起点，学问乃以我心自觉为根本。唯阳明学末流疏于经书研究而耽溺于空谈。盖宋代以来，印刷术普及，书籍大量刊行，儒者语录相继出版而广为流传。语录之学盛行，遂形成学者疏于潜心研究经典的风气，是故，明代儒学忽视训诂之学或史学研究，甚少风雨名山不朽之大著作流传后世。

儒学的本旨在于经世致用，宋明理学转化为思辨哲学，虽阳明主张"知行合一"，末学空谈心性而游离于现实社会之外。明代中叶出现反省心学空虚和语录之学轻薄的现象，对以四书为中心的儒家经典，不再偏重思想义理的疏解，而从事历史考证的分析，此或可视之为由阳明学复归于朱子学的倾向。明末清初所形成的以实证解读经书的考证学风气，则是中国学术史的历史性转折。明末清初，儒者之致力于经书研究，乃意味着由心学而理学的复古，由宋学而汉学的复归。至于汉学复兴论的学问方法则是考证方法的运用。探究儒家经典本义，由原典批判（textual criticism）入手，参照各种异本，校订文字的误衍，进而以言语学的方法，正确地疏解经文，亦即以确实科学的批判方法，纯粹客观地证明和论断经典传承误谬的所在。宫崎市定强调文字误衍和解读误谬的纠正都必须有确凿证据之学问意识，是中国学界前所未见的现象。因此，清代考证学的确立，其根底乃存在着旺盛的科学精神的跃动。至于科学实证精神之所以显现于清朝，盖受到西洋学术的影响。明末耶稣会传教士东来，传播欧洲最新的学术而中国天文地理的实学面目一新，此或可谓之为欧洲文艺复兴波及东洋的端倪。是故，清代考证学者倾注毕生心血而致力于经书的考证，阎百诗的《古文尚书疏证》则是考证学上最有代表性的著作之一。①

中国近世儒学虽有宋代理学、明代心学、清朝考证学的变迁，然宫崎市定认为近世思想的主流是宋学，明代儒学只将宋学推进到认识论的层次，清代考证学虽具有方法论的特色，却缺乏独特的哲学理论。而且明清儒者的生活大抵遵行《朱子家礼》的规范，行为的准据毕竟还是以朱子学为依归。因此，朱子学的出现是将中国思想界由中世提升到近世的阶段，其超越训诂学的学问意

---

① 宫崎市定：《东洋的近世》，见《宫崎市定全集（2）·东洋史》，东京：岩波书店，1992年3月，第299—300页。

识是文艺复兴的精神，至于否定佛学的主导地位而重新构筑儒学的思想体系则是儒学的再兴（reform）。[①]

近世文学的发展也是以宋代为中心而发生文艺复兴的现象，一为古文复兴，一为白话文的诞生。就文学体裁而言，二者虽是相反的取向，而否定中世的旨趣则是一致的。先秦的古文近于口语，中世四六骈俪极尽修饰。韩愈、欧阳修力排四六骈文，唱行古文，以《史记》《汉书》达意的古文为极致。宫崎市定强调，唐宋古文家的古文运动与欧洲文艺复兴时代流行希腊语研究异曲同工。与韩、柳提倡古文的同时，唐末也出现白话文的创作，敦煌写本的出现，即证明唐代口语文学的存在。宋代都市文化发达，讲谈演剧之大众娱乐流行，其唱本大抵是以口语撰述的。明代《水浒传》《三国演义》《西游记》《金瓶梅》等白话小说成立而风靡一时。宋代以后白话文学的兴隆与欧洲文艺复兴时期的国民文学勃兴，皆为近世思潮的象征之一。[②]

最足以代表欧洲文艺复兴现象的是绘画艺术的发达。文艺复兴不仅是古代的复兴，也是人类文化划时代的开展。东洋文艺复兴时期的宋代，在绘画艺术产生重大转变也非偶然，毕竟绘画的发达起因于人性自觉意识的昂扬。中国古代绘画局限于封建式同业（guild）的组织，中世则为工会之画工所独占。唐代以来，文人画和士大夫画兴盛而南画的新画风形成。画工组织严密，师弟相传而形成流派，文士绘画则不拘流风而自由展现。中世绘画以屋壁或器物侧面的装饰描绘为主体，重视金碧辉煌的亭台楼阁或色彩鲜艳的人物彩绘。文人画流行之后，画卷遂为士大夫阶层所嗜爱，王维的《辋川雪景图》是画卷艺术的究极，为南画所祖述。

唐末五代，墨守传统画风的北宗与泼墨山水的南宗分庭抗礼。五代时，北方中原的王朝鼎移频繁，难有文化的沉潜。江南和西蜀政情安定，于君主的

---

① 宫崎市定：《东洋的近世》，见《宫崎市定全集（2）·东洋史》，东京：岩波书店，1992年3月，第299—300页。

② 宫崎市定：《东洋的近世》，见《宫崎市定全集（2）·东洋史》，东京：岩波书店，1992年3月，第301—303页。

护育下，独特的美术工艺发达，尤其是南唐的纸、墨、笔的制造技术进步，促成绘画艺术的发达。南唐御用澄心堂纸远近驰名。随着制纸技术的发达，宽幅画纸生产，天衣无缝的精巧接续便于巨幅绘画的挥洒，再加上装裱技术精密，卷轴挂画精工而益于鉴赏保存。

北宋历代天子于宫中设置画院，御用画家待诏作画，徽宗宣和年间绘画鼎盛，山水、人物、花卉、翎鸟皆入画中，尤以五彩的花鸟画为宣和美术的特征，彩绘纤细至极，世称院体画，为北宗画派的正统。南北宋之交，米芾、米友仁父子承袭唐末五代荆浩、关同淡墨山水，董源、巨然皴法山水的南画风格，曲意于平面的纸上，表现出岩块大地的立体褶曲，世称米点山水，与宣和院体画大异其趣。南画褶曲皴法之立体表现画风的形成，取代唐代中叶以来，从西域引进西洋的荫翳画法，不但独领风骚，东西洋绘画风格更形殊异。宫崎市定强调皴法山水的风行，盖与中国社会发展有极大的关联。近世社会以文人为主体，诗画合一，题赞与书迹一体鉴赏意识高扬，形成以书法点线的运笔用之于绘画挥洒的趋势，此一倾向于南画尤其显著。东西交通频繁以后，绘画非止于色彩的调合，着意于点线生趣的写境表现方式颇为近代欧洲画坛所重视。[①]

以中国为中心的东洋绘画，由于光泽润滑之棉纸和绢帛等书写材料的发明，乃超脱壁画浏览而转移至书案鉴赏，西洋至近世依然以壁画为主流，描绘色彩鲜艳的油画发达。文艺复兴以来，科学文明进步，而艺术创作旺盛，乃不受绘画道具所左右，保有独特的艺术意境而持续发展。东洋绘画由于纸帛的使用而倾向于精致小品绘画的创作，大幅巨画仅止于屏风而已。虽然如此，画卷的发达则是欧洲所未见的。再者，绘画的方法，东西洋也有殊趣的所在。以远近法而言，西洋画如投影于照相机的暗箱中，焦点固定而眺望远近的事象。然则，肉眼观赏景物时，是不断移动焦点，鲜有瞳孔固定于照相机的镜头，画卷的披阅即是如此。随着画卷的伸展，双眼移动焦距而浏览画中的景物。至于纵

---

① 宫崎市定：《东洋的近世》，见《宫崎市定全集（2）·东洋史》，东京：岩波书店，1992年3月，第307页。

长的挂轴，则如乘坐飞机而俯瞰山川景色和人间诸相，焦点也是连续推进，居高临下，故远方的山岳或人物与近景的大抵无甚差异。唯东洋绘画的远景与近景投射于同一画面，或从正面描绘，以远近而小大有别，或从反面作画，则远方而幅宽。盖观赏山水画者，自身投入画中，彷徨于小径，蜿蜒而上山麓高岭，观赏山川佳气，悠然而自得。因此，东洋的山水画是一种立体远近法的绘画艺术。东洋绘画于战争或人体的描绘不如西洋，而山水绘画则超绝于西洋之上。东洋的山水画虽作为人物画的背景而发生的，然寄情于山水的脱俗赏玩意识的形成，则是文化发达的表征。唐代绘画中的山水大抵是宫殿楼阁的附属，王维的《辋川雪景图》则是纯然的山水画。宋代以后，山水田园的描绘才成为中国绘画的主流。宫崎市定强调，超脱人间俗事情，体悟自然的逸趣，进而入画入诗，是人类对人为造作的深沉反思而形成的文化结晶。西洋风景画是宗教画和人物画发挥到淋漓尽致后，才出现的新体裁，至十七世纪，荷兰开通东西贸易，将东方文化传入西方后，才被社会所认同。十七世纪是清朝初期，就宋代以后的中国绘画发展而言，元末是南画四大家的前世纪，明代董其昌善于南画，品评南北画的得失而南画遂成为画坛的正宗。清朝于画法和画论都到达极限，可谓中国绘画的衰颓期。就风景画的形成而言，东洋比西洋较为先进，而山水画所表现的内在意义亦然。东洋山水画缺乏明确的写实性，其实是一种印象主义的表现。绘画不是机械性的写真，所谓以具体写实而传达神韵为究极目的的西洋画，在面临极限而无法突破瓶颈之际，则留意东洋绘画之超越形似之印象主义的表现方式。十九世纪西洋印象主义的画风和东洋的截然不同，但是东西交通的结果，受到东洋绘画之印象主义的影响，西洋产生新的审美意识而持续创造新的绘画艺术。[①]

三、东洋的近世和西洋的近世

探究人类历史发展的轨迹，古代史的发展是求心意识高扬而超离远心作

---

① 宫崎市定：《东洋的近世》，见《宫崎市定全集（2）·东洋史》，东京：岩波书店，1992年3月，第309—310页。

用的结果，至于大一统局势的完成与维持，是人类科学知识的发达、技术的进步、书写计数的技能、资本的蓄积与大一统理念的有机结合。西亚古代巴比伦、叙利亚的地域文化相继登场之后而形成波斯统一的文化，秦汉一统局势的形成是春秋战国以来，飞跃发达之诸国文化社会的结合。然则古代中央集权之求心统一的僵化，终结古代史的发展而进入中世地方远心的割据时代，欧洲封建制度与中国豪族贵族为中心的社会结构都有地方自治的倾向。唯割据的局势意味着政治的分崩离析和文化的停滞不前。在中世长期停滞之后，产生否定现世而憧憬古代之历史自觉的文艺复兴现象。宫崎市定强调，文艺复兴具有中世自觉、古代发现和近世创造的三种意义，是人类最初的历史自觉，也是测量历史发展尺度的刻度，更是人类文化社会发展的重要阶段。文艺复兴以后，历史进入近世。欧洲的近世始于十三、十四世纪，东洋则发生于十、十一世纪的宋代。

东西历史的发展由于东西交通贸易而产生启发影响的关系。蒙古元朝帝国横跨欧亚，而东西贸易通行无阻，宋代文艺复兴的文化精华也随之传播西方，促进欧洲文化的发展，绘画艺术是最显著的象征之一。蒙古征服西亚，中国绘画传入西亚伊斯兰世界，占领波斯的伊儿汗国密画美术空前发达。伊斯兰教禁止偶像崇拜，绘画雕刻甚少出现人物或动物的描绘，然而蒙古的征服，解除伊斯兰教的禁令，中国绘画方法输入，形成色彩灿烂的密画，装饰波斯文的文学书等广为流传。长年宗教传统跼蹐于壁画与额绘的鉴赏，至此，出现写本插画（miniature）。此新兴美术于伊斯兰教复兴后，被西亚世界所默认，形成西亚和印度的伊斯兰文化圈特殊艺术而盛极一时。伊儿汗国密画艺术鼎盛之后，意大利出现第一期的文艺复兴绘画，西亚帖木儿王朝密画隆盛之后，意大利形成文艺复兴绘画第二期的黄金时代。此一历史现象或可说明西亚美术和意大利绘画之间，文化波动的因果关系。至于题材和笔法是绘画艺术最为特殊的所在，甚难厘清前后承续关系，然欧洲文艺复兴绘画的衣着不少起源于西亚的模样，可见二者之间有着密切的关联。若然，由于西亚艺术在中国绘画的影响下而发展，欧洲文艺复兴时期的绘画也可以说是受到东洋绘画的波及而开展的。

欧洲文艺复兴以后出现的科学技术中，罗盘、火药、印刷术的起源虽未必明确，然此三大发明大抵见载于东洋或非欧洲世界的古代文献，就中世以来的世界形势而言，科学文明和艺术精华如怒潮般从东方涌向西方，进而促进了西洋科技的发展。换句话说，世界不是东西二分的两个封闭孤立的圈域。

十八世纪后半叶，欧洲产业革命和以法国为中心的政治革命是世界史上划时代的重大转折。西亚和东洋虽有文艺复兴与思想再兴，却未发生产业和政治的变革（revolution）。欧洲产业和政治革命以后，西洋的科技文明飞跃超越西亚和东洋。虽然如此，宫崎市定强调欧洲的产业革命并非西洋单独完成的历史事件，毕竟产业革命不仅是机械科技的飞跃，更是社会结构的变革和世界经贸构图的重整。产业革命之所以成功，不但以中产阶级之兴隆为基底，也以与东洋贸易而蓄积的资本为后盾。机械的运转不仅是动力而已，棉花产地和制品贩卖市场的获得都是必需而不可或缺的重要因素，东方世界就是产业原料和商品贩卖市场的所在。因此，如果东西经贸交通不流畅，产业革命或许未必能完成。法国革命亦然。政治革命的原动力不仅是中产阶级的觉醒，东西贸易而自荷兰流入的资本和参酌东方思想而勃兴的指导原则的人文主义（humanism）也是重要根底。革命思想家所思考的东方理想国（utopia）的政治理想是否存在于东方世界是值得商榷的问题，但是新航路和新大陆的发现，西方和中国社会接触的结果，西方人在思想上产生了变化。欧洲的历史是基督教思想与伊斯兰教思想对立为契机而发展，基督教世界与伊斯兰教世界的持续对立交往是西方世界的宿命论世界观。非友即敌，不是神圣就是恶魔，在中世的西方世界，所谓人类的普遍性和共通的人文主义的理想是未必存在的。然而东西海上航路的开通，发现第三世界的存在，东方国度的宗教信仰既不是基督教，也不是伊斯兰教，不但没有宗教的对立，也没有非友即敌的攻伐，东洋既保有高度的古代文明，又不是基督教或伊斯兰教对立的世界。对信仰宗教而感受无益苦恼的欧洲社会而言，以和为贵的儒教世界观是其终极理想，因而引发打破欧洲虚幻理想化现状的觉醒而鼓吹革命。敌对的世界中，要探求共通的人性存在并非易事，第三世界出现并体认其超越性存在的当下，或许就能形成新人性的意识。因此，法国革命不仅是政治上的变革，也是文艺复兴以来，东西方文化交流下，以人文主义为基底而发展形成的人类史上的大事业。①

产业革命和政治革命以后的近代，世界情势剧变，停滞于文艺复兴阶段的东方世界毕竟难与西洋近代科技文明相抗衡。就文艺复兴现象的形成，东洋具有先进性，但是近代革命的完成，西洋急速发展而超越东洋。宫崎市定强调西洋于文艺复兴后，仅历经四五个世纪就步入近代文明，其原因大抵在于欧洲文艺复兴的内在发展性与东西经贸交通和文化交流的结果。人类世界是有机的生物性存在，西洋中世以来，吸收东方文明的养分，引发文艺复兴，形成产业和政治革命的动力而创造近代科技文明和强权主义。综观人类历史的发展轨迹，吸收近代文明的养分形成创新动力而重构未来世界，或许今后历史发展的必然趋势。②

四、结语：宫崎市定的东洋近世论是京都中国史学研究的突破

内藤湖南于所著《中国近世史》，从中世与近世的文化差异性，如君主权力的确立、官吏任用制度的变化与庶民地位的改变、宰相地位的推移及其风格的变化、经济形态的变化和文化意识的变革等现象来说明中国的近世开始于宋代。至于中国近世之如何形成，内藤湖南则从贵族政治的崩坏和近世的政局来说明。内藤湖南认为贵族政治崩坏而君主专制出现的政治现象，是决定中世与近世之分界点的重要因素。内藤湖南以为宋代是中国历史划时代的关键，在文化艺术的意识上，由师承家学的墨守而转变为自由创造，在经济方面则由货币经济取代货物交换的形态，一般庶民也取得社会的市民权，换句话说由于自衣食住至学问研究、趣味追求等社会生活都有大众化的倾向，又由于生活逐渐安定，因此社会一般庶民都有追求理想生活之共通性心理，其文化生活也有多

---

① 宫崎市定：《东洋的近世》，见《宫崎市定全集（2）·东洋史》，东京：岩波书店，1992年3月，第316—318页。

② 宫崎市定：《东洋的近世》，见《宫崎市定全集（2）·东洋史》，东京：岩波书店，1992年3月，第319—320页。

样性趣味的趋势，进而形成高度的文化，此为中国近世的文化生活的特质。故内藤湖南强调宋代以后的文化是脱离了中世拘束于因袭之生活样式，创造独自性而普及于社会民间的新风气，进而产生极高度的文化，或可谓之为"中国的文艺复兴"，宋代至清朝末年的近世文化是凌驾于欧美文化之上的。此为内藤湖南超越"唐宋"是固有名词的既有成说而提出"宋代是中国近世"的原因所在。①

宫崎市定的宋代研究是继承内藤湖南的宋代为中国近世说而发展的。然而宫崎市定不但从经济制度的观点补充内藤湖南的论说，使宋代为中国近世说成为京都中国史学的重要主张之一。宫崎市定认为中国国家的性质到唐末产生了重大的变革，即从武力国家演变成财政国家，亦即财力是国家成立的基础，外交国防皆借着财力而赖以维持。至于财力的来源则是人民的租税，为了管理人民交纳的税金而设立财政官吏。宋代结束五代分裂的局势以后，为了统一货币而重用财政官吏，推行货币政策。宫崎市定强调宋代之所以能完成政治的统合，在于货币政策的成功。宋代的中央政府为了保有极大的货币存有量以应天下之所需，又为了推行以铜钱为通行货币的政策，财政官吏乃致力于铸钱额度的增加，因而形成世界无与伦比的铜钱流通社会。至于王安石的"市易法"则类似今日官营银行借贷制度，不但解决经济发达下，借贷资本以运营事业的问题，促进都市商业的繁荣，而且使得一般庶民于都市消费生活也成为可能，此为宋代经济社会之异于中世阶级社会的所在。再者，民间所设立的"连财合本"则类似合资财团或株式会社，略具近代经济的雏形。凡此皆是宋代经济社会之异于中世阶级社会的所在。②

就对宋代的探究而言，内藤湖南从社会、文化的观点提出"宋代为中国近世"的主张，宫崎市定又从经济、制度的角度补足藤湖南的学说，使"宋代

① 内藤湖南所谓中国近世文化凌驾欧洲文艺复兴之说，见宫崎市定：《獨創的なシナ學者内藤湖南》，见《宫崎市定全集（24）·随笔（下）》，东京：岩波书店，1994年2月，第261页。

② 宫崎市定于宋代经济制度的论述，参见宫崎市定：《自跋集（九）·五代宋初》，东京：岩波书店，1996年5月，第142—153页。

为中国近世说"成为京都中国史学的重要主张之一。内藤湖南的"宋代为中国近世"是着眼于中国历史的发展而立论的,宫崎市定则立足于世界史的通观而强调宋代的新文化是"东洋的近世"。因此,就研究的领域和宋代论而言,从内藤湖南到宫崎市定是京都中国史学研究的突破。

京都中国学的史学突破

一、问题提起

东洋的学问未以逻辑论理的思考与论述见长，然内藤湖南和宫崎市定则是少数的例外。二人以博览的识见为根底，进行精密的文献考证，树立富有逻辑论理性学说。如内藤湖南以文化性"突破"（breakthrough）的观点，说明宋代的社会文化诸象迥异于唐代而提出"宋代是中国近世"的主张，继承富永仲基的"加上说"而论断中国古代思想形成的先后次第，强调"应仁之乱"是日本创造独自文化之划时代的历史事件，说明文化形成经纬之"文化中心移动说"，究明文化发展径路的"螺旋循环说"等都是内藤湖南于东洋文化史研究上卓越的论证。至于宫崎市定的学问则强调以精细的实证研究和阔达雄浑的通史性叙述为史学家的究极。因此，其于中国历史的研究，是以实证的方法考察政治、经济、社会等分野的变迁，进而提出"景气变动史观"以考察社会、经济、政治等文化现象的变迁而体系性地架构中国史学的发展脉络，又搜集西亚的文献，学习阿拉伯文，以探究东西方文化交流关系的历史，提出"素朴主义与文明主义的循环""古代史发展图式的建构"和"宋代是东洋的近世说"，究明中国历史于世界史上的地位。因此内藤湖南可以说是日本近代中国学的第一人而宫崎市定则是日本东洋史学的巨峰。本文拟以从内藤湖南的"螺旋循环史观""通变史观""宋代是中国的近世说"和宫崎市定的"素朴主义与文明主义的循环""古代史发展图式的建构""宋代是东洋的近世说"为代表，论述日本京都中国学派的史学方法，进而说明由内藤湖南的"文化史学"到宫崎市定的"东洋史学"，就史学研究方法而言，是继承性的突破。内藤湖南是日本京都中国史学的巨擘，则宫崎市定是由中国史学的领域而发展至东洋史学研究之集大成者。

二、内藤湖南（1866—1934）的史学方法

内藤湖南中国史学的理论则有"螺旋循环史观""通变史观""宋代是中国的近世说"，兹论述于下。

（一）螺旋循环史观：文化横向发展的法则

在思考东亚文化全体发展的问题时，所谓中国的、日本的、韩国的国家主义或民族意识，就各国而言，固然是相当重要的问题，但是就文化发展而言，则不是以民族为主体的自我展开的过程而已，是超越民族的独立性和差别性而产生三度空间之文化继承与融合的过程。换句话说东亚文化的发展是超越民族的境界，以东亚全体为一的文化形态而构筑形成的。关于东亚文化的传播是中心向周边影响的正向运动和周边向中心影响的相反方向运动交织而成的"螺旋循环"。[①]内藤湖南说，东亚文化的中心在中国，中原文化首先流传到周边的地区，周边民族受到中国文化的刺激，也形成文化的自觉。中世以后随着周边民族的势力增强，文化扩张的运动也改变其方向，逐渐由周边向中心复归。此正向运动与相反运动，作用与反作用交替循环即是东亚文化形成的历史。[②]因此，就东亚文化发展而言，其主体虽然是中国的文化，中世以后则形成包含中国以内的东亚文化的时代。至于东亚文化形成的轨迹，则是最初发生于黄河流域的

---

① 内藤湖南《学变臆说》说，文化传播的路径不是直线的，而是螺旋状而提升〔内藤湖南：《泪珠唾珠》，见《内藤湖南全集》（第一卷），东京：筑摩书房，1996年1月〕。

② 有关内藤湖南"螺旋史观"的学说，参见宫崎市定：《獨創的なシナ學者内藤湖南博士》，见《宫崎市定全集（24）·随笔（下）》，东京：岩波书店，1994年2月；小川环树：《内藤湖南の學問とその生涯》，见《内藤湖南》，东京：中央公论社，1984年9月。

中国文化逐渐发展而影响周边民族的"中心向周边"的发展径路。周边民族吸收中国文化而产生"文化自觉"，周边民族自觉的结果，终于形成影响中国的势力，周边的文化也流入中国，即"周边向中心"发展的文化波动。

内藤湖南以螺旋史观的文化发展论作为区分中国历史的主要根据。内藤湖南认为，三代到西晋是中国文化向外扩张的时代；五胡十六国到唐代中叶，则是周边各民族逐渐强大，其势力渐次地威胁到中原。到了唐末五代，外族的势力达到顶点。宋元明清以迄现代则是中心向周边与周边向中心的反复循环。①就中国历史的发展而言，中国历史上曾发生了两次政治、社会、文化等人文现象的转换期，而形成上古、中世、近世的三时代。其在《中国上古史》的"绪言"②中说：

　　　第一期　上古　　　开辟（太古）至东汉中叶
　　　　　　　　　　　　中国文化形成、充实而向外部扩张的时代
　　　第一过渡期　　　　东汉中叶至西晋
　　　　　　　　　　　　中国文化停止向扩张的时代
　　　第二期　中世　　　五胡十六国至唐中叶
　　　　　　　　　　　　异族势力入侵，佛教等外来文化传入
　　　　　　　　　　　　贵族主导中国社会、文化的时代
　　　第二过渡期　　　　唐末至五代
　　　　　　　　　　　　外来势力极于鼎盛的时代
　　　第三期　近世前期　宋至元
　　　第四期　近世后期　明至清
　　　　　　　　　　　　固有文化复兴而文化归于庶民
　　　　　　　　　　　　异族支配而君主独裁（专制政治）的时代

―――――――――――――

　① 内藤湖南：《日本文化とは何ぞや（その二）》，见《日本文化史研究》（上），东京：讲谈社，1987年3月，第25—32页。
　② 内藤湖南：《内藤湖南全集》（第十卷），东京：筑摩书房，1969年6月，第9—13页。

（二）通变史观：文化纵向发展的法则

内藤湖南的学问渊源于中国的史学传承，其于中国史学研究上，颇多以独特的见解而综理史料文献，建立系统性架构的论述，至于建立法则、辨明机微、通达古今可以说是内藤史学的宗旨。如其以刘向、刘歆父子《七略》的旨趣在于辨析学问流派的异同，究明学术的沿革，为中国目录学的始祖。《隋书·经籍志》虽改以四部分类古今图书，依然继承《七略》《汉书·艺文志》的编纂宗旨，可以考知汉代以来学术发展的历史，刘知几亦以史学的观点归类史书为六家。五代与赵宋的正史目录颇为粗疏，《旧唐书·经籍志》只记录当时所见的书目，《新唐书·艺文志》也极为粗略，唯《崇文总目》取法《隋志》的体例，既有书目解题，又留意学问的沿革，足以考见《隋志》以来学问与书籍的变迁。郑樵的《通志·艺文略校雠略》虽不著录书目的解题，却以目录为专门的学问而致力于方法理论的建立。高似孙的《史略》则引述前人的议论或佚书的著录而建立史学理论，王应麟的《玉海》虽是类书而《玉海·艺文志》则有说明现存与亡佚书目之关联性的所在。换句话说高王二人皆以学术的沿革为目录学的主旨，于佚书的研究方法尤有发明。《宋史·艺文志》甚为杂乱，《明史·艺文志》则是只收集明朝一代书目的断代式目录，焦竑《国史经籍志》的分类不免杂乱，亦无解题，然著录子目的总序，多少有留意学问源流的用心，颇为《四库全书总目提要》的序论所采录。《四库全书总目提要》是清朝文化的代表性产物，唯精于书籍的考证而疏于学问沿革的总论，章学诚的《校雠通义》既辨章学术考竟源流，又用心于著录的方法与校雠的条理，即以历史流变的着眼，从根本架构系统性的学问，是中国目录学的集大成者。由此可知内藤湖南是以沿革通变的史观，析理学问的异同源流，进而说明中国目录学的历史发展。①兹进一步地综括内藤湖南的中国史学论著，从历史发展的法则、辨章学术、考竟源流、系统化架构等观点，说明内藤湖南研究中国史学的

---

① 内藤湖南于中国目录学发展的论述，见《中国目录学》，见《内藤湖南全集》（第十二卷），东京：筑摩书房，1970年6月，第369—436页。

独特见解所在。①

（三）宋代是中国近世说

就政治史、社会史的发展来看，中国的古代是封建时代，以在天子之下，地方有藩政诸侯存在的形态遂行其政治的运作。中世则是郡县时代，君王是天下的共主，地方由中央政府派遣的官吏来统治，但是政治的权力大抵掌握在豪族贵族之手，诸侯世袭虽然不存在，官位却是世袭的，从社会史角度来看，门第家世是贵族与庶民区别的判准。中国近世是庶民的时代，由于科举取士，权位的获得大抵由于个人的才学而与家世门第无关，因此世袭贵族到了宋代完全没落，天子的权威也因而强大，形成君主独裁，支配天下的时代。就经济的发展而言，上古是农业时代，中世以后是货币经济的时代，唯中世前半的纳税是以货物为主，唐代中叶两税制度以后，才以货币代替货物，宋代纸币出现以后，货币经济更为发达。再者由于都市商业的发达，庶民逐渐取得了社会的市民权，此与贵族于宋代没落的现象相为表里。再就儒家思想学术的流衍来看，在战国时代，百家争鸣，儒家尚未取得主导的地位，到了汉武帝以后，则以五经为中心而展开经传注释的学问。北宋以来，为了对抗佛老而开展出系统化的新儒学，至于清朝考证、辨伪、辑佚的兴起，朝廷的文化政策固然是主要原因之一，而正确地诠释古典的内容或恢复文献的旧观，未尝不是考证学者的文化自觉，再就结果而言，亦有以实证学问方法而突破旧有注疏传承的意义在焉。若以文学是作者在表现生活与感情的观点，考察中国文学的发展，上古是文学前史的时代，因为此时的文学作品是以传达思想意识为主的，作者未必有发挥文字语言之艺术功能的意识。中世以后，文人有文学为语言艺术与具有抒发情感之价值的自觉，唯中世是诗的时代，散文有诗化的现象，近世以后则是散文的时代，诗有散文化的倾向。就绘画而言，六朝到唐代是壁画为主，又以金碧

---

① 宫崎市定说：内藤湖南史学的特质是"通"，参见宫崎市定：《獨創的なシナ学者内藤湖南》，见《宫崎市定全集（24）·随笔（下）》，东京：岩波书店，1994年2月，第249—271页。至于内藤湖南重视通史，以"研几"而开展其史学论述，是高木智见的见解，参见高木智见：《内藤湖南の歷史認識とその背景》，见《内藤湖南の世界》，河合出版，2001年3月，第36—72页。

山水是尚，到了五代宋代，则流行屏障画一，又以墨画为多。而且宋代文人画的兴起，则象征着由严守家法之画工专擅而趋向表现自由意志之水墨画。由于宋代的文化现象大异于唐朝，故内藤湖南认为宋代为中国近世的开端。①

历史固然是意味着时代的推移，但是所谓"时代"，不只是政权更迭转移的象征而是政治、社会、经济、思想、学术等人文现象的综合体。即以文化的发展来考察历史的意义时，则历史文化有前代的继承发展与对前代的批判反省的两个类型，至于历史文化的意义则在于因革、通变与突破。学派的传承与既成学说的"加上"是前代的继承发展，绚烂的三彩是唐代文化的代表，而纯白青白的创造则是宋代的象征。超越华美的外观而重视素朴沉潜之内在精神是宋代知识分子于文化意识上的突破。通达前后的因循继承而架构系统性的发展，辨析古今的更革异同而提出突破性的方法论，则是历史研究的极致。内藤湖南以中国史学的传承为其历史研究的渊源，又沉潜于清朝考证学与西欧理性主义的学问而确立史学方法，建立通古今之变的史观，成就历史性突破的"内藤史学"。

内藤湖南有关东洋文化史的一系列研究论述，是脱离传统汉文的"场"而以世界为目标之学风下的产物。其以为日本文化中固然有中国文化的存在，但是由于前人的爱惜保有与融合受用，中国既已亡佚的文物，却尚存在于日本，进而形成"日本的"文化，此"受容而变容"的文化即日本独特的文化形态。明治以来，更以"受容而变容"的形态融通西洋近代文化与东洋传统文化而形成的日本近代学术文化。因此于明治三十三年（1900）主张日本近代中国学宜以融合东西学术，创造第三新文明为目标。至于学问的方法则是以通古今之变的史观，运用清朝考证学与欧洲东方学术研究的方法论，分析东西方于中国学研究的优劣长短，进而以严密的考证，重新评述既有的研究成果，开拓新

---

① 内藤湖南：《概括的唐宋时代观》，见《内藤湖南全集》（第八卷），东京：筑摩书房，1969年8月，第111—119页。

的研究为究极。①以内藤湖南、狩野直喜为中心而创刊的《支那学》杂志，则是实现以合理的科学的精神为治学的态度，搜集了达到世界学问水准之研究论著的具体成果，确立了日本近代中国学的基础。再者以内藤湖南、狩野直喜为中心之京都中国学派所从事的"敦煌学"与"俗文学"的研究，更开启以"与中国当代考证学风同一步调"之新学风为目标，而形成合乎世界学术水准的学问，故狩野直喜与内藤湖南可以说是京都中国学的双璧。而其门下弟子又有钻研史学的贝冢茂树、宫崎市定，精通文学的小川环树、吉川幸次郎、青木正儿，深究思想的武内义雄、小岛佑马，旁通文史的神田喜一郎、桑原武夫等人继承狩野直喜与内藤湖南二人以清朝考据学为基底之科学实证的学风，对中国学的各分野进行精湛的研究，不但是近代日本中国学的权威，也形成京都中国学派，而于世界汉学界有举足轻重的地位。

（四）文化思想史学：以《史记》的论考为例

内藤湖南认为《史记》是统一综括之时代潮流下，中国最初而至善的史书。②就学术史而言，汉初继承战国的学风，盛行比较评论诸子百家，进而以著述敷衍先秦诸子的学术思想，司马谈论六家要旨即《庄子·天下篇》《荀子·非十二子篇》的流衍。再就著述体裁而言，战国至汉初之际，类似类书形式而综辑诸说的"杂家"取代了诸子百家的"一家之言"，如《吕氏春秋》即是。但是到了统一的时代以后，则逐渐形成统一各种思想的倾向，如《淮南子》既继承《吕氏春秋》综辑诸家学说，又尝试以黄老思想统括各家思想之"杂家"式的著作。至于企图综括所有的史家记录而完成统一性的史书则是司马迁的《史记》。内藤湖南以为历来的载记只是为了提供君主为政参考而编集的，然而《史记》不但是打破类书的体裁而且是极有系统地编纂记录的史书，就内容而言，《史记》不仅是帝王政治参考的类书，更有继承孔子寄寓微言大

---

① 内藤湖南：《読書に関する邦人の弊風付漢學の門径》，见《内藤湖南全集》（第二卷），东京：筑摩书房，1996年12月。

② 内藤湖南的《史记》论述，收载于其著《中国史学史》，见《内藤湖南全集》（第十一卷），东京：筑摩书房，1969年11月。平凡社于1992年11月以"东洋文库"之名，出版刊行《中国史学史》（上、下）。

义于《春秋》与董仲舒《春秋繁露》维系道统的用心,是"通古今之变,究天人之际"的著述。

1.《史记》的体例及其编纂旨趣

内藤湖南以为《史记》的"十表"是开中国年代学的先例,《春秋》虽以年记事,却未必有年代学的意识,而司马迁则有明显的自觉。至于"八书"除了记载王者的典章仪式以外,尚有制度文物与天人学术技艺变迁的记述,因此司马迁所谓的"天人之际"既包含自然天道的形上意义,也有以人为主的人文精神之建构。《封禅书》赞所谓有司记录可以不录,实际变迁的原因真相则不可不书的叙述,盖可窥知司马迁编纂"八书"的趣旨。"世家"是封建制度的反映,就全体而言,固如"太史公自序"所说的,世家是记载辅助天子之贤人的事迹,然而探究各"世家"的赞辞,则司马迁的著述旨趣亦可窥察而知。司马迁以为天子或诸侯之能永传其家,必有其因果关系存在。其原因不是如陈杞之由于自身先祖有功于人民,其子孙乃能成为诸侯,就是如孔子、陈涉有功德之人自然得以列为世家。就"世家"的论述而言,周代与汉初的诸侯皆有辅佐天子之功,故得以配祀世家。除此之外,司马迁也借"世家"的叙述反映制度因为时代的推移而有所变化的现象,如"五宗世家""三王世家"的记述则可以反映诸侯制度的变迁。汉初诸侯的封土广大,是造成七国之乱的原因之一,五宗、三王等诸侯的数目虽多,封土却极小,自然不足以形成反抗天子的势力,制度的形成与变迁于斯可以考见。

内藤湖南认为"列传"是显示司马迁具有卓拔识见的所在。《史记·伯夷列传》记述了司马迁标举"列传"的用心所在。出身于庶民阶层的凡夫俗子不若天子诸侯,即便有显著的功德,其生平事迹也未必能传于后世。许由、务光等人必定是古之贤人,此由乡土的传闻而可以窥察知悉,但是却因为典籍著录无传其生平,以致其事迹湮灭不传。换句话说司马迁载记人物传记的目的大抵在显扬幽陋贤人的行谊。再者,古代的官禄大抵是世袭的,只要出身于世族之家,就可以享受俸禄,至于以个人的学力才能,而要名垂青史是不太可能的。但是春秋战国以后,庶民出身而扬名立万的个人却辈出于世间,"七十列传"即反映东周的此一现象。至于取材方面，司马迁以为历代文献固然可取，而民间传闻逸事亦不可偏废，如"管晏列传"的记载大抵不取世间容易知晓的载记，而多采其逸事。内藤湖南以为仅就历史的体裁而言，或许没有详细记载个人事迹的必要，但是为了彰明历史的演变与个人于时代的活动，则有采用编年历史，记述个人传记的必要，《史记》"列传"的历史意义即在于此。至于"十表"，特别是"三代世表""十二诸侯年表""六国年表"亦能显示出司马迁撰述的用心。以"世表"而不以"年表"的方式叙述三代的历史，是司马迁慎重其事的所在。"十二诸侯年表"则是司马迁依时系事以记载时代盛衰为目的而编纂的，不但有明显的历史目的，也有体系性的编纂方法，而且明确地表示出了其著述体例。又在"六国年表"中，亦可窥察其记载繁简的用心，如秦仅存秦记，故秦的记载极为简略。根据历史记载的繁简明晦而分别为世表、年表、月表，足见其用心之周到。关于《史记》"十表"的优点，郑樵的《通志》"总序"既已详细叙述了，然而司马迁编纂历史的缺点亦见于"十二诸侯年表"。因为《史记》的体裁既有如《春秋》之叙述义理者，也有如纵横家之不拘事实的说辞；有引用史官记载的谱牒，也有如历算根据历法而推断年月和数术，根据阴阳五行排列帝王顺序的材料。换句话说《史记》是正确的记录与不正确之家言著述综合而成的史书。司马迁虽以"雅驯合理"为历史取材的标准，系谱记录、雅驯合理的古代传说与驰说历算之家言著述错杂并存，则是其缺失的所在。[①]

2.《史记》是中国史书的开端

《史记》所取舍的除了史官的记录以外，尚有当时的传说。内藤湖南认为古代口述传说的历史意义未必轻于文献记录，口述传说的载记虽然因为记录者的意识差异，不免有主观偏重的缺失，但是司马迁综辑各种口述传说而取其最雅驯者，可以说是当时录史编纂法上最善的判断。故郑樵、章学诚都说司马迁是中国第一个综合史家，而其所编纂的《史记》则是开中国史部书的端

① 武内义雄：《六国年表订误》，见《武内义雄全集》（第六卷），东京：角川书店，1978年9月。

绪。就文体与著述风尚而言，当时最流行的是辞赋，由于故事或事物排列之体裁与表现诗人感情之辞赋的结合，终导致汉赋的隆盛。而且二者相辅相成，历史上的知识、古今沿革、专门学术的排列研究，其最终的目的即在为辞赋所应用，至于辞赋的流行，类似类书的体裁也逐渐形成，终形成便利人君与时人使用的辞赋。但是司马迁的《史记》非为备人君之用而撰述的，而是综括古今历史流变而成一家之言的著作。虽然背离时代风尚的需求，却有其独特的识见。再就目录学史的流衍而言，《史记》也是别出心裁的著述。由于司马迁之作《史记》是取法于《春秋》，所以刘向父子的《别录》《七略》将《史记》收入六艺的春秋类中，未必是失当的部类。虽然如此，《史记》的体裁却异于《春秋》。内藤湖南指出，司马迁以为一言一句以寓褒贬、断事理者，唯圣人始能，其自身只是直书其事，至于善恶的褒贬则是行文当中自然天成的。故撰述的精神虽取法于《春秋》而形式则有所改变。再者统括古今学问之"八书""十表"则是《春秋》所无的体裁。刘向董理秘阁藏书时，由于没有与《史记》同类的书籍，不能单为《史记》一书别立一目，乃将《史记》收入春秋类。即使在"汉书艺文志"的时代，如《史记》之综括古今沿革的著述依然不多，故未能形成"史部"的部类。班固的《汉书》以来，历代的正史大抵仿效《史记》体裁，或采取部分的体裁而撰述的传记、制度等史书逐渐增加，到了晋朝，史部就足以形成一个部类，在正史的著录上，如《隋书·经籍志》四部分类中，史部书目俨然是个独立的大类。因此就目录发展历史而言，《史记》确实是史部书目的开端。

3.司马迁的历史思想：通古今之变而成一家之言

内藤湖南认为《史记》行文极具巧思，又颇能反映当时的社会现象。如"游侠列传"与"货殖列传"的记述即是。前者是在记述政府的制度所未及之处，民间以某种形式或力量取而代之，以施行社会的制裁。后者则在描写政府的取缔无法彻底执行，导致个人得以发挥自身的力量，而形成贫富悬殊的现象。又由于时代的差异，史书的叙述观点也有所不同。内藤湖南举游侠形成的背景来说明《史记》与《汉书》着眼点的不同，进而强调司马迁的卓越见识。

《史记·游侠列传》旨在说明在司马迁的时代，由于社会不平等的结果，终于出现执行社会制裁而发挥个人力量的游侠。但是到了宣帝的时代，政令严肃，发挥个人力量以遂行社会制裁的游侠却形成政治妨害。《汉书》即从政府取缔的角度，强调游侠是政令实行上的障碍。由《史记》与《汉书》的差异也可以看出司马迁从历史的观点记述"列传"时，有肯定个人能力的特色。至于司马迁之所以如此立论，是因为其采取时代变迁的叙事观点，因为春秋到汉初，是以个人能力而自由竞争的时代，欲辨明此一时代的社会现象，则不能不着墨于纵横天下之英雄豪杰的活动。再者，时代既有变迁，则制度的施行亦不能不因革损益，故一统的天子在统治天下时，参考古今制度，择善固执，才是最善之策，若以个人的好恶而更改制度，实行礼乐、封禅、平准，就不是治理天下的常理了。司马迁所谓通古今之变的意义即在于此。内藤湖南以为一家之言的著述是《史记》的特征，但是通贯古今之变而体得历史沿革上的义理，更是司马迁继承《春秋》大义而成就风雨大业的用心所在。

三、宫崎市定（1901—1995）的史学方法

宫崎市定的史学理论有"素朴主义与文明主义的循环""景气变动史观""社会经济史学"，兹论述如下。

（一）素朴主义与文明主义的循环：考察中国历史政治与社会变迁的新观点

宫崎市定认为东洋史学是明治时期日本人创立的学问，是具有日本明治特色的学问。明治三十一年（1899），桑原骘藏出版的《中等东洋史》是最早奠定东洋史学地位的著作，其内容也具体地说明东洋史的变迁和意义。桑原骘藏在《中等东洋史》一书中，将东洋史区分为以下四个时期。

> 上古期　汉族膨胀时代（太古以迄秦的统一）
>
> 中古期　汉族优势时代（秦汉以迄隋唐）①

---

① 此一时代区分于大正时代以后，作为中等学校的教科书而广为采用的《中等教育东洋史教科书》中，将中古期的"汉族优势时代"的名称改为"汉族塞外族竞争时代"。

近古期　蒙古族最盛时代

近世期　欧人东渐时代（清初以迄当代的三百年间）

　　进而从东洋史的沿革变迁中，究明东洋史的特质。桑原骘藏强调，所谓东洋史固然是东洋各民族的历史，但是东洋各民族却不是零散地存在而彼此毫无关系，中国是东洋史中心的存在，由中国文化影响其他东洋各民族而全体产生某种共通性的色彩。此共通的特色虽然是漠然的观念，却能感受到是一种"东洋的"存在，通过"东洋的"特质即能进行东洋精神、东洋哲学、东洋美术等诸领域的探究。

　　宫崎市定继承桑原骘藏的史学，究明东洋历史发展的究竟，提出"素朴主义民族与文明主义社会的循环"和"东洋的近世"的东洋史学论。宫崎市定于昭和十四年（1939）出版《东洋的素朴主义民族与文明主义社会》一书，就时代区分而言，第一章"古代文明主义社会的成立"相当于桑原骘藏《中等东洋史》所区分的"上古期汉族膨胀时代"，第二章"中世素朴民族的活动"相当于桑原骘藏《中等教育东洋史教科书》的"中古期汉族塞外族竞争时代"，至于第三章"近世素朴主义社会的理想"则是"近古期蒙古族最盛时代"。至于以中国为中心而形成中国与周边各民族势力消长的变迁，即"素朴主义民族与文明主义社会的循环"的历史。宫崎市定说，中国文化的发祥地在夏殷两朝之都城所在的河东盐池，是中国华北唯一的盐产地。由于水陆交通便利而形成众人谋生求利的市场，人口密集的所在也必然是古代文明发生的所在。周朝的京城，无论是镐京或洛阳也距离盐池不远。就活动地域而言，象征中国古代文明之夏殷周三代的活动范围只在狭小河套一带而已，其余的地方都被没有受到中国文明所影响的未开化民族所占领。就华夏的文明主义而言，不但春秋五霸是夷狄，以殷人的立场来说，周人也是后进未开的民族。因此，汉代以后，中国民族与北方民族展开长期间的纷争，探究其渊源，可追溯至周初以迄春秋时代。

　　关于中国民族与北方异族的纷争，历来都以华夏夷狄的观点而称北方异民族为文化未开之野蛮民族挟持强大的武力入侵中原。但是宫崎市定强调未开化民族却保有素朴的本质而称之为"素朴主义"。保有"素朴主义"的民族挑战文明开化、灿烂成熟、超越民族的境域而形成具有多元性的社会，又挟持强大军事武力而取得支配中国的地位。然而"素朴主义"的民族虽夺取中国的政权，终为先进的中国文明所同化，丧失其固有的民族性而融入中国民族之中。不过当中原地区逐渐形成民族融合的同时，北方又有别个素朴的民族出现，继而与中国民族争霸。此"素朴主义民族与文明主义社会的循环"不但可以说明中国历史的变迁，而素朴民族与文明社会的对抗也制造了中国政治和社会问题，且与历代政治兴革相终始。

（二）景气变动史观：中国政治势力消长与经济景气变动的互动规律

中国史上的古代帝国始于秦始皇，秦灭亡后，汉帝国继承而繁盛四百年。然强盛的大汉帝国由于各种社会的矛盾而走向衰亡，中国社会也转变成分裂局势的中世时代。关于汉帝国衰微的原因有道德颓废而政治腐败的道德史观，阶级斗争激烈化而支配阶级缺乏对策的阶级史观，经济不振而人民困穷的经济史观等说法。宫崎市定以为经济史观最能贴切地说明汉朝衰亡的原因。唯宫崎市定强调所谓经济既包含生产消费，而货物流通也是经济，但是与民生最有直接关联的是景气，因此所谓经济史观是指"景气史观"，政治的兴衰与景气变动有极大的关系。至于历史上所出现的景气与货币流通量的关系最深，货币流通量越多，容易入手，而且对货币的信用度高的时代就是景气兴旺的时代，否则就是景气衰微的时代。

就以景气变动探究其对历史的影响而言，都市国家群至战国领土国家的出现，再到群雄并起弱肉强食而最后一统天下的古代帝国成立的古代是景气兴隆的时代。即使战乱连绵导致人民疲弊不堪，而强者依然能克敌制胜统一天下的原因，则在于景气的兴旺。至于景气兴盛的原因则在于周边各民族的黄金不断流入中国。景气兴盛的现象则持续到西汉时代。汉代黄金之多，如赵翼《二十二史箚记》卷三"汉代多黄金"所载，故汉代以黄金作为货币，但是随着黄金逐渐减少而社会也出现不景气的现象。关于黄金减少的原因，赵翼以为是产地的黄金生产渴涸，佛教徒又打造金箔，镀金写经而大量消耗，以致黄金存量日益递减。宫崎市定则认为中国黄金价格比周边各国显著低廉也是中国黄金缺乏的主要原因之一。汉代的兑换率是黄金一斤换铜钱百万钱，若以铜钱为共通的货币，则其汇率显然太低，即使不是共通的货币，黄金与银块的兑换率，在西亚是一比十三，在中国则是一比六。中西的贸易长久持续以后，中国黄金大量流出西方，因此东汉以后，中国就开始出现黄金不足的现象。

宫崎市定又指出，景气昌隆的时代，货币和商品的流通都极为活络，于是市场上就出现囤积商品而等待物价上升，以牟取暴利的资本家，此为《史记》所描写的"货殖列传"的世界。一旦景气低落萧条，银根紧缩，货物易买而难卖，货币的回收和获利也就极为困难。结果市场上的货币和商品的流通就变得迟缓滞碍，大资本家也贮藏其资金而不事买卖，不景气的现象就更为萧条。

在不景气的情况下，为了增加财产，唯有开源节流，尽其可能地减少钱财的开支而厚植自己的财物，于是产生"庄园制度"。庄园领主一方面自官方取得广大的土地，一方面招致贫民开垦耕种。庄民从事各种作物的生产而进行以物易物之自给自足的生活，以减少使用货币的必要。庄民所需消费的物资之外的剩余作物则归庄园领主所有，领主的产物收入或俟机而换金，否则以之为资本而扩大庄园的规模或购入新的土地而营造第二个庄园。至于庄园的主要产物则是谷物和绢帛，这两种产物既是生活的必需品，在搬运上也未必有极大的困难，因此，成为货币的代用品而开拓了贸易的途径。

景气萧条不但对民间产生极大的影响，政府的财政也甚为困乏。在政府的支出中，军事费用是极为沉重的负担。在以最少的经费依然能维持军力的原则下，产生了三国曹魏的屯田政策。屯田大抵如民间的庄园，屯田的百姓一如庄园的庄民，唯耕种分配的土地之外，有事则编入军队，列为"军户"而防御疆土。庄民与军户皆属隶民且为世袭，终形成中世的阶级社会。

汉初以来，政府以铜钱标示物价，由于黄金作为通行的货币，铜钱为民间所信任，但是到了东汉，黄金逐渐自社会消失以后，民间失去对铜钱的信赖度，甚且发生冶熔官制良币而铸造恶钱以图利的不法行为，政府也没有适当的防范措施。三国魏文帝即位，颁行废铜钱而代以谷帛为市的诏令，唯政令不能永续施行，南北朝以后，交易全任民间的自行施为。中世政治纷乱，北方异族入侵占领华北，社会混乱加剧，民间交易更为萎缩，经济景气陷入谷底。到了唐代，景气才出现复苏的机兆。

唐代疆域超越中国本来的领域，势力延伸至于四方，开拓广大的领土。宫崎市定认为大唐帝国之所以能如此兴盛，国际贸易的有利展开是其主要原因之一。汉代以来，中国人以民生必需品为主而生产绢帛，其后，随着伊斯兰教的传播，西亚秩序的维持，东西贸易的繁荣，中国盛产的绢帛也经由西亚而输出西方世界，取代黄金成为对外贸易的大宗。除绢帛以外，茶和陶器等特产品也成为对外贸易的重要物资，中国的对外贸易因而呈现出空前的活络现象。由于中国对外贸易的对象是西方各国，贸易所得是西方通行的货币银币，所以中国国内也以银块取代黄金，成为流通的货币，同时也成为铜钱流通的后盾。唐玄宗为了实施其货币政策而铸造"开元通宝钱"通行全国，铜钱的信赖度也因而恢复了。其后，由于中唐的政治权位倾轧，五代的朝代更迭，铸造恶币以图利的现象再度出现于民间，盛唐之良币驱逐恶币的理想，到西方银币输入而形成铜钱流通之良好环境的宋代才得以实现。

中世庄园的生活方式是自给自足而"闭门为市"，即庄民先在庄园内相互交易产物，非庄园所能生产的商品，如食盐等，才用金钱购买，否则一钱也不能带出庄园。然则以物易物之原始旧式的生活形态毕竟不能长久维持。庄民各自独立，自己决定种植的作物，大抵以栽培容易换取金钱的作物是趋，作物收成而贩卖，再以所得的金钱购买家用必需的物资来消费。宋代以后，经济发达而景气兴旺，不但一般庶民的生活条件提升，知识阶层也投身于货币经济中。宫崎市定强调宋代的景气高昂是中国古代生活形态的复归，宋代的社会经济犹如《史记》《汉书》所记载汉代全盛期的再现。诀别中世而复归于古代，以进入近世之新时代，是宋代知识阶层的自觉，此即文艺复兴的精神，故宋代的文化自觉现象自然可以称之为"中国的文艺复兴"。①

---

① 宫崎市定关于景气变动史观的论述，参见宫崎市定：《自跋集（一）·中国史》，东京：岩波书店，1996年5月，第8—14页。

（三）社会经济史学：以《史记》的论考为例

宫崎市定以为中国的史学创始于《史记》。《春秋》的体裁虽是历史，却被定义为经书，《战国策》虽记载战国的历史，却以议论的记述为目的，是纵横家的记录，故列属于子书之类。至于《史记》的内容，上古以迄战国的记载虽转载《书经》《春秋》《战国策》的记述，但是其目的既不是传述经典的义理，也不是宣传纵横家的雄辩奇策，而是在于记录历史的事实，故司马迁可以匹配于西洋历史之父的希罗多德而为中国史学的始祖，《史记》则是中国正史的开端。

宫崎市定以为研究《史记》的着眼点有二：一为解读《史记》本文难解之处，发现史学研究的新方法；一为以文献学的观点，探索《史记》取舍史料的根源所在。探究中国古代制度的《史记·货殖列传的物价考证》与究明社会变迁轨迹的《关于游侠论》是其代表的论著。①

1.探究社会变迁

关于游侠的性质，宫崎市定说所谓"游侠"是无特定的主人，应聘而往，以服犬马之劳的剑客，日本的"在野武士"、西洋的自由骑士是相同的存在。至于游侠在中国历史上的存在意义，宫崎市定则以为通过游侠的兴起、流行而至衰灭的演变轨迹，则可以考察春秋战国而至秦汉社会变迁的迹象。

春秋初期大抵是小的都市国家或部落国家对立的社会，在各小国之内，士族与庶民之间，有严格的区别。士族虽独占政治的参政权，却也有战时出征的义务，因此，为了参与战争而拥有武器，则是士族的特权。换句话说在春秋初期，为防卫祖国而持武器战斗是士族生存的原则。其后，会盟政治兴起，共同防卫形成同盟国之间的盟约，为了遂行同盟之谊，士族不仅要为祖国而战，甚且有为盟国而战的需要。有时，因为特殊事情，士族移居他国而成为该国的士族，如《左传·僖公二十六年》所载齐桓公的公子七人留楚而成为七大夫即

① 宫崎市定研究《史记》的论文收载于《宫崎市定全集（5）·史记》，东京：岩波书店，1991年11月。至于所有著述内容的解说，见《自跋——东洋史学七十年》，东京：岩波书店，1991年5月。

是。与此上流士族制度逐渐崩坏的同时，士族与庶民之间的阶级区别也逐渐消失，如晋于鲁僖公二十八年（前632）以后实施兵制改革，不但军队征用庶民，而且庶民建立军功，也能获得列身士族的机会。其后，一国之主为强固自身的权位，乃将国家的常备军视为自己的侍卫队，上行下效，贵族也招集从属而成为"私属"。因此寄食于王侯的，不仅是同族、国民，亦有亡命而来的徘徊于其门下之人。在此状况之下，为了仕宦于有力者之下，熟习武艺，则是不可欠缺的条件，由于精通武术而得到优遇的士族，如齐庄公之于殖绰、郭最（《左传·襄公二十一年》），又有克敌而跻身士族，免除劳役，如赵简子所颁布的军令（《左传·哀公二年》）。由此可知，当时贫穷的士族或庶民由于精通武艺，建立战功而立身扬名。此精通武艺的剑客即游侠的前身，只是春秋初期尚有上下的主从关系，还未有怀剑求鬻而游走天下的游士的出现。

春秋末期到战国，由于诸侯、贵族致力于常备军的设置，终形成士无定主而任选其主的风尚。春秋末期，仕于知伯的予让即代表的人物。至此，不但人主选择臣下，士亦选择所事之主而任意去就，至于巧于收揽士民之心的贵族大夫终能篡夺王位而兴家建国，如韩、魏、赵、田齐即是。战国的形势大抵如是。

盛极一时的战国君主的权势因为世袭制度的关系，也产生贵戚专权的事，如战国的四君子即是。孟尝君等人为了显贵安身，招致天下宾客，门下食客数千人而夸其权势。虽然如此，食客大抵去就无常，如孟尝君罢相，食客皆背去而无顾之者。此离合集散无常的食客可以说是"游侠"的前身。《史记·游侠列传》称孟尝君等四君子为"有土卿相"之侠，以区别于自闾巷匹夫出身的侠客。其实闾巷匹夫之侠的剑客即是侠的原意，至于四君子并不是侠，而是侠所依恃的王孙贵戚。因为"侠"字逐渐用以形容当时的社会风气，最能发挥此一风气的四君子亦被称为侠。再者，"有土卿相"的贵戚君子与闾巷匹夫的食客游侠的结合，形成战国时代颇为特殊的社会交际的场所与现象。一般以为"市"是经济贸易行为的场所，却也是士族与庶民娱乐、集会、社交的所在。宫廷固然是以天子王室为中心的社交场所，但是联结市集的交会而企图形成天下社交中心的"有土卿相"的邸宅，却成为天下游侠集中的所在。贵戚君子固然是利用权位而成为剑客所依恃的对象，但是只有权势和金钱却未必能无往不利，重视意气而有恢宏的气度，则是招集天下宾客所不可或缺的重要条件。因此，在以义与利而结合的团体中，自然也产生"救人之厄""重然诺"的道义精神，而此道义精神终成为游侠社交界的规律。"有土卿相"的侠义气度为后世之闾里乡曲的侠所继承，终形成游侠的黄金时代。

秦始皇统一六国，以法治主义统治天下，侠被称为"五蠹"之一，不但"有土卿相"的侠遭到肃清，民间的游侠也受到迫害。虽然如此，游侠依然潜存于社会的底层，而与不满秦皇政治或六国后裔的豪族结合，在民间社会形成一股强大的潜在势力。换句话说秦的统一，"有土卿相"之侠虽然消失，而秦始皇的苛政与二世的失政，却造成民间游侠鸢飞鱼跃的情势，甚至产生闾里乡曲的豪杰英雄而统御游侠社会。秦朝末年，造成反秦势力的即六国王孙的旧贵族与匹夫侠客。前者如项梁、项羽，至于季布、张耳是"为气任侠"之属，而彭越、黥布，甚至汉高祖虽是群盗之徒，亦皆属后者。高祖私淑信陵君而以游侠自任，然于取得天下以后，为了集权于中央，乃强要天下豪强移住关中，可知其政治措施与秦未必有太大的差异。景帝时，甚至实行诛戮诸国游侠的强硬手段。然如此，民间依然有大小无数的游侠辈出市井，故汉初至景帝时代可说是民间游侠的时代。

汉代天下既定，遂行中央集权政策，因此社交的中心乃转移至宫廷，社交界终为世袭的贵族所独占。乡曲匹夫之侠失去与官方交际活动的场所，遂转而在向民间结社树党，见义勇为，济弱扶倾，以发挥孟尝君以来的传统精神为理想的义侠相继登场。如汉初鲁地的朱家"所藏活豪士以百数，其余庸人不可胜言。……专趋人之急，甚己之私"[1]，则是游侠理想的存在。继朱家之后，则有楚的田仲、洛阳的剧孟，与司马迁同时代的有郭解。据司马迁的记述，朱家、郭解等人虽不免触犯法网，然尚能"私义廉洁退让，有足称者""其行虽

---

① 司马迁：《史记》，北京：中华书局，2003年7月，第3184页。

不轨于正义，然其言必信，其行必果。……羞伐其德，盖亦有足多者焉"①。
颇能垂游侠的典范于后世。

游侠风气至武帝时代急转直下，这是因为天下政治逐渐安定，"不轨于
正义"的活动乃被视为违法的暴力而遭到取缔，游侠几无安身立命的所在。有
用的人才终于转向学术，企求为世所用，其余的则沉沦于社会的一隅而结群树
党，钻营私益。司马迁视之为无赖而归属于盗跖之徒，如以掘冢奸事而起的曲
叔，以博戏致富的桓发，司马迁即不记载之于"游侠列传"而归之于"货殖列
传"。武帝晚年蜂起的盗贼即以此辈为多，至于武帝的盐铁专卖的经济政策，
或许也为此辈提供了若干图谋暴利的机会。至于象征着独立不羁之气概的游侠
完全自世间消失的主要原因是游侠的贵族化。

宫崎市定认为游侠贵族化在汉代初期即开始，中叶以后，由于对待游侠
的方针改变，只要游侠社会承认中央政权的威权，朝廷就没有灭绝游侠社会的
必要。由于二者的妥协成立，游侠社交界隐然成为中央宫廷社交界的下属支
部，游侠遂有贵族化的倾向，而此一倾向到了后汉就更加明显了。游侠见义勇
为的古风消失，与宫廷结合而形成游侠贵族化的出现，即意味着游侠自中国历
史舞台告退，结束其在中国历史所扮演的角色。

2.推察《史记》史料记载的源流本末

与解读《史记》本文同为研究《史记》重要之所在的是《史记》史料来
源的探究。《史记》根据秘阁藏书、王室记录、先秦诸子的书籍与民间传说而
编纂历史，是众所周知的事，然而其所根据的民间传说的性质到底为何，则值
得推敲。特别是司马迁何以能生动地描写荆轲刺秦王，如临现场地载记鸿门之
会的情况，更可堪玩味。宫崎市定以为解决此一问题的端绪是《水浒传》的编
纂背景。《水浒传》于人物描写之妙，可说是千古的奇文，但是宫崎市定以为
此一描写的手法并不是《水浒传》作者的创作，而是转载自在此以前的各种说
书、讲唱或杂技等脚本。宋代以来，江南都市文化繁荣，各地都有所谓"瓦

---

① 司马迁：《史记》，北京：中华书局，2003年7月，第3138、3181页。

市"之庶民娱乐场所的设立，各种艺人即在此展现其得意的技艺。经年累月，由于民众智慧的结合，"瓦市"传承的故事，遂洗练成具有高度艺术的结晶。《水浒传》即选择世俗文艺作品中，最脍炙人口的故事而编成的长篇小说。其栩栩如生的所在，即市井庶民云集而艺人表演其特技神采的当下。《史记》的编纂或许也有相同的背景，中国古代也有类似近世都市文化发达的现象，在一般庶民娱乐场所的"市"（市集），不但有各种技能的表演，以娱乐市民，也有在不违反当时政治主权者的前提下，提供市民知识来源之历史故事的说讲。汉武帝时，战国末期到秦始皇时代的历史事件或汉代初期功臣事迹，也许正是迎合民众的热门话题。《史记》逼真地叙述人物的行动和历史的场景，其来源或许即当时市集流行的讲演艺术。①

3.考证汉代货物的价格

记载汉代物价的史料有三，其一为散见于汉代诸书的残篇，其二为近代出土的汉简，其三为《史记·货殖列传》。前二者的史料，前人既有研究②，宫崎市定认为《史记·货殖列传》的文字固然难解，却是究明汉代物价的珍贵史料，乃进行详细的考证。根据"货殖列传"的记载，宫崎市定认为司马迁有每年获利二万文的设定。如封千户之邑的诸侯，每年自每户征收二百文的租税，则有二百万文的收入；庶民如果有富裕的资产，每年要取得二百万的收益也非难事；即使没有丰硕的资产，只要巧妙地买卖商品，也有获得二百万收入的可能。宫崎市定指出，"货殖列传""封者食租税"到"身有处士之义而取给焉"是记述各种生产资本的数量，"凡编户之民"到"则非吾财也"则是记载买卖商品的数量。"陆地牧马二百蹄，牛蹄角千，千足羊，泽中千足彘"就

① 宫崎市定：《身振りと文學—史記成立についての一試論》，见《宫崎市定全集（5）·史記》，东京：岩波书店，1991年11月。
② 研究汉代书籍记载物价的有瞿兑之：《西汉物价考》，载《燕京学报》1929年第5期。关于居延汉简的研究则有劳榦的《居延汉简考释》《汉简中的河西经济生活》，载《国立中央研究院历史语言研究所集刊》1943年第11本。平中苓次：《居延漢簡と漢代の財産税》，载《立命馆大学人文科学研究所纪要》（第1号）。宇都宫清吉：《西漢時代の都市》，载《汉代社会经济史研究》，东京：弘文堂，1955年。

可以说是拥有百万的资产家。于都市从事商业贸易，假定其利润为二成，则一年中买卖"马蹄躈千，牛千足，羊彘千双"，就有二十万的收益。至于马牛羊豚的价格为何，宫崎市定参照《史记·货殖列传》与《汉书·食货志食》的注释，列出马牛羊豚的价格表（表1）。

表1

	相当于百万钱的资产			二十万钱收益的贩卖数		
	原　文	匹　数	单　价	原　文	匹　数	单　价
马	二百蹄	A 50	20000	蹄　千	a 200	5000
牛	蹄角千	B 167	6000	千　足	b 250	4000
羊	千　足	C 250	400	千　双	c 2000	500
	千　足	D 250	400	千　双	d 2000	500

买卖在购求利润，但是就上表所显示历来注释的结果，马、牛的成本单价较贩卖单价少。若以二成利润为原则，则马的买卖完全没有利益。因此，《史记·货殖列传》与《汉书·食货志食》的注解就有疑问了。在不改字解经，而详密考证以为新解的原则下，宫崎市定从动物学的观点，说明马为单蹄，故于马的解释可如旧注；牛为双蹄，四肢八蹄合二角，其数则为十。至于"足"的解释，则引证《说文》《汉书·天文志》《晋书·天文志》等书，认为畜兽的后肢称"足"或"股"，前肢则为"肩"，故"牛千足"即后肢千只，五百头。以此考察"货殖列传"的文字，则可得到表2。

表2

	相当于百万钱的资产			二十万钱收益的贩卖数		
	原　文	匹　数	单　价	原　文	匹　数	单　价
马	二百蹄	A 50	20000	蹄　千	a 200	5000
牛	蹄角千	B 100	10000	千　足	b 500	2000
羊	千　足	C 500	2000	千　双	c 2000	500
	千　足	D 500	2000	千　双	d 2000	500

虽然如此，马、牛的成本单价为贩卖单价的四五倍，显然理解上有所误

差。宫崎市定以为所谓"马二百蹄，牛蹄角千，千足羊，彘千足"固然是与生产有关的数量，却未必一定是相当于百万钱的生产资产。再推敲司马迁的用意，此段文字的重点乃在于二十万的生产利润，若然，则"马二百蹄，牛蹄角千，千足羊，彘千足"所指的数量乃是生产育成的可能数字。"货殖列传"有"水居千石鱼陂"的文字，"史记正义"解作"言陂泽养鱼，一岁收得千石鱼卖也"。所谓"千石鱼卖"是指一年的生产量不是资本所有量。由此推论，"马二百蹄，牛蹄角千，千足羊，彘千足"即一年生产而得以贩卖的数目。既然是年生产量，则生产所得的价格就不是百万而是二十万，换句话说马的单价是四千，牛是二千，羊豚各为四百。至于买卖利益，一年繁殖马五十匹、牛百匹、羊豚各五百匹则可得二十万的利润。再就二成的利润来计算，则马一匹的买价为五千而卖价则为六千，牛以二千买进而以二千四百卖出，羊豚各以五百为进价，而卖价则为六百。如此解释，则其表如下。（表3）

表3

一年取得二十万利润的方法							
生 产			买 卖				
	原文	繁殖匹数	一匹卖价	原文	贩卖匹数	一匹买价	一匹卖价	一匹利润
马	二百蹄	50	4000	蹄千	200	5000	6000	1000
牛	蹄角千	100	2000	千足	500	2000	2400	400
羊	千足	500	400	千双	2000	500	600	100

《史记·货殖列传》所见马牛羊豚的买卖价格大抵如此。此一价格与汉代其他史料，特别是居延汉简相比，是否可以取得均衡，则又值得玩味。根据劳榦《居延汉简考释》的考证，居延汉简所谓"用马五匹直二万"，可知马一匹四千，与"货殖列传"的马价大抵一致。至于"服牛二直六千，用牛二直五千"的"服牛"或是拉车之牛，"用牛"则是耕作之牛，一匹的价格为二千五百到三千，与"货殖列传"的牛价极为相近。而羊价为九百至一千，约为"货殖列传"羊价的二倍。宫崎市定以为居延汉简的时代尚未完全判明，而且地理位置又相隔甚远，因此未必能相合。毕竟考证《史记·货殖列传》的

物价，最主要的目的在于考察司马迁所载记的汉代的物价体系，进而理解当时的物价。再者，因为物价有地域与年代的差异，才有商业贸易的行为，因此居延汉简与《史记·货殖列传》所记载的物价虽有不同，亦有并存互考的价值。

四、结语：内藤史学到宫崎史学是继承性突破

宫崎市定于提出"景气变动史观"以考察社会、经济、政治等文化现象的变迁，又搜集西亚的文献，学习阿拉伯文，以探究东西方文化交流关系的历史，为当时研究东西关系史的第一人。因此宫崎市定不只是中国史学家而是东洋史学家。

"东洋的近世说"是宫崎市定于东洋史学的重要主张，是在与西方诸民族的关系下，说明东洋文明社会的文化发展。宫崎市定强调宋代的景气高昂是中国古代生活形态的复归，宋代的社会经济犹如《史记》《汉书》所记载汉代全盛期的再现。诀别中世而复归于古代，以进入近世之新时代，是宋代知识阶层的自觉，此即文艺复兴的精神，故宋代的文化自觉现象自然可以称之为"中国的文艺复兴"。宋代形成的近世文化果真可以说是文艺复兴，则东洋的文艺复兴要先进于西洋的文艺复兴数个世纪。

宫崎市定继承了内藤湖南的社会文化史学，探讨了中国古代至汉代的社会变迁，又取法桑原骘藏的东洋史学而从世界史的发展，确立中国在世界史上的地位，再远绍加藤繁的经济史研究方法，考证中国古代的经济和制度。换句话说，宫崎市定是综括京都和东京的史学方法，以世界史的观点，考察中国古代社会结构和经济制度，进而提出"中国古代都市国家论"和"都市国家→领土国家→古代帝国"之古代史发展图示的独特见解。[1]

关于宋代的探究，内藤湖南从社会、文化的观点提出"宋代为中国近世"的主张，宫崎市定又从经济、制度的角度补足藤湖南的学说，使"宋代为

---

① 有关宫崎市定关于"中国古代都市国家论"的论述，参见宫崎市定：《自跋集（三）·古代》，东京：岩波书店，1996年5月，第42—58页。

中国近世说"成为京都中国史学的重要主张之一。内藤湖南的"宋代为中国近世"是着眼于中国历史的发展而立论的，宫崎市定则立足于世界史的通观而强调宋代的新文化是"东洋的近世"。就研究的领域和宋代论而言，从内藤湖南到宫崎市定是史学的突破。